U0909290

司法部法治建设与法学理论研究部级科研项目一般课题
“基于良法善治的个人所得税法治现代化研究”（20SFB2025）

Study on Good Law and Good Governance
of Individual Income Tax

个人所得税的良法善治论

闫海 冯硕 赵菁 等 著

人民出版社

目　录

导　　论

一、个人所得税的法治发展

个人所得税被认为是当之无愧的“税中之王”，但相较有据可证的人类税收史，个人所得税却是年轻的税种之一。

（一）个人所得税的国外法治发展

1. 作为战时税的个人所得税法萌芽

英国是所得税母国，最早开征个人所得税，“英国的所得税，实可称为战争税，它完全是波拿巴野心所造成的战争时代的产物”。[①] 1793 年英法战争开始，时任英国首相威廉·皮特（William Pitt）为筹措军费支出，发行巨额公债。但随着战争持续，财政难以维系，于是皮特创设三类联合税（Triple Assessment）对三类有产者征税，以纳税人在 1797 年国民纳税资料记载中缴纳的消费税额为计税依据，实质上以消费能力推测其所得，并根据纳税人情况予以减免或扣除，因而具有所得税的性质。[②] 但是，此税纰漏较多，税收收入仅有六百多万英镑，远低于预期，皮特于 1799 年将其改为所得税，由纳税人就四类所得自行申报纳税，皮特也因此被称为“所得税之父”。1801 年皮特辞职，1802 年战争暂告中止，此税被废止。1803 年，英法战争又起，时任英国首相亨利·阿丁顿（Henry Addington）

---

① 胡怡建等编著：《个人所得税税制国际比较》，中国税务出版社 2017 年版，第 3 页。

② 参见朱偰：《所得税发达史》，商务印书馆 2020 年版，第 34—35 页。

再次开征所得税，并且采取五类所得和源头扣缴的创新方式，[①]财政汲取能力因此得到提升，成为英国取得战争胜利的重要财政因素，所得税因而也被称为“打败拿破仑的税”。但是，公众对所得税极其厌恶，在 1816 年英法达成滑铁卢和议后，英国议会决议再次废止所得税，并焚毁有关的表册档案，免其死灰复燃。[②] 1842 年，时任英国首相罗伯特·皮尔爵士（Sir Robert Peel）以平定印度叛乱为由，再度开征所得税，税率较低且不累进，虽仍遭受反对，但为应对关税和消费税，消减战争和经济萧条等造成的财政压力，临时性质的所得税被一再延续征收，最终在 1876 年成为永恒税制。

1808 年，普鲁士在第一次普法战争失败后，为筹集战争赔款，时任普鲁士首相施泰因受英国开征所得税的影响，发布所得税敕令。此税对地租、工资和资本利息三项所得适用从 1%—20%的高强度累进税率，由纳税人自行申报，此税因不享有免税特权的容克贵族的强烈反对，加之征收技术不发达，而被迫停征。[③] 1920 年，普鲁士开征阶层税，即不计算实际所得而按六个阶层适用固定税率征收，实质上是一种原始的人头税。受英国皮尔的所得税成功影响，1851 年，普鲁士开征分级所得税，即按收入而不是社会等级征收。1871 年德意志帝国建立，分级所得税被进一步改革，不仅取消最高纳税额的限制，而且根据纳税人生活负担予以税前扣除。但是，因俾斯麦首相的反对，直至 1891 年，时任普鲁士财政部长的米凯尔才颁布具有现代意义的《所得税法》，将纳税人分自然人和法人，并对资本所得、土地财产所得、工商盈利所得和劳动所得，按综合所得累进征收。德国对主体的属人综合所得征收，与英国对客体的“收益”的分类

① 阿丁顿提出的土地和房产所得、农业所得、公债所得、利润和利息所得、工资所得等五类所得划分观点影响深远，其被称为“英国税制之父”。

② 参见朱偰：《所得税发达史》，商务印书馆 2020 年版，第 37 页。

③ 参见张巍：《中国需要现代化的个人所得税——观英德美法个人所得税》，浙江工商大学出版社 2015 年版，第 60 页。

征收，形成所得税征收两大基本模式，互为因果、交互影响。[①]

1788 年《美国宪法》授予联邦政府广泛的征税权，第 8 条第 1 款规定，“国会有权制定并征收税金、税捐、关税和其他赋税，以偿付债务以及为合众国的共同防御和全民福利提供经费”，但同时加以限制，第 1 条第 8 款第 1 项规定“各种捐税、关税和其他赋税应当在合众国内划一征收”，第 9 款第 4 项规定“除非依据本宪法规定的人口普查或统计的比例，不得征收人口税或其他直接税”，其中后者被称为“均衡限制”，体现了“课税与代表不分离（Taxation and Representation are Inseparable）”的宪法精神。[②] 各州征税权因不受宪法限制，至少 7 个州通过所得税法，“免税额度较高、起始税率较低、但逐渐累进”，成为现代联邦所得税的雏形。[③] 为解决美国第二次独立战争的军费，时任美国联邦财政部长亚历山大·詹姆斯·达拉斯（Alexander James Dallas）在 1815 年建议仿效州所得税开征联邦层面的所得税，但因战争在当年结束，此项建议未被国会审议。美国南北内战期间，战争开支增大，联邦所得税再次提上日程。1861 年美国国会通过《所得税法》，对收入在 600 美元—1 万美元的个人按 3%税率征收所得税，收入在 1 万美元以上的按 5%税率征收所得税，并且由雇主在支付时予以源泉扣缴，同年南方各州也征收统一的所得税。战争的紧迫性压倒了所得税的宪法正当性，[④]其税率也随着战争进程一度提升。南北内战在 1865 年结束后，税率两度降低，并于 1872 年按订立年限而自然终止。1894 年，为弥补关税收入减少造成的财政经费不足，美国国会通

---

① 参见朱偰：《所得税发达史》，商务印书馆 2020 年版，第 48 页。

② 朱孔武：《征税权、纳税人权利与代议政治》，中国政法大学出版社 2017 年版，第 110 页。

③ 参见刘连泰：《“劫富济贫”抑或“有缺陷的正义”——美国的联邦累进所得税之争考》，载《华东政法大学学报》2010 年第 2 期。

④ 在战争期间，所得税缴纳被视为最高的爱国行为之一，年收入 400 万美元的商界王子 A.T.斯丹沃特（A.T.Stewart）纳税 40 万美元，整个国家都为之感到骄傲。参见高芳英：《美国所得税的起源与有关宪法修正案的创立》，载《史林》1999 年第 3 期。

过《威尔逊——戈尔曼关税法》(Wilson-Gorman Tariff Act),恢复征收联邦所得税,即对分红、利息、租金及其他来源于财产收入4000美元以上的,按2%税率征收所得税。尽管免征额高、税率低,但联邦所得税遭遇到宪法诉讼的挑战。农业贷款及信托有限公司依据联邦所得税法有关规定宣布,不负担股东应缴纳的所得税,将从股东分红中扣除所得税并上缴税务机关。持有此公司10股股份的波洛克,对公司扣缴所得税提起诉讼,地方法院判决其败诉,但其最终上诉至美国联邦最高法院。最高法院在波洛克诉农业贷款及信托有限公司案(Pollock v. Farmers' Loan & Trust Co.)中以5票对4票宣告联邦所得税违宪。由大法官富勒起草的判决词指出,联邦所得税是直接税,其征收违反均衡限制的宪法要求。[①] 19世纪末,美国进步运动大行其道,以联邦所得税调节贫富差距的呼声日益高涨。[②] 1909年塔夫脱当选美国总统,践行竞选承诺,在国会推动修正案赋予联邦政府征收所得税的权力。同年美国国会通过《第十六宪法修正案》,"国会有权对任何来源的收入征收所得税,无须在各州按比例进行分配,也无须考虑任何人口普查或人口统计数。"1913年《第十六宪法修正案》获36个州议会批准,正式生效。

2. 作为大众税、主体税的个人所得税法发展

个人所得税作为英国的核心税种,为英国财政创造了重要的收入。1909年,英国个人所得税采取累进税率,发挥其调节收入分配的重要功能,在英国个人所得税制发展史上具有划时代的重要意义。作为"经常性税种"的英国个人所得税,自20世纪即处于不断地变革当中。统揽英国税收制度,所得税的税率无异于其历史与政治影响力最重要的例证,该项事实并未体现传说中英国人所具有的温和名誉。[③] 第二次世界大战

---

① Pollock v. Farmers' Loan & Trust Company, 157 U.S. 429(1895).

② 参见许多奇:《美国联邦个人所得税制度之历史嬗变、基本特征及其借鉴》,载《东方法学》2017年第6期。

③ 参见休·奥尔特等:《比较所得税法——结构性分析》(第三版),丁一、崔威译,北京大学出版社2013年版,第140页。

时,英国所得税的最高税率已经达到 99.25%。尽管在 20 世纪 50 至 60 年代有所下降,但仍未低于 90%。1974 年所得税的税率再度提升,投资所得因附加 15%的额外税率导致其最高税率达到 98%,成为“二战”之后所得税税率的又一峰值。① 高税率成为英国 1945 年后的典型时代特征,凸显出公平教义信仰,即便此种公平体现为共享贫困。② 1979 年,玛格丽特·希尔达·撒切尔(Margaret Hilda Thatcher)出任英国首相,对基本扣除项目、基本税率以及最高税率进行改革,使税制简化,满足税收中性的要求。由此过去所强调的公平理念逐渐被取代,税收政策呈现出一边倒的态势。撒切尔首相较为赞成征收间接税,因此在其当选后的连续多年的预算法案中,个人所得税基本税率不断下降,最高税率被逐渐削减。1985 年,英国政府取消了对投资所得征收 15%附加税率,1988 年基本税率降至 25%,最高税率降至 40%。1990 年撒切尔下台后,她所属意的候选人财政大臣约翰·梅杰继任,并沿行她所推行的经济变革。1997 年,约翰·梅杰首相将英国所得税基本税率降至 23%。尽管所得税的税率一再下降,但所得税收入的减少与国民社会保险费、增值税等收入的增加相互抵消。英国个人所得税采取分类综合课税模式,所有收入须按照收入的性质予以分类,适用不同的计算规则。相较于早期将收入分为 A、B、C 等类别,英国现行个人所得税采取清单的方式对征税收入予以列示,主要包括工资、薪金所得及退休金收入、经营所得及劳务报酬所得、储蓄和投资所得等。英国个人所得税的计税依据为各项所得汇总扣除可扣除的费用以及个人宽免额,纳税人还会基于年龄、婚姻状况等因素享受额外的减免。指数化调整(主要基于通货膨胀等因素)构成英国税制设计的重要组成部分。除年度《财政法案》另有规定外,英国政府每年会根据官方

① 参见胡怡建等编著:《个人所得税税制国际比较》,中国税务出版社 2017 年版,第 22 页。

② 参见休·奥尔特等:《比较所得税法——结构性分析》(第三版),丁一、崔威译,北京大学出版社 2013 年版,第 141 页。

公布的零售物价指数对税率级次以及个人免税额进行动态调整。然而，年度《财政法案》常常规定，“当政府需要资金时就进行较小的（或者不）调整，当政府需要选票时就进行较大的调整”，指数化的调整机制通常由财政大臣所决定并逐渐形式化。①

1918年德国战败，巨额赔款与恢复重建导致财政出现巨大缺口。与此同时，战争的失败使德国国内矛盾激化，“德国革命”推翻了君主制并建立了民主制国家。马蒂阿斯·安茨伯格（Matthias Erzberger）作为德国第一个民主国家魏玛共和国的首任财政部长，临危受命，在1919年的9个月内领导德国税法专家共推出16部税法，成为德国税务体系的重要组成部分，构成德国现行税法的基本框架。1920年，德国废止了各邦所得税，改征一般所得税与法人所得税，全德国有效的个人所得税法在安茨伯格的领导下就此诞生，并被正式命名为《帝国个人所得税法》。安茨伯格所领导的税法改革意义重大，但在当时并未达到理想效果，德国深陷灾难性的通货膨胀当中。1925年德国进行了新一轮的税法改革，相较于1920年所采取的开放列举的应税所得确定方式，本次改革采取封闭式定义的方式，以经济常识为标准确定应税所得类型，定义外的所得不征收个人所得税。② 本次个人所得税的改革构成了德国现行个人所得税制的基础。③ 1934年德国所得税法包含了德国现行所得税法的主要内容，将收入分为七类，并对收入与所得进行区分。④ 1957年以前，夫妻合并收入后按一个人征税，因此相较于单身者，夫妻纳税必然因适用较高的累进税率而承担较重的税收负担，构成婚姻歧视。1957年德国宪法法院判定此种计税方

① 参见休·奥尔特等：《比较所得税法——结构性分析》（第三版），丁一、崔威译，北京大学出版社2013年版，第141页。

② 参见张巍：《中国需要现代化的个人所得税——观英德美法个人所得税》，浙江工商大学出版社2015年版，第76页。

③ 参见叶青编著：《德国财政税收制度研究》，中国劳动社会保障出版社2000年版，第115页。

④ 参见迪特尔·比尔克：《德国税法教科书》（第13版），徐妍译，北京大学出版社2018年版，第9页。

式违宪，因此1957年德国《个人所得税法》修订法案中明确了夫妻“先和后分”的计税方式。[①] 尽管单身者与夫妻“先和后分”所适用的名义税率是相一致的，但夫妻联合申报的税收负担通常会低于夫妻分别申报纳税的情况。二战后，德国规模最大的、最激进的税制改革法案在2000年7月14日被正式通过，此次改革的重点落在了个人所得税法与公司所得税法上，如降低税率、提高起征点、实行新的减免税方案等，对促进德国经济发展、稳定国内就业情况发挥了重要作用。[②] 和英国的税率设计相比，德国个人所得税的税率并未与每年的通货膨胀率相联动，无法抵消物价上涨所导致的纳税人税负的“秘密增长”。[③] 尽管德国立法机关通过采取提高最低免征额的方式抵消税负“秘密增长”问题，但“德国纳税人联盟”仍然认为税率与通货膨胀率的同步联动才能真正实现税制的优化。

1913年美国通过了新的个人所得税法，设置了两档税率，即1%的基础税率以及对年所得超过50万美元的纳税人额外征收6%的税，个人申报纳税与夫妻联合申报纳税分别适用3000美元和4000美元起征点。新的个人所得税法面临着如何定义所得的合法性问题，1916年议会决定删除所得前面的合法性限定，即非法所得亦需缴纳个人所得税。美国联邦政府计划通过征收所得税获取足够的财政收入，以抵补因实施安德伍德——西蒙斯关税降低关税税率所造成的财政损失。然而当时仅有1%的缴纳人的收入能够达到起征点，因此个人所得税的财政资金筹集功能极其有限，与预期效果相差甚远。[④] 第一次世界大战时期，为了筹措军

① 参见张巍：《中国需要现代化的个人所得税——观英德美法个人所得税》，浙江工商大学出版社2015年版，第134页。

② 参见财政部税收制度国际比较课题组编著：《德国税制》，中国财政经济出版社2004年版，第76页。

③ 参见张巍：《中国需要现代化的个人所得税——观英德美法个人所得税》，浙江工商大学出版社2015年版，第143页。

④ 参见郑幼锋：《美国联邦所得税变迁研究》，中国财政经济出版社2006年版，第85页。

费，个人所得税率连年攀高。1929 年，为挽救美国经济，罗斯福提出对收入超过 5 万美元的纳税人征收超额累进所得税。和第一次世界大战时期仅有 5%的个人缴纳个人所得税的情况不同，第二次世界大战时期，国会为筹措战争所需军费扩大了税基，许多工薪阶层的收入已经满足征税条件，个人所得税此时真正成为一种"大众税"。1953 年时任美国总统艾森豪威尔主张通过"补偿性"的财政政策解决美国的经济问题，并于 1954 年签署并实施了个人所得税的减税法案。尽管艾森豪威尔总统的财政政策起到了抑制美国经济衰退的作用，但由于经济恢复时期内过早采用了极具紧缩性质的财政税收政策，最终导致经济的严重衰退，史称"艾森豪威尔停滞"。① 为了刺激美国的经济需求，1964 年约翰逊总统签署并实施《1964 年税收法案》，此次减税行为被称为美国历史上最大的减税行动，个人所得税收入减少了约 20%，有效地促进了美国国内经济的增长，实现了 4%失业率的预期目标。② 1981 年，美国经济再次陷入混乱，通货膨胀导致纳税人的税收负担过重。里根总统签署并实施了《1981 年经济复兴税法》，引入指数化机制，缓解因通货膨胀所导致的多纳税问题。1981 年到 1984 年，美国联邦政府预算赤字已经超出 5390 亿美元，并未实现里根总统所宣称的预算平衡。1986 年，为了减少财政赤字问题，里根总统再一次推动了美国联邦税制改革，将宽税基、简税制、降税率作为改革目标。《1986 年税收改革法案》被称为自二战以来美国联邦所得税最彻底的一次综合性改革，③同时也成为现行联邦个人所得税的主要依据。此后，美国又对个人所得税进行了若干次调整，美国现行个人所得税法高度融入公平税收之理念，但其制度设计的高度

① 参见胡怡建等编著：《个人所得税税制国际比较》，中国税务出版社 2017 年版，第 93 页。

② 参见胡怡建等编著：《个人所得税税制国际比较》，中国税务出版社 2017 年版，第 93 页。

③ 参见郑幼锋：《美国联邦所得税变迁研究》，中国财政经济出版社 2006 年版，第 108 页。

复杂性同样饱受诟病。

（二）个人所得税的国内法治发展

1. 清末民国

道光六年（公元1826年）后的二十年间，英国开辟鸦片贸易市场，我国对外贸易由顺差转为逆差，约2亿—3亿两白银外流，清政府财政每况愈下。① 1840年，鸦片战争爆发，大量的战争赔款以及军费开支导致清政府每年亏空超过900万两以上。② 1910年，清政府度支部拟具了《所得税章程草案》，主要针对以下3种所得进行征税：（1）公司所得、国家债及公司债的利息；（2）俸廉公费和各局所、学堂的薪水及从事行政衙门与公共机关者的工薪；（3）其他所得。③ 1911年辛亥革命爆发，清政府覆亡，审而未决的《所得税章程草案》无果而终。

1914年，北京政府以日本所得税法为蓝本对《所得税章程草案》予以改定，最终形成了中国近代史上第一部所得税法规——《所得税条例》。《所得税条例》征税范围设定较为广泛且征管手续较为复杂，后决定分为数期，逐渐推广。但是，所得税推行阻力重重，一方面政府缺乏威信，另一方面战争迭起，所得税的筹议逐渐陷入停顿状态。1927年，南京国民政府成立，"三民主义"成为基本纲领，其中民生主义含有平均地权、节制资本两个要点，而限制私人资本的方法除了对私人资本作出范围限制外，还可适用"直接征税"的办法，直接税成为孙中山实现社会理想的重要策略，国民政府亦对其大力推崇。④ 征收直接税的理念毕竟引进于西方税制实践，在"旧税即为良税"的固有思维下，所得税等新税的开征无法一蹴而就。1936年，立法院召开第六十八次会议审查并通过了《所得税暂

① 参见黄天华：《中国税收制度史》，中国财政经济出版社2009年版，第382页。

② 参见周育民：《晚清财政与社会变迁》，上海人民出版社2000年版，第67页。

③ 参见国家税务总局主编：《中华民国工商税收史纲》，中国财政经济出版社2001年版，第112页。

④ 参见袁璨：《民国所得税法律制度研究——以税法公平原则为视角》，中国人民大学出版社2018年版，第74页。

行条例(草案)》,同年《所得税暂行条例》正式公布,以下所得被纳入应税范围:(1)营利事业所得;(2)公务人员、自由职业者获得的工薪报酬所得;(3)公债、公司债、股票以及存款利息所得。[①] 虽然《所得税暂行条例》属于"命令",但就其审议的立法程序而言,应当被认定为法律。所得税正式开征以来,除战争突发等特别年份,所得税实征数额均超过预算数值,全国所得税征收情况呈上涨态势。但是,《所得税暂行条例》的内容较为简单,多由各种办法另行规定以弥补法律规定之不足,导致各类法规间缺乏明确的界限,位阶混乱,逃税现象盛行,所谓"相沿成习,贤者不免,各国皆有,在我为甚"。[②] 1943 年,《所得税暂行条例》的修订草案通过立法院审议,"暂行条例"改为"税法",《所得税法》正式施行。相较于《所得税暂行条例》,《所得税法》的内容和体系更加完整,对于税率的比例及级次做出适当调整,缩短了申报期限,提高了法律执行的强制力,以解决日益猖獗的逃税问题。1946 年《所得税法》修正,所得税制度由分类计征改为混合计征,成为我国税制史上具有标志性意义的事件。抗战胜利前后,国民政府的所得税制不断趋于成熟,但由于经济再度陷入萎靡,税法不断随之调整修订,以致公信力甚微。[③]

2. 新中国成立后

1950 年,政务院《全国税政实施纲要》第 4 条规定了 14 项中央和地方税收,其中针对所得征税的包括工商业税(包括座商、行商、摊贩之营业课税及所得课税)、薪给报酬所得税和存款利息所得税等 3 类税种。新中国成立初,国家生产力水平以及人均收入水平相对较低,财政收入主要依靠统收统支、利润上缴,尽管设立了新税,但计划经济体制下的低工资制并不具有开征的条件。

① 参见斛泉:《立法院通过所得税条例案经过》,载《东方杂志》1936 年第 15 期。

② 崔敬伯:《从间接税到直接税》,载《国闻周报》1937 年第 25 期。

③ 参见袁璨:《民国所得税法律制度研究——以税法公平原则为视角》,中国人民大学出版社 2018 年版,第 135 页。

1978年,我国确立了改革开放的基本国策,税制发展进入全新的阶段。为了促进中外合资经营企业的发展,推进对外开放,1980年第五届全国人大第三次会议通过了新中国首部《个人所得税法》,成为我国税制建设的一个重要里程碑。但是,在改革开放初期,全国人均收入水平较低,仅少数公民达到征税标准,所以个人所得税法主要适用于在我国提供劳务、取得收入的外籍来华人员,导致个人所得税的税收规模相对较小。[①] 20世纪80年代,私人经济部门逐渐发展壮大,社会上出现了一大批先富起来的个体工商户、私营业主。1986年国务院发布《个人收入调节税暂行条例》《城乡个体工商业户所得税暂行条例》用于调节我国公民的收入,至此形成了内外两套个人所得税制度。随着经济社会快速发展,个人所得税制度的不适性逐渐凸显。

1993年,全国人大常委会第四次会议审议并通过了《个人所得税法修正案(草案)》,将原《个人所得税法》《个人收入调节税暂行条例》《城乡个体工商业户所得税暂行条例》予以整合统一。此次《个人所得税法》的改革内嵌于1994年税制改革的整体安排中,解决了我国经济社会发展所带来的个人所得税征收难题,适应国际税制发展的大趋势。[②] 之后,我国税制改革遵循"结构性""渐进性"的规律,而不是激进的、突变式的变革方式。[③] 自1994年起,我国个人所得税的调整较为频繁:1999年修正《个人所得税法》,删除了"储蓄存款利息免征个人所得税的规定";2000年1月1日起对个人独资企业和合伙企业投资者征收个人所得税;2001年全国人大四次会议批准了《国民经济和社会发展第十个五年计划规划》,首次提出要"逐步建立健全综合与分类相结合的个人所得税制度";

---

① 参见刘剑文主编:《改革开放40年与中国财税法发展》,法律出版社2018年版,第350页。

② 参见佘倩影:《改革开放四十年〈个人所得税法〉背后的公平观念变迁——法律逻辑与公平逻辑的契合性视角》,载《中国政法大学学报》2019年第6期。

③ 参见刘剑文主编:《改革开放40年与中国财税法发展》,法律出版社2018年版,第353页。

2002年,个人所得税的收入由中央与地方按比例共享;2005年、2007年、2011年三次上调工资薪金所得的基本扣除。2013年党的十八届三中全会通过了《中共中央关于全面深化改革若干问题的决定》,再次强调要建立"综合与分类相结合"的个人所得税制度。2018年全国人大常委会第五次会议表决通过了《关于修改〈个人所得税法〉的决定》,内容涉及个人所得税的征收模式的转变、免征额的提高、专项附加扣除制的设置、税率级次的调整等,此次个人所得税的深度改革体现了减税降负、改善民生的宗旨。2022年党的二十大报告指出,完善个人所得税制度,规范收入分配秩序,规范财富积累机制,开启了我国个人所得税中国式现代化的进程。①

二、个人所得税的良法要求

法治是国家治理的基本方式,而法治必须满足两个条件:"已成立的法律获得普遍的服从,而大家所服从的法律又应该本身是制定得良好的法律"。② 良法善治是实现国家治理体系与治理能力现代化的必由之路。财政是国家治理的重要支柱,承载着财税与社会、经济、政治、文化等的融合与调试功能。作为国家治理的重要环节,财税法治理应摆脱传统的治理思路,遵循良法善治的要求,充分发挥其理财治国之功用。③ 党的十八届三中全会提出"逐步提高直接税比重",现有税制的税收重心将由间接税向直接税适度偏移。个人所得税作为与广大纳税人关系最为密切的税种,是税制改革的重要突破之一。现行个人所得税法存在征收范围划定不公、扣除标准设定僵硬、逃漏税现象严重等问题,革除个人所得税制度的种种弊端,应当以良法的要求重新审视个人所得税法。

以公平价值为个人所得税法的价值引领。公平理念是指导个人所得

① 参见刘剑文:《个税改革的法治成果与优化路径》,载《现代法学》2022年第12期。

② 亚里士多德:《政治学》,吴寿彭译,商务印书馆1965年版,第199页。

③ 参见熊伟:《法治、财税与国家治理》,法律出版社2015年版,第2页。

税法治建设的重要指引，也是衡量制度构建成效的重要标尺。平等原则是实现社会公平正义的基本原则，也成为现代社会所追求的一种普世价值，在各国宪法中得到普遍确认。《宪法》第33条规定，“中华人民共和国公民在法律面前一律平等”，平等原则成为我国法律的最高原则之一。个人所得税中的“公平”具有多维意涵：第一层意涵属于形式正义的范畴，体现为税法的平等适用，包括个人所得税法的平等适用、平等保护等；第二层意涵属于实质正义的范畴，体现为个人所得税的公平征收，通常可分为横向和纵向两个向度；第三层意涵则是体现了税法的本质公平，即应在国家与纳税人之间以及纳税人与纳税人之间贯彻公平分配理念。[①] 量能课税原则要求具有相同的经济给付能力的纳税人，应当承受相同的税收负担，换言之，应当按照纳税人的经济给付能力分配税负。我国自个人所得税诞生以来始终实行以个人为课税单位，随着纳税人收入构成类型的多元化，以及高收入群体收入来源的隐蔽性，个人所得税税制不公的弊端不断显现，以家庭为课税单位的个人所得税改革成为新一轮税制改革的趋势。

以人权保障为个人所得税法的根本追求。现代国家将确认和保障权利作为法治的真谛，实现国家治理体系与治理能力现代化，理应将强化人权保障融入制度建设的过程当中。在众多基本人权中，当以生存权为首要人权。社会国家原则要求国家负有保障人性尊严，维持社会的基本生存权的任务，保障纳税人及其家庭最低限度的生存所需，对于维持纳税人文化的、健康的最低限度的生活所得应当免于征税。[②] 除上述权利外，个人所得税法律制度还应体现对纳税人受教育权、在年老、疾病或者丧失劳动能力的情况下从国家和社会获得物质帮助的权利、退休养老、医疗服务等权利的保护。2018年修正《个人所得税法》新增专项附加扣除，充分体现了税法的人权保障精神。

---

① 参见刘剑文：《个税改革的法治成果与优化路径》，载《现代法学》2019年第2期。

② 参见陈清秀：《税法总论》，法律出版社2019年版，第60页。

以理财治国为个人所得税法的建构导向。规范理财行为、促进社会公平和保障经济发展，是跳脱传统的“宏观调控观”后所形成的对财税法更加全面的认识。财税法上述功能的发挥，有助于理顺国家与纳税人、立法与行政、中央与地方、政府与市场等基本关系，进而以“理财”实现“治国”[①]：（1）个人所得税法应充分发挥收入分配调节功能。个人所得税承担着增加财政收入和调节收入分配的双重职能，正因为其矫正分配失衡作用的发挥，个人所得税也因此被普遍称为“良税”。[②] 从系统论的角度来看，以“功能—结构”的分析架构可将税法的分配功能细分为强制性分配功能与诱致性分配功能二元结构。[③] 税收公法之债理论认为，纳税人享受国家提供的公共产品并因此需要承担税收之债。相较于私法之债，税收具有强制性，收入越高的人所承担的税收负担越重，其所受到的强制性也就越高。累进税制通常被认为是实现税法强制性分配的重要手段。和强制性税收分配功能相比，诱致性税收分配重在鼓励，其分配效果通常体现在第三次分配领域。例如公益慈善捐赠的扣除即属于诱致性税收分配功能且具有正当性基础：一方面所有人放弃财产所有权，以致不具有可税性；另一方面，“对慈善事业的积极鼓励，可以起到同对财产的直接转让征税一样重要的作用”。[④] 此外，这种慈善捐赠扣除从表面上看减少了财政收入，但在公共产品的生产方面实现了收入与产出的最大效率，且纳税人更有捐赠意愿，具有重要的经济和政治意义。[⑤]（2）个人所得税法应推动经济平稳发展，不应干涉主体的经营自由。市场经济的崛起导致生产行为社会化，生产的目的不在于满足生产主体自身的需要，而在于满足

---

① 参见刘剑文等：《财税法总论》，北京大学出版社2016年版，第188页。

② 参见张守文：《财富分割利器：税法的困境与挑战》，广州出版社2000年版，第22页。

③ 参见何锦前：《个人所得税法分配功能的二元结构》，载《华东政法大学学报》2019年第1期。

④ 安东尼·吉登斯：《第三条道路及其批评》，孙相东译，中共中央党校出版社2002年版，第104页。

⑤ 参见理查德·A. 波斯纳：《法律的经济分析》，蒋兆康译，中国大百科全书出版社1997年版，第644页。

社会整体的需要，生产要素所创造的新增市场价值即为“所得”，为个人所得税、企业所得税等税种提供了重要的课税价值尺度。[①] 相应地，税法及其相关解释也应当尊重并促进市场经营活动的平稳发展。例如，企业分配利润是企业与股东的重要纽带，在不同纳税主体层面分别征收的股息红利重复征税必然会制约企业发展，造成对企业法人和非法人组织形式选择的扭曲，破坏不同类型企业间的公平竞争环境，进而间接影响市场经济的自由发展。[②]

三、个人所得税的善治要求

法治乃良法善治，良法是工具，善治是方法。个人所得税的善治要求构建和谐的征纳关系。个人所得税征管体系的优化，须以最低的社会运行成本保证个人所得税良法善治的实现。和谐的征纳关系是一种“相互信任、相互尊重、相互理解、相互促进的征纳关系”。[③] 从纳税申报关系来看，“取得综合所得需要办理汇算清缴”“因移居境外注册中国户籍”等情况均需纳税人主动申报，因此和谐的征纳关系需要纳税人积极主动履行申报义务，税务机关为纳税人提供便利高效的申报服务，创建信息化的申报平台。此外，税收诚信是税收法治背景下和谐的征纳关系构建的重要保证：(1)加强税收诚信环境建设，提升征纳双方的诚信意识；(2)构建税收披露制度，激励纳税人回归诚信纳税系统；(3)通过守信激励引导纳税人诚信纳税，并严厉打击税收失信行为。

法治作为国家治理的基本方式，亦或体现为依法办事的原则，其最终都表现为一种秩序状态，因此个人所得税的善治要以秩序为治理目标。

---

① 参见蒋震：《从经济社会转型进程看个人所得税改革》，载《河北大学学报》(哲学社会科学版)2019 年第 1 期。

② 参见李宛姝、马蔡琛：《企业所得税与个人所得税的衔接路径——基于法人拟制说与法人实在说的考察》，载《税务研究》2018 年第 12 期。

③ 叶莉娜、张景华：《论税收文明的现代化——以税收征纳关系的构建为视角》，载《西安财经学院学报》2018 年第 2 期。

古往今来，税收公平原则始终被认为是税制设计以及实施税法的首要原则。避税行为有违税收公平原则，不仅导致税负能力与纳税能力的匹配错位，同时还破坏了市场经济的公平性、社会分配秩序的有效性，造成对租税国家根基之侵蚀。个人所得税避税的主要形式主要有改换国籍以获取税收优惠、利用避税地避税、选择所得类型和税阶避税等，高收入者收入类型及收入情况较为隐蔽、税法规定不周全、税收征管方式存在缺陷以及个人所得税反避税立法缺失等是滋生个人所得避税的客观诱因，因此个人所得税法应当以税收公平作为价值引领，对个人所得税一般反避税条款予以细化，并积极构建弃籍税、最低税负制等税收制度，形成有效的法律秩序、良好的社会秩序，促进社会公平正义目标的实现。

第一章　个人所得税的量能负担

第一节　个人所得税专项附加扣除

关注民生是2018年《个人所得税法》的修正亮点，主要体现为在计算居民个人综合所得时新增专项附加扣除，涉及子女教育、继续教育、大病医疗、住房贷款利息或者住房租金、赡养老人、婴幼儿照护等。专项附加扣除的建立，一方面确认了"课税禁区"的存在，体现国家对于公民生存与发展的人文关怀；[①]另一方面，也因综合考量不同纳税人的税收负担能力，从而体现税收公平。

一、教育专项附加扣除

《个人所得税法》第6条第4款规定，教育专项附加扣除包括子女教育和继续教育两项，《个人所得税专项附加扣除暂行办法》第二、三章分别规定了子女教育、继续教育的相关规定，建立起我国个人所得税教育专项附加扣除的法制架构。

（一）教育专项附加扣除的功能

《个人所得税法》设立的教育专项附加扣除具有保障受教育权、落实教育公平、鼓励教育投入等多元功能。

1. 保障受教育权

接受教育是人的自然权利的一部分，关乎人类生存和发展，受教育权

---

① 参见刘剑文：《个税改革的法治成果与优化路径》，载《现代法学》2019年第2期。

被确立为一项基本人权，以实现教育的个人完善、社会改造等功能为目标，应当受到国家充分的尊重、保护与实现。《宪法》第 19 条第 1、2、3 款规定，“国家发展社会主义的教育事业，提高全国人民的科学文化水平。国家举办各种学校，普及初等义务教育，发展中等教育、职业教育和高等教育，并且发展学前教育。国家发展各种教育设施，扫除文盲，对工人、农民、国家工作人员和其他劳动者进行政治、文化、科学、技术、业务的教育，鼓励自学成才”；第 46 条第 1 款规定，“中华人民共和国公民有受教育的权利和义务”。在《宪法》之下，《教育法》《义务教育法》《高等教育法》《职业教育法》等相关法律亦对受教育权予以保障。

受教育权对应国家的“尊重—保护—实现”三层次义务：(1) 尊重义务对应受教育权作为防御权的功能；(2) 保护义务对应受教育权对第三人的效力；(3) 实现义务对应受教育权的积极给付功能。① 就一国财政而言，受教育权的国家义务不仅体现为财政支出侧对教育事业优先发展的保障，还要求财政收入侧对受教育者以及家庭教育基本支出的不征税。也即，“国家借由所得税课征，侵及生活最低需求，致须从社会法再为社会给付，国家从一取一予之间，已干扰了职业自由与财产权自由保障。”② 当下，必需且合理的教育支出已成为我国公民基本生活支出的重要内容之一，个人所得税教育专项附加扣除应当符合《宪法》对受教育权保障的要求，增强公民对于教育投入的意愿，促进我国教育事业发展。

2. 落实教育公平

教育不仅具有通过知识、技能培训提高公民素质的工具意义，还具有维持受教育者的社会地位乃至实现社会阶层流动的社会意义。人力资本的积累是经济增长的重要源泉，因教育支出而形成的教育资本又是人力资本的重要构成之一。公民通过教育获得知识、技能，提高应对经济社会条件变化的能力，可以抓住机遇，进而提高资源配置效率。受教育越多，

---

① 参见涂云新：《经济、社会、文化权利论纲》，中国法制出版社 2020 年版，第 216 页。

② 葛克昌：《所得税与宪法》，北京大学出版社 2004 年版，第 64 页。

便越能对各种变化做出迅速的反应，产生“分配效应”，在增加个人收入的同时减小贫富差距。消除贫困、促进分配公平是我国经济社会建设的重要目标，关键在于人的素质提升与能力优化，而教育水平的普遍提升将有助于缩小收入差距，实现各阶层收入趋于“平等化”。此外，教育作为提高个人价值和人力资本的手段，不仅对受教育者具有私人效益，还对其下一代的生产、生活水平产生正向促进作用，并且对提高社会生产率等也产生实质性影响，教育因此成为收入公平分配的重要评判标准之一。[①]与收入补贴相比，教育专项附加扣除对于保障收入分配公平的可持续性更具助益。

3. 鼓励教育投入

教育专项附加扣除能够减轻个人税收负担，缓解家庭支出压力，就长期效果而言，教育水平的提高有助于实现家庭收入增长，形成家庭教育支出与收益的良性循环。虽然我国教育财政支出逐年增加，但也存在支出偏离预算目的、资金拨付和审核效率低等风险。随着家庭对教育重视程度的不断提升，教育支出在家庭支出中的占比呈现显著增长趋势。个人所得税扣除作为一种鼓励方式，对于扩大具有正外部效益项目上的支出发挥促进作用。[②] 因此，教育专项附加扣除不仅有助于减轻纳税人的税收负担，保证基本受教育权，还激发了纳税人在继续教育、高等教育等方面投入的积极性。

（二）教育专项附加扣除的范围

《个人所得税专项附加扣除暂行办法》第 5 条第 2 款将子女教育专项附加扣除分为学前教育阶段、义务教育阶段、高中教育阶段以及高等教育阶段等，但其中范围及阶段的划分，与当前家庭教育支出的现实有所出入。例如，大学生可以申请不同额度的无息或者低息助学贷款，而教育专

① 参见张守文等：《公平分配的财税法促进与保障》，北京大学出版社 2017 年版，第 200 页。

② 参见斯蒂芬·芒泽：《财产理论》，彭诚信译，北京大学出版社 2006 年版，第 324 页。

项附加扣除未将助学贷款利息支出纳入扣除范围。在美国，调整后的收入（Modified Adjusted Gross Income，MAGI）少于 65000 美元或夫妻共同申报收入不超过 135000 美元的纳税人，无须逐一列示扣减项目即可基于教育贷款利息支出而申请最高 2500 美元的特殊扣除额。[①] 为有效减轻家庭的纳税负担，我国应当将助学贷款利息支出纳入教育专项附加扣除的范围。

《个人所得税专项附加扣除暂行办法》第 10 条规定，“纳税人接受技能人员职业资格继续教育、专业技术人员职业资格继续教育的，应当留存相关证书等资料备查。”继续教育专项附加扣除无须纳税人提供教育付费凭证，但纳税人接受继续教育的费用若由所在单位予以补贴或报销，可能造成企业所得税和个人所得税的重复扣除。因此，税务机关应当建立所得税扣缴联动机制，即用人单位承担个人继续教育的教育补贴或费用报销，相关费用一旦作为企业所得税的成本费用予以扣除，相应的纳税人不得再申报继续教育专项附加扣除。

（三）教育专项附加扣除的标准

依据《个人所得税专项附加扣除暂行办法》第 5 条第 1 款、第 8 条第 1 款规定，教育专项附加扣除采用定额扣除方式，子女教育可以分为学前教育、义务教育、高中教育、高等教育等 4 个阶段，各阶段的扣除标准统一为 1000 元。相比于据实扣除，定额扣除无须纳税人提供相关教育支出的证明，因而征管便利，但扣除方式的单一性和固定性抹杀了不同家庭教育支出能力以及教育支出阶段的差异。“一刀切”的扣除标准既不符合量能课税原则，也无法有效缓解家庭教育支出增长带来的经济负担，有悖于鼓励教育支出的立法目的。日本《个人所得税法》将 16 周岁以下子女接受义务教育的扣除标准设定为每人每年 38 万日元；16—23 周岁子女接

① 参见李华、蔡倩：《个人所得税教育费用扣除的经验与借鉴》，载《财政科学》2020 年第 1 期。

受中高等教育的扣除标准为每人每年 63 万日元。[①] 我国也应当针对子女的不同教育阶段设计相应的扣除标准：(1)子女接受学前教育的，扣除标准可以上调至每月 1500 元；(2)子女接受义务教育的，由于已免除学杂费、书本费，扣除标准可以保持每月 1000 元不变；(3)子女接受高中教育的，扣除标准可以上调至每月 1200 元；(4)为鼓励教育投入，针对大学期间纳税人子女考取符合《国家职业资格目录》规定的职业技术资格证书的，扣除标准可以上调至 3600 元。

《个人所得税专项附加扣除暂行办法》第 4 条规定，“根据教育、医疗、住房、养老等民生支出变化情况，适时调整专项附加扣除范围和标准”，但未对具体的调整方法、手段予以规定。教育支出随着经济社会发展和日益增长的教育需求而不断增加，定额扣除既不能体现税收环境的变化，也难以反映纳税人的真实负担水平。例如，通货膨胀对纳税人的基本生活费用产生重要影响，定额不变的扣除标准会产生“隐形增税”的效果，因此专项附加扣除应当具有一定弹性，以反映各种经济社会因素变动，避免因通货膨胀引发的个人收入虚增而造成低收入阶层的基本权利因档次爬升而受到侵害。[②] 美国、英国、加拿大、澳大利亚对专项扣除采取与通货膨胀指数或者消费者价格指数挂钩的方式进行动态调整，以反映市场经济环境。[③] 我国可以将教育专项附加扣除的标准与反映通货膨胀指数的具体指标相关联，减少通货膨胀对个人所得税税收公平的影响。

《个人所得税专项附加扣除暂行办法》第 8 条规定，继续教育专项附加扣除标准中，学历继续教育每月扣除 400 元，扣除期限不能超过 48 个月(4 年)；非学历继续教育在取得相关证书的当年扣除 3600 元。事实

① 参见石勇：《日本个人所得税费用扣除制度对我国的启示》，载张守文主编《经济法研究》第 1 期，北京大学出版社 2013 年版，第 16 页。

② 参见闫海：《个人所得税扣除的人权逻辑》，载《西南政法大学学报》2006 年第 1 期。

③ 参见张凯迪：《个人所得税教育专项扣除的国际经验借鉴与比较》，载《财政科学》2018 年第 12 期。

上，对于接受学历教育的纳税人，每人每年最高 4800 元扣除金额低于实际的教育开支，例如非全日制学历（学位）研究生支付较高学费且不享受相关奖学金、助学金政策，此扣除标准明显较低。况且，继续教育中学历（学位）教育的费用普遍超过全日制学历教育，但继续教育专项附加扣除标准却远低于全日制学历教育。我国应当将学历（学位）继续教育的扣除标准提高至每月 1000 元，与子女高等教育扣除标准保持一致。

（四）教育专项附加扣除的主体

《个人所得税专项附加扣除暂行办法》第 6 条规定子女教育专项附加扣除的主体是父母一方或双方；第 9 条规定继续教育专项附加扣除的主体是纳税人本人，但个人接受本科及以下学历（学位）继续教育且符合扣除条件的，可选择本人或其父母作为扣除主体。个人所得税扣除的目的乃是维护个人生存、发展的成本，个人生活又通常以家庭生活为外在表现，虽然我国教育专项附加扣除对扣除主体设定父母一方或双方、纳税人或父母等不同的选择项，但仍无法全面反映家庭的整体税收负担能力，不符合我国以家庭为中心的传统生活理念。例如，当夫妻一方收入不足而由另一方承担继续教育费用，另一方则因不满足继续教育专项附加扣除的主体要求而无法享受扣除待遇。鉴于不同类型家庭教育费用支出的现实，我国教育专项附加的扣除主体可以做扩充，取消仅父母可作为本科及以下学历（学位）继续教育专项附加扣除主体的限制，允许配偶作为继续教育专项附加扣除主体。但是，为保障税收征纳效率，一个纳税年度内不得随意更改扣除主体。

二、大病医疗专项附加扣除

大病医疗专项附加扣除有效地保障了公民健康权，向“弱有所扶”的民生目标迈出了重要的一步。《个人所得税法》第 6 条规定了专项附加扣除，并授权国务院确定专项附加扣除的具体范围、标准和实施步骤，报全国人大常委会备案。《个人所得税专项附加扣除暂行办法》第四章专章规定大病医疗专项附加扣除，国家税务总局发布了《个人所得税专项附加扣除操作办法（试行）》，对于包括大病医疗的专项附加申报等进行规定。

（一）大病医疗专项附加扣除的功能

《个人所得税法》设立大病医疗专项附加扣除，具有保障公民健康权、防范“因病返贫”、帮助家庭共担风险等多元功能。

1. 保障公民健康权

《民法典》第 1004 条规定，“自然人享有健康权。自然人的身心健康受到法律保护。任何组织或者个人不得侵害他人的健康权。”健康权不仅作为一项私权而受民法保护，还作为一项基本人权受到国家的尊重和保护。《宪法》第 21 条第 1 款规定，“国家发展医疗卫生事业，发展现代医药和我国传统医药，鼓励和支持农村集体经济组织、国家企业事业组织和街道组织举办各种医疗卫生设施，开展群众性的卫生活动，保护人民健康”，第 45 条第 1 款规定，“中华人民共和国公民在年老、疾病或者丧失劳动能力的情况下，有从国家和社会获得物质帮助的权利。国家发展为公民享受这些权利所需要的社会保险、社会救济和医疗卫生事业。”

我国以社会医疗保险方式筹集资金，确保公民获得基本医疗服务。社会医疗保险制度呈现出保障对象由少到多、保障水平由低到高、制度建设由分割到整合、管理效率由粗放到精细的发展趋势①：1998 年建立城镇职工基本医疗保险制度；2003 年设立针对农业人口的新型农村合作医疗制度；2007 年建立城镇居民医疗保险制度；2011 年全民医疗保险体系基本建成；2012 年建立大病保险制度；2016 年将新型农村合作医疗和城镇居民保险整合为城乡居民医疗保险。经过二十多年的发展，我国已经形成了以基本医疗保险为主体、大病保险为补充、商业保险和医疗救助为辅助的全民医疗保障体系，体现出广覆盖、保基本、参保者统筹、中央及地方

① 参见邵全权、郝天琪：《健康风险、医疗保险与消费》，载《保险研究》2020 年第 12 期。

财政共担等特点。但是，对照“看病有保障”的公民健康权要求，我国医疗保障体系尚无法覆盖全部医药费用支出，罹患重病的公民仍须承受较重的经济负担。大病医疗专项附加扣除在基本医疗保险基础上，以所得扣除方式缓解符合条件的纳税人税收负担，促进了公民健康权的实现。

2. 防范“因病致贫”

大病严重影响个人消费结构和家庭资产配置，并且危及一国经济社会均衡发展。世界卫生组织指出，一个家庭强制性医疗支出若是大于或等于扣除基本生活费（食品支出）后的家庭剩余收入的40%，则将是灾难性医疗支出。国务院深化医药卫生体制改革领导小组办公室参照此定义也认为，一旦家庭发生灾难性医疗支出，这个家庭往往因病致贫。① 为解决我国医疗资源供给和收入分配不平衡、居民医疗负担过重而导致的因病致贫发生率居高不下的现实问题，我国构建了基本保险、大病保险、医疗救助三重制度，形成综合保障、梯次减负的保障格局，在2020年帮助近1000万户因病致贫的贫困户成功摆脱了贫困。②《个人所得税专项附加扣除暂行办法》第11条规定，“在一个纳税年度内，纳税人发生的与基本医保相关的医药费用支出，扣除医保报销后个人负担（指医保目录范围内的自付部分）累计超过15000元的部分，由纳税人在办理年度汇算清缴时，在80000元限额内据实扣除。”纳税人若是收入来源有限且生活负担较重，对于医疗服务等支出具有较高的敏感性，大病医疗专项附加扣除可以有效地降低纳税人的税收负担，从而发挥托举效应，实现个人所得税的收入调节功能。

3. 帮助家庭共担风险

家庭作为最基本的社会单位，是消费、投资、储蓄等经济社会行为的

---

① 参见宋宝香、孙文婷：《商业保险机构参与医疗保障体系的模式比较研究——以城乡居民大病保险为例》，载《中国卫生管理研究》2016年第1期。

② 参见《我国近千万因病致贫贫困户成功脱贫》，载中国政府网：http://www.gov.cn/xinwen/2020-11/21/content_5563157.htm。

基本主体,税收应当关注家庭共担风险,[①]这是大病医疗专项附加扣除纳入家庭的重要因素。《个人所得税专项附加扣除暂行办法》第 12 条第 1 款规定,“纳税人发生的医药费用支出可以选择由本人或者其配偶扣除;未成年子女发生的医药费用支出可以选择由其父母一方扣除。”相比于其他专项扣除项目,纳税人不仅可以就本人的医药费用申请扣除,还可以对其配偶、未成年子女的医药费用申请扣除,扣除主体所享有的扣除范围更加广泛。大病医疗专项附加扣除充分保证在家庭发生巨额医药费用支出时,纳税人除享有基本医疗保险、大病医疗保险的保障,还可以通过专项附加扣除的方式减轻税收负担,缓解家庭医药支出的经济压力。

(二)各国医药费用扣除的制度比较

基于量能课税原则的要求,各国个人所得税法普遍设立医药费用扣除,对于改进我国大病医疗专项附加扣除具有重要的参考价值。

1. 美国

美国个人所得税的医药费用扣除采取税前扣除方式,扣除范围包括诊断、缓解、治疗或预防疾病而产生的费用,以及影响身体任何部位或功能的费用支出,但排除由雇主提供的医疗福利。其中,医疗护理费用须用于减轻或预防身体、精神的残疾或疾病,不仅包括相关医疗治理费用,还有医疗保险、为医疗的食品、住宿(限额为 50 美元以内)和交通等费用以及在家护理费和合理的长期理疗费,但不包括维生素或度假等仅对一般性健康有益的开支。在美国,纳税人在 2018 年之前为本人及其抚养的人所支付的医药费用,高于其调整后毛所得(Adjusted Gross Income,AGI)7.5%部分的医疗费用可以扣除;2019 年~2025 年则为医疗费用超过 AGI 的 10%部分,方可扣除。[②] 美国还赋予纳税人分摊方式的自由选择权,纳

① 参见李华:《家庭还是个人:论我国个人所得税纳税单位选择》,载《财政研究》2011 年第 2 期。

② 参见马珺:《个人所得税税前扣除的基本逻辑:中美比较分析》,载《国际税收》2019 年第 9 期。

税人可以选择个人或者家庭等更有利于自己的纳税申报方式。此外,美国还设置了附加标准扣除项目,即65岁以上的老年人和失明等残障人士每年还可以另外享受不超过2600美元限额的扣除。

2. 加拿大

加拿大个人所得税的医药费用扣除采取税收抵免方式,可抵免的医药费用范围较为广泛,包括但不限于在加拿大联邦个人所得税申报表第33099条和33199条所列示的可以抵免的医药费用,包括医疗诊断费、护理费、假肢假牙、医疗用品、阅读障碍服务费等35个子类,以及与医疗诊断直接相关的参与医学会议的手续费、交通费等。[①] 加拿大医药费用抵免额的计算方式为最低税率15%乘以两类抵免费用的数额之和,两类抵免费用是指:(1)纳税人本人及其配偶、18岁以下子女在一个纳税年度可以抵免的医药费用支出;(2)纳税人为需要其抚养的其他人在一个纳税年度可以抵免的费用。这两者均是全部满足扣除条件的医药费用,减去纳税人或受抚养人净收入的3%与固定可扣除标准额(2379加元)相比较小值的差,而受抚养人(纳税人和配偶的成年子女、父母、祖父母、兄弟、姐妹、叔叔、姑姑等)医药费用扣除的固定扣除标准额每年随着居民消费指数变化进行增减。纳税人及其配偶、18岁以下子女产生的医药费用可以选择由本人或者配偶抵免,成年子女、亲属发生的医药费用则可以选择由受抚养人自己或者纳税人抵免。

3. 日本

日本自1966年开始实施了全民医疗保险,针对个体劳动者、无收入者和不同职业的群体及其家属实施不同的医疗保险,企业在职职工医疗保险适用的是各类保险的互助组合,未加入职工医疗保险的公民适用的是国民医疗保险制度。日本公民本人及其家属在财政补贴后需负担20%和30%的医疗费用,每月费用超过10万日元部分再由国家来

① 参见王冉冉、程钰敬:《个人所得税大病医疗专项附加扣除的国际经验借鉴及制度优化》,载《税务研究》2021年第3期。

承担。[①] 为缓解纳税人的负担，日本针对医疗保险之外自付费用部分予以个人所得税的税前扣除，扣除项目分为医药费用扣除和医药费用扣除特例：医药费用扣除针对一般的医药费用支出，包括医院治疗费用（包括牙科医生开具的医疗费用）、护理费用、购买医疗器械的费用等，医药费用扣除的金额为实际支出减去保险支付的金额，再与 10 万日元与 5%的年收入中较小值相减，最高限额为 200 万日元；医药费用扣除特例则针对预防疾病而固定购买药物的支出，可以扣减的医药费用等于全年支付特定药品的总费用支出减去保险报销金额再减去 1.2 万日元，最高不能超过 8.8 万日元。[②] 此外，纳税人可以选择本人或者配偶、共同居住的亲属一方扣除。

4. 印度

印度个人所得税的医疗费用扣除，按照实际支付的医药费用与 40000 卢比的较小者予以扣除。可扣除的医疗费用主要为专业医生在治疗过程中的处方费用，即使纳税人从保险人或者雇主处已获得医疗赔偿或者补偿也可以扣除。印度对于残疾人的医药费用给予更优惠的扣除待遇，即纳税人及其受抚养人为残疾人的，相关治疗、康复费用可按照 75000 卢比予以扣除；受抚养人若为重度残疾人，扣除额度将上调至 125000 卢比。在印度，纳税人为本人、配偶、子女或父母购买健康保险的保险费也可以扣除个人所得税应纳税所得额，扣除限额为 15000 卢比；若是纳税人或者配偶为高龄人士，则扣除限额为 20000 卢比。

5. 南非

南非个人所得税的医药费用扣除范围包括医生提供的治疗服务、开具处方产生的费用（包括牙医、理疗师等）、养老院和医院住院费、身体残

① 参见石勇：《日本个人所得税费用扣除制度对我国的启示》，载张守文主编《经济法研究》第 1 期，北京大学出版社 2013 年版。

② 参见王冉冉、程钰敬：《个人所得税大病医疗专项附加扣除的国际经验借鉴及制度优化》，载《税务研究》2021 年第 3 期。

疾产生的费用等,并且采取税收抵免的方式,分为医疗计划费用税收抵免(Medical Scheme Fees Tax Credit,MTC)和额外医疗费用抵免(Additional Medical Expenses Tax Credit,AMTC)。MTC 在 2021 年的扣除标准是每人每月 319 兰特,AMTC 则采取以下计算模式:(1)65 岁以上或残疾人的抵免额为,纳税人向注册医疗计划支付费用的 33.3%减去 3 倍 MTC 的差,加上纳税人自付医疗费用的 33.3%;(2)其他纳税人的抵免额为,纳税年度内医药费用减去 4 倍 MTC 的差,加上纳税人自付医疗费用的 25%,最后减去应纳税所得额的 7.5%。医药费用抵免额度每年随着经济社会发展和物价进行调整。① 此外,纳税人可以申请自己、配偶及其支持照顾的家庭成员的医药费用税收抵免。

(三)大病的界定

《个人所得税专项附加扣除暂行办法》并未对"大病医疗"作出直接界定,而《个人所得税专项附加扣除操作办法(试行)》第 17 条直接以医保目录为"大病"则较为狭隘:一方面,一些大病尚未被纳入医保目录,以目录为限显然无法满足纳税人的扣除需要;另一方面,同一疾病存在不同的治疗手段,因而产生不同的医药费用,治疗的不同阶段及时间等也会造成医药费用的差异性。因此,大病医疗专项附加扣除应当对"大病"予以扩展,允许扣除的医药费用应当包括个人因诊断、治疗、缓解、治愈疾病等维护自身健康而产生的支出,不限于医疗保险范围内的相关药品和医疗服务,但不得包括保健开支、美容类医疗支出。此外,假牙、假肢等相关护理费用、门诊费用累计产生的大额医药费用也应当纳入大病医疗专项附加扣除的范围,以满足纳税人医疗的现实需求。

(四)扣除的标准

《个人所得税专项附加扣除暂行办法》第 11 条规定,大病医药费用

---

① See South African Revenue Service, "Additional Medical Expenses Tax Credit", https://www.sars.gov.za/types-of-tax/personal-income-tax/additional-medical-expenses-tax-credit/, September 1,2022.

支出个人负担部分超过 15000 元的部分，可以在每年 80000 元限额内据实扣除，但 15000 元和 80000 元两项标准设置并不合理。2020 年我国人均住院费为 10619.2 元，公立医院人均住院费用为 10484.3 元，三级医院人均住院费用为 14442.0 元，二级医院人均住院费用为 6760.5 元。① 在不考虑医疗保险报销的情况下，以上费用均未达到大病医疗专项附加扣除的扣除标准。2020 年修订的银保监会《重大疾病保险的疾病定义使用规范》界定了 28 种重大疾病，包括恶性肿瘤、急性心肌梗塞、重大器官移植术或造血干细胞移植术等，这些重大疾病的每年医药费用支出大多超过 10 万元，部分疾病康复费用、手术费用的医疗保险报销比例较低，因此 80000 元扣除标准较之医药费用的实际支出差距较大，难以体现大病医疗专项附加扣除的帮扶性作用，对有效缓解家庭医疗支出压力乃至减轻纳税人税收负担的影响较弱。我国应当借鉴美国、日本、南非等国家的立法例，基于实际支出费用与标准扣除金额和一定收入百分比最小值的差，建立起一套医疗费用扣除制度。鉴于我国大病医疗专项附加扣除制度初建，近期可以将扣除标准降至与人均住院费用持平，长期则可以改为比例式或者累进式扣除模式，以实现费用扣除与实际医疗费用支出的良性互动。

虽然大病医疗专项附加扣除的标准参照我国城乡大病医疗保险标准而设置，但自付费用若低于下限标准，身患重大疾病的纳税人将被排除在外，严重阻碍相关纳税人享受税负减免的待遇，乃至部分达不到此标准的纳税人会设法进入扣除范围，反而造成资金的浪费，违背了大病医疗专项附加扣除的初衷。②

科学的大病医疗专项附加扣除需要建立一个扣除标准动态调整机制，回应因通货膨胀等因素造成的公民医药费用支出增长。2020 年我国

---

① 参见《2020 年我国卫生健康事业发展统计公报》，载中国政府网：http://www.nhc.gov.cn/guihuaxxs/s10743/202107/af8a9c98453c4d9593e07895ae0493c8.shtml。

② 参见吴旭东等：《个人所得税专项附加扣除研究》，载《财经问题研究》2019 年第 2 期。

医院次均门诊费用(门诊病人次均医药费用)324.4元,按当年价格比上年上涨11.6%,按可比价格上涨8.8%;人均住院费用(出院病人人均医药费用)10619.2元,按当年价格比上年上涨7.8%,按可比价格上涨5.2%,公民日均住院费用(出院病人日均医药费用)1122.6元。[①] 我国医疗需求和医药费用支出呈上涨趋势,大病医疗专项附加扣除应当将衡量居民消费支出和通货膨胀的居民消费价格指数纳入大病医疗专项附加扣除标准,更好地实现纳税人的税负公平,降低税法的修改频率以保证税法的稳定性和连贯性。

(五)家庭成员的范围

《个人所得税专项附加扣除暂行办法》规定,大病医疗专项附加扣除项目仅限于纳税人本人、配偶及其未成年子女发生的医药费用支出,但未考虑纳税人承担某些近亲属医药费用支出的这一现实。国家卫健委2019年发布的数据显示,近10年间居民人均预期寿命由2010年的74.8岁提高到了2019年的77.3岁,但居民健康预期寿命仅为68.7岁,即我国居民平均有近10年带病生存时间。[②] 老年人是慢性疾病、大病的多发主体,子女往往是其医疗费用的承担者,但不是大病医疗专项附加扣除的适格主体。况且,老年人一般不涉及个人所得税征收,大病医疗专项附加扣除对其缺乏实质意义。在老龄化背景下,老年人的医药费用支出在家庭支出占比会进一步提高,因此扣除项目应当扩大至家庭所有成员,包括被赡养的老年人等直系亲属。扣除标准的计算方式可以按照赡养老年人数量以及年龄层次确定扣除标准。此外,大病医疗专项附加扣除项目可以采取纳税人本人、配偶和子女、直系亲属依次进行,后两者可以采用平均分摊方式。

① 参见《2020年我国卫生健康事业发展统计公报》,载中国政府网:http://www.nhc.gov.cn/guihuaxxs/s10743/202107/af8a9c98453c4d9593e07895ae0493c8.shtml。

② 参见李宛霖等:《我国中老年慢性病患者自评健康状况及影响因素研究——基于个人—家庭—社会视角》,载《现代预防医学》2021年第5期。

（六）特殊群体的差异性安排

大病医疗专项附加扣除的制度设计虽然纳入家庭因素，但却忽视了某些特殊群体的个性化需求，缺乏对其差异性安排，不符合量能课税原则。根据《中国残疾人事业统计年鉴（2019）》，截至 2018 年底，我国持证残疾人超过 3566 万，占总人口的 2.56%。[①] 残疾人等社会弱势群体的生理、心理、智力上障碍，直接或间接导致其在受教育水平、就业率、再就业等方面与一般群体存在较明显的差距，我国城镇残疾人未就业比例长期维持在 2/3 左右，残疾人就业难普遍存在，同时残疾人的“老化”速度远高于总人口的老龄化速度，[②]因此残疾人家庭面临着较大经济压力。大病医疗专项附加扣除对弱势群体保护的空白，严重影响其制度设计的合理性，我国应当借鉴南非、印度等残疾人医药费用扣除制度，在大病医疗专项附加扣除中增设残疾人扣除条款。例如，在一般扣除标准上降低残疾人费用扣除基准标准或调高残疾人费用扣除限额标准，通过差异化扣除设计实现税收实质公平。

（七）扣除监督机制

《个人所得税专项附加扣除暂行办法》第 13 条规定，“纳税人应当留存医药服务收费及医保报销相关票据原件（或者复印件）等资料备查。医疗保障部门应当向患者提供在医疗保障信息系统记录的本人年度医药费用信息查询服务。”换言之，大病医疗专项附加扣除基础为医疗保障信息系统记录的医药费用实际支出。但是，地区之间和部门之间涉税信息的共享并不充分，容易造成国家医疗保障基金和国家税收的双重损失。根据国家医疗保障局统计，2020 年打击欺诈骗取医疗保

---

① 参见冯振宁等：《健康扶贫背景下残疾人基本医疗保险与疾病负担分析》，载《公共卫生与预防医学》2021 第 1 期。

② 参见杨立雄、郝玉玲：《城镇残疾人就业："问题"的转移与政策隐喻》，载《西北大学学报》（哲学社会科学版）2019 年第 4 期。

障基金专项行动共追回医保资金223.11亿元。[①] 因此,除纳税人提供资料备查外,我国大病医疗专项附加扣除还应当利用大数据等技术手段实现对医疗保险支出的动态监督:(1)完善与大病医疗专项附加扣除相关的配套措施建设,与医院、公安等部门建立信息数据共享系统,准确获取纳税人的就诊信息、住院信息和医疗保险信息;(2)统一数据联通口径,整合大病医疗专项附加扣除信息;(3)对于纳税人用于申报大病医疗专项附加的医药费用原始凭证加注税控防伪信息,确保扣除凭证的真实性。

三、住房专项附加扣除

《个人所得税法》第6条明确列示了住房贷款利息和住房租金也纳入专项附加扣除范围,具体扣除范围、标准和实施步骤由国务院确定,并报全国人大常委会备案。住房贷款利息和住房租金两项住房专项附加扣除旨在减轻纳税人的税收负担,保障纳税人的适足住房权,实现住有所居。

(一)住房专项附加扣除的人权保障意义

马斯洛需求层次理论将人类需求分为基本需求和高级需求两个等级。基本需求又称缺乏需求,包括生理上、安全上、感情上的需求,通过外部条件而获得满足,是尊重需求和自我实现需求等高级需求的基础,具有优先性。[②] 一般而言,住房是人类生存和发展必不可少的物质基础,我国传统观念更是将住房视为最基本的生活需求。公民有权获得可负担的、适宜居住的,具有安全、健康、尊严、有良好的物质设备和基础服务设施,且不受歧视的住房权利,即适足住房权(The Right to Adequate Housing)。作为一项基本人权,适足住房权保障并非国家的恩惠,而是国家的一项法

① 参见《2020年医疗保障事业发展统计快报》,载中国政府网:http://www.gov.cn/shuju/2021-03/08/content_5591551.htm。

② 参见刘力钢、谢名一:《西方经典管理理论》,辽宁人民出版2013年版,第89—90页。

律义务与责任。[①] 联合国经济、社会和文化权利委员会通过的《第四号一般意见：适足住房权》（CESCR General Comment No. 4：The Right to Adequate Housing）第 7 条对适足住房权予以全面、权威的解释，特别强调住房的可承受性（Affordability），即住房的费用应当在公民租赁或购买能力范围内。换言之，适足住房权要求公民享有依其经济水平可以承受住房费用的权利。

在我国，住房价格一直是公众关注的焦点和忧心的重点，住房贷款利息和住房租金成为家庭普遍的生活压力。2018 年《个人所得税法》以专项附加扣除方式对住房贷款利息和住房租金予以扣除，可以在一定程度上缓解纳税人的消费支出压力，有助于缩小收入分配差距，以保障适足住房权、实现“住有所居”，增强人民的生活幸福感和获得感。

基于生存权和发展权保障的需要，个人所得税应当对维持最低生存所需及适当生活水准所需的费用予以扣除。住房贷款利息专项附加扣除和住房租金专项附加扣除并不违背公平原则，反而彰显了人人平等享有适足住房权的要求，即实现“等者等之，不等者不等”。

（二）住房贷款利息专项附加扣除

《个人所得税专项附加扣除暂行办法》第五章对住房贷款利息专项附加扣除的范围及扣除方式予以明确规定，但考虑到不同家庭住房现实需求的差异，我国住房贷款利息专项附加扣除仍有待进一步优化。

第一，首套住房贷款认定缺乏统一标准。《个人所得税专项附加扣除暂行办法》第 14 条第 2 款规定，“本办法所称首套住房贷款是指购买住房享受首套住房贷款利率的住房贷款。”不同地区对首套住房贷款的认定标准不同，大致可以归纳为三种认定模式：（1）首次贷款模式，即首次利用贷款购买住房的，视为首套住房贷款，无论借款人名下是否有住

① 参见金俭、梁鸿飞：《公民住房权：国际视野与中国语境》，载《法治研究》2020 年第 1 期。

房,只要从未使用过住房贷款即可;(2)唯一住房+首次贷款模式,即只有借款人名下没有住房并且首次使用住房贷款购买住房的,才认定为首套住房贷款;(3)唯一住房模式,即不论借款人购房贷款的次数,只看借款人申请贷款购买的住房是否系其首套住房。① 不同地区根据本地房地产市场需求变化而选择采取首套住房贷款的认定模式,可能出现同样的贷款购买住房行为在房地产市场库存压力大的地区较易被认定为首套住房贷款,而在房地产市场需求较大、没有库存压力的地区通常不会被认定为首套住房贷款,即相同的贷款购房行为却产生不同住房贷款利息扣除的结果。这种差异严重损害住房贷款利息专项附加扣除的公正性,不符合量能课税原则。住房贷款利息专项附加扣除是《个人所得税法》保障纳税人的生存、发展权的体现,是贯彻税收公平原则的具体制度,应当具有统一的标准,使纳税人平等享有住房贷款利息专项附加扣除待遇。

第二,首套住房类型尚不明确。《个人所得税专项附加扣除暂行办法》未对住房贷款利息专项附加扣除的具体住房类型予以规定。住房类型可分为普通住房、高级公寓、别墅等,是否均应享受专项附加扣除值得怀疑。有的观点认为,只有普通住房才应享受住房贷款利息专项附加扣除,高级公寓、别墅等不能享受住房专项附加扣除。② 根据《国务院办公厅转发建设部等部门关于做好稳定住房价格工作意见的通知》(国办发〔2005〕26 号),普通住房是指住宅小区建筑容积率在 1.0 以上、单套建筑面积在 120 平方米以下、实际成交价格低于同级别土地上住房平均交易价格 1.2 倍以下,各省、自治区、直辖市要根据实际情况,制定本地区享受优惠政策普通住房的具体标准。根据住房和城乡建设部、财政部、中国人民银行印发的《全国住房公积金 2018 年年度报告》(建金〔2019〕59 号),

---

① 参见冯铁拴:《回归住房权保障:重塑"首套住房贷款利息"扣除标准》,载《现代经济探讨》2019 年第 7 期。

② 参见盛常艳等:《我国个人所得税专项附加扣除制度探讨》,载《税务研究》2018 年第 11 期。

房屋建筑面积中 90 平方米(含)以下占 29.77%,90 至 144 平方米(含)占 58.67%,144 平方米以上占 11.56%。因此,是否应将 120—144 平方米建筑面积的住房纳入普通住房范围以适用住房贷款利息专项附加扣除存在探讨空间。对于享受住房贷款利息专项附加扣除的住房类型标准应予以统一规定,为纳税人提供明确的指引,实现税收公平。

第三,婚前分别购买、婚后扣除的方式不合理。依据《个人所得税专项附加扣除暂行办法》第 15 条第 2 款,夫妻双方婚前分别购买住房而发生的首套住房贷款利息在婚后扣除有两种选择:(1)婚后选择其中一套购买的住房,由购买方按扣除标准的 100%扣除;(2)由夫妻双方对各自购买的住房分别按扣除标准的 50%扣除。但是,婚后夫妻购买的住房符合购房贷款利息扣除的,可选择其中一方每月扣除 1000 元。此种住房贷款利息扣除方式虽然满足形式平等,但有违婚姻中性原则,夫妻双方同样的应税所得在婚后需要缴纳更少或者更多的税,存在“婚姻奖励”或“婚姻惩罚”。[①] 个人所得税不应该激励或者阻碍婚姻行为,因而关于夫妻双方婚前购买住房、婚后住房贷款利息扣除的规定有失公平,也侵犯了纳税人的财产权和婚姻自由权。

第四,住房贷款利息扣除标准缺乏差异化。《个人所得税专项附加扣除暂行办法》第 14 条第 1 款规定,首套住房贷款利息支出,在实际发生贷款利息的年度,按照每月 1000 元的定额扣除。我国各地经济社会发展水平差异较大,纳税人的生活标准、住房支出方面均有较大差距,全国统一的定额扣除虽然可以简化征管程序,提高征管效率,但未充分考虑地区间经济发展水平和住房价格的高低,不符合税收公平原则。

为充分发挥住房贷款利息专项附加扣除的积极作用,我国应当采取以下措施:(1)统一首套住房贷款利率标准。鉴于不同地区实行差别化的首套住房贷款标准,以致住房贷款利息专项附加扣除的适用千差万别,

---

① 参见郑春荣:《个人所得税纳税单位选择:基于婚姻中性的视角》,载《社会科学家》2008 年第 2 期。

需要统一首套住房标准。唯一住房+首次贷款的认定模式较为合理，既保障了纳税人的适足住房权，又减轻了纳税人的税收负担，符合“房子是用来住的，不是用来炒”的定位。(2)明确首套住房类型。住房贷款利息专项附加扣除应当明确首套住房类型或者对房屋面积予以限定，可以按照普通住房的标准，单套建筑面积在 120 平方米(含 120 平方米)以下享受住房贷款利息专项附加扣除，超出 120 平方米的面积可以按照一定比例予以扣除，但最大面积不得超过 144 平方米。(3)婚前购买的住房、婚后扣除方式保持不变。夫妻双方婚前分别购买的住房且未约定为共同财产或部分共同财产的，婚后双方各自仍按扣除标准的 100%扣除，以体现税收公平、税收中性原则。(4)实现差异化的住房贷款利息扣除。参考住房租金专项附加扣除的规定，可以根据不同地区的居民消费价格指数和房价水平，按照一定比例制定住房贷款利息扣除标准，促进税收公平。

(三)住房租金专项附加扣除

依据《个人所得税专项附加扣除暂行办法》规定，纳税人在主要工作城市有自住房而发生的住房租金支出不能享受扣除，纳税人的配偶在纳税人的主要工作城市有自有住房的，视同纳税人在主要工作城市有自有住房。如果夫妻双方都在同一城市工作，一方在城市有住房而另一方租房，此时视同夫妻双方在此工作城市有自有住房而不享受住房租金专项附加扣除。此项规定未充分考虑到夫妻分居情形。《民法典》第 1079 条第 3 款将因感情不和分居满 2 年，列为调解无效的、应当准予离婚的情形；第 5 款规定，经人民法院判决不准离婚后，双方又分居满 1 年，一方再次提起离婚诉讼的，应当准予离婚。夫妻双方处于离婚前分居阶段就存在一方租赁房屋无法享受住房租金专项附加扣除的问题。租金专项附加扣除是夫妻共同申报的项目，能够简化扣除手续、降低征管成本，实现税收的横向公平，[①]但忽视了夫妻分居情形，以致一方无法获得税收扣除，

① 参见李勇等：《基于公平视角下进一步完善个人所得税费用扣除研究》，载《财政监督》2019 年第 5 期。

遭受税法上的不利待遇。因此，我国应当补充夫妻分居阶段住房租金专项附加扣除的规定，若租赁一方确有证据证明夫妻双方因婚姻问题长期处于分居状态，便可申请住房租金专项附加扣除，保障夫妻中租赁一方的利益。

四、赡养老人专项附加扣除

《个人所得税专项附加扣除暂行办法》设立"赡养老人"专章对赡养老人专项附加扣除的扣除范围、扣除标准等予以规定。将家庭赡养老人的支出纳入专项附加扣除的范围，对于解决老龄化问题、缓解家庭养老支出压力、促进个人所得税良法建设具有重要意义。

（一）赡养老人专项附加扣除的功能

1. 缓解老龄化社会的养老压力

近年来，我国人口老龄化的趋势日益加重，社会养老服务体系面临着巨大的挑战。国家统计局数据显示，2018 年我国 15—64 岁人口占比 71.2%，65 岁及以上老年人口占比 11.9%。[①] 福利多元主义理论指出，福利乃是整个社会的产物，国家虽是社会福利提供的主导者，但不是福利的唯一来源，国家、市场及家庭均应承担提供福利的责任。[②] 我国社会养老服务体系建设采取以居家养老为基础、社区养老为依托、机构养老为补充的基本格局，但基于家庭观念十分浓厚的发展中国家国情以及"未富先老"的社会经济阶段，采取"反哺式"的家庭养老方式是解决养老问题的重要法宝。目前，我国家庭结构多以"小家庭"为主，年轻夫妻主要精力投入于自己的小家庭，尤其对孩子的抚养教育。向下迁移的家庭代际关系变化使得空巢家庭越来越多，强化家庭养老责任成为社会养老服务体系优化的重要内容之一。为激励赡养义务人积极承担赡养义务，《个人

---

① 参见国家统计局编：《2019 年中国统计年鉴》，中国统计出版社 2019 年版，第 33 页。

② 参见彭华民、黄叶青：《福利多元主义：福利提供从国家到多元部门的转型》，载《南开学报》（哲学社会科学版）2006 年第 6 期。

所得税法》关于赡养老人专项附加扣除起到一定程度的政策引导效果，能够以较低成本以及快速有效的方式缓解社会养老服务的部分压力。

2. 缩小收入分配不均引发的贫富差距

基尼系数是国际较为通行的衡量一国居民收入差距的客观指标，一般将基尼系数 0.4 作为收入分配贫富差距的“警戒线”。自 2003 年以来，我国基尼系数高居不下，始终超过警戒线。税收调节是解决贫富差距问题的有效路径，但不同税种的收入再分配功能体现程度不一。个人所得税肩负着化解贫富差距、促进分配公平的重要使命，因而被视为一种“良税”。① 赡养老人专项附加扣除相较于其他费用扣除模式，更准确地反映了纳税人赡养老人方面的差异性，实现对收入分配差距的精准调节。

3. 避免对课税禁区的肆意侵入

个人所得税是最直接体现量能课税原则的税种。量能课税原则要求依据纳税人的税收负担能力予以征税，不仅应当考虑纳税人在量上的税收负担能力，还应当对其在质上的税收负担能力予以判定，即对纳税人的净额所得予以征税。② 净所得分为客观净所得和主观净所得：前者要求对为获得收入所支出的成本、费用及损失予以扣除；后者要求对个人及家庭生活费所需不征税。换言之，主观净所得为个人所得税征收划定禁区。从基本权利出发，所谓课税禁区乃是基本权利的核心内容，《宪法》第 45 条规定，“公民在年老、疾病或者丧失劳动能力的情况下，有从国家和社会获得物质帮助的权利”。生存权保障应当具有可供自由使用的财产基础，否则只是停留在纸面上、法律条文中的虚无理念。此项财产基础构成课税禁区，国家不得对其及家庭成员生存的最低限度生计费用征税。《个人所得税法》中赡养老人专项附加扣除反映了课税禁区的本质要求，有助于充分实现对纳税人及其家庭的生存权保障。

---

① 参见何锦前：《个人所得税法分配功能的二元结构》，载《华东政法大学学报》2019 年第 1 期。

② 参见陈清秀：《税法各论》，法律出版社 2016 年版，第 103 页。

(二)赡养老人专项附加扣除的范围

就词义而言,“赡养”是指晚辈对长辈在经济上提供费用的行为。《民法典》第 26 条第 2 款规定,“成年子女对父母负有赡养、扶助和保护的义务”;第 1074 条规定,“有负担能力的孙子女、外孙子女,对于子女已经死亡或者子女无力赡养的祖父母、外祖父母,有赡养的义务”;第 1129 条规定,“丧偶儿媳对公婆,丧偶女婿对岳父母,尽了主要赡养义务的,作为第一顺序继承人”。《老年人权益保障法》第 14 条规定,“赡养人应当履行对老年人经济上供养、生活上照料和精神上慰藉的义务,照顾老年人的特殊需要。赡养人是指老年人的子女以及其他依法负有赡养义务的人。赡养人的配偶应当协助赡养人履行赡养义务。”质言之,法律意义上的赡养义务是指子女对父母以及孙子女、外孙子女对祖父母、外祖父母在经济上的供养、生活上的照顾以及精神上的慰藉,即法定赡养义务所包括的代际范围限于三代以内直系血亲,对基于姻亲关系的公婆、岳父母只承担协助赡养的义务,而非法定赡养义务。尽管《个人所得税专项附加扣除暂行办法》第 23 条关于赡养对象的界定与之一致,但专项附加扣除中赡养对象不宜简单地以法定赡养义务对象为限。目前,我国绝大多数家庭实行夫妻财产共同所有制,家庭财产方面的权利、义务缺乏明确划分,赡养费用支出在实践中往往不仅包括纳税人本人的父母,还会包括纳税人配偶的父母。赡养老人专项附加扣除制度功能在于激励家庭承担养老责任,《个人所得税专项附加扣除暂行办法》只允许对于纳税人本人父母产生的赡养费用予以扣除,无法囊括纳税人配偶因无赡养能力或无劳动所得而由纳税人承担赡养责任的情况。配偶父母的赡养费用由纳税人承担的,此项支出也应认定为赡养老人专项附加扣除的范围。为防止夫妻双方出现重复扣除的情况,应当规定每位老人只允许一名纳税人申报扣除。此外,《个人所得税专项附加扣除暂行办法》未对父母的范围予以明确,依据《香港税务条例》,我国香港地区薪俸税中赡养对象的父母被界定为纳税人或纳税人配偶的生父母、养父母、继父母,或纳税人已故配偶的父母,[①]堪为借鉴。

《个人所得税专项附加扣除暂行办法》第23条除对于赡养对象予以亲属关系的身份限制外,对赡养对象的年龄也提出达到60岁以上的要求,而《民法典》《老年权益保护法》等均未对赡养老人的年龄予以规定。专项附加扣除之所以设定60岁年龄要求,主要是为实现收入再分配功能,而对体现纳税人税收负担能力的可支配收入予以确定。赡养对象的年龄可以作为预测赡养费用的考量因素,但不宜作为唯一标准。以赡养对象达到60岁为适用条件,造成纳税人对于未达到60岁但已丧失劳动能力的赡养对象支付的赡养费用无法予以税前扣除。因此,我国应当为年龄条件增设一个例外规定,将未达到60岁但已丧失劳动能力的赡养对象纳入赡养对象范围。

一些享有稳定高收入的老年群体有能力自我解决养老问题,无须赡养义务人承担过多的赡养义务,部分国家采用赡养对象年龄加年收入的双重标准模式。例如,泰国《税法典》规定纳税人的父母或其配偶的父母作为赡养对象须年满60岁且年收入低于30000泰铢,纳税人可申请按每人每年30000泰铢予以定额扣除;[②]韩国《个人所得税法》规定被扶养人需要年满60岁,年收入总额不超过100万韩元,是纳税人的直系长辈且与纳税人或其配偶共同生活,符合上述条件纳税人可申报150万韩元的基本扣除额。[③] 在我国,社会养老服务体系正在建设中,家庭承担养老责任是解决社会养老服务问题的重要动力,若是按照赡养对象年收入水平确定纳税人赡养老人专项附加扣除的资格,可能会降低承担赡养义务的积极性,不利于养老政策的推行。

(三)赡养老人专项附加扣除的方法

赡养费用的扣除标准应当以接近纳税人的实际支出数额为目标,设

---

① 参见黄朝晓:《个人所得税赡养老人专项附加扣除制度建议》,载《税务研究》2018年第11期。

② 参见马念谊:《泰国个人所得税扣除制度及启示》,载《税务研究》2019年第3期。

③ 参见张守文、刘怡:《赡养老人支出扣除研究》,载《国际税收》2018年第11期。

置多层化的扣除标准，以实现对净所得征税的要求。《个人所得税专项附加扣除暂行办法》第22条明确了赡养老人专项附加扣除采用定额扣除方式，按照独生子女与非独生子女设置不同的扣除标准，但未考虑赡养对象的人数、年龄、健康状况、养老方式等因素，不利于量能课税原则的实现。

为实现课税公平，各国对于赡养费用的扣除往往设置差异化的扣除标准。日本《个人所得税法》按照纳税人是否与老人同住设置不同的扣除标准，与老人共同居住的纳税人可享受58万日元的定额扣除；不与老人同住的纳税人可享受48万日元的定额扣除。韩国《个人所得税法》按照赡养对象的年龄设置不同的扣除标准，赡养符合条件的60岁以上老人，可申报150万韩元的基本扣除额；若老人年龄达到70岁，纳税人可额外申报100万韩元的扣除额；若纳税人为女性且无配偶，可在基本扣除额的基础上额外扣除50万韩元。[①] 新加坡《个人所得税法》按照是否与老人同住以及老人的身体健康程度区分不同的扣除标准：赡养健康但不同住的老人，纳税人可申请每年税前扣除5500新元；赡养健康且同住的老人，纳税人可申请每年税前扣除9000新元；赡养残疾但不同住的老人，纳税人可申请每年税前扣除10000新元；赡养残疾且同住的老人，纳税人可申请每年税前扣除14000新元。[②] 总之，各国设置费用差别扣除标准的依据主要包括：赡养对象的人数、赡养对象的年龄、是否与赡养对象同住以及赡养对象的健康状况。

综合考虑税收征管效率以及征管成本等因素，我国应当采取以下措施：(1)赡养对象的人数与纳税人所需花费的金钱与精力成正比，按照赡养对象的人数设置加倍扣除标准具有科学性合理性且操作成本低，可作为设置差别扣除标准的依据。(2)年龄是反映人体机能与健康状况变化

① 参见张守文、刘怡：《赡养老人支出扣除研究》，载《国际税收》2018年第11期。

② 参见黄惠卿、唐婧妮：《个人所得税赡养老人专项附加扣除相关问题研究》，载《经济研究参考》2018年第65期。

规律的客观依据，据调查显示，70 岁是我国老年人身体状况显著恶化的临界点，70 岁以上老人的日常生活能力（Activities of Daily Living，ADL）和工具性日常生活能力（Instrumental Activities of Daily Living，IADL）严重下降，[①]且身体健康也出现了不同程度的问题，相较于 60 岁的老人，所需要的生活成本大大提高。因此，我国应当以 70 岁作为差别扣除标准的分界点，对赡养 60 至 70 岁的老人和 70 岁以上的老人设置不同额度的扣除标准。（3）是否与老人同住能够在一定程度上反映出纳税人所需要支出赡养费用的水平。通常与老人同住所需要付出的时间精力以及费用更多一些，可予以较高的扣除额度。我国现代家庭结构多以“小家庭”为主，但由于我国育儿和养老基础设施缺乏，出现特殊需要时又存在大量的临时家庭，因此对于是否同住的标准在理论上难以界定，实践中操作的可行性也有待探讨。（4）按照身体健康状况分类设置差别扣除标准能够保证有针对性地判断各项赡养费用的支出水平。但是，我国目前尚不存在对老年人失能的认定机制，鉴于核查信息的成本，不宜将赡养对象的身体健康状态作为扣除依据。至于能否按照赡养费用的实际支出项目予以进一步分项设置扣除标准，虽然在制度设计上具有一定合理性，但应当注意操作的复杂性所带来的成本及效率上的弊端，尚须结合我国税收征管水平予以综合考量。

对于存在多个赡养义务人，《个人所得税专项附加扣除暂行办法》第 22 条第 2 项规定，非独生子女每人分摊的额度上限为 1000 元，共同累计额度上限为 2000 元，具体的分摊数额由纳税人均摊、自行约定分摊数额或由被赡养人指定分摊，其中指定分摊具有优先性。此项分摊设计虽然能够将赡养老人专项附加扣除普及到每一位赡养义务人手中，从而促进各赡养义务人积极履行赡养义务，但其最大的弊端在于对每位赡养义务人设置了 1000 元上限。若是赡养义务人拒绝履行赡养义务或缺乏履行

① 参见张守文、刘怡：《赡养老人支出扣除研究》，载《国际税收》2018 年第 11 期。

赡养义务能力时，其他承担了老人全部赡养费用的纳税人只能享受到1000元的税前扣除，显然缺乏合理性。对于出现多名赡养义务人同时履行赡养义务的情况，一些国家和地区都规定只能由一人申报赡养费用免除额，不可重复申报或者分摊，这种规定有利于简化征收操作程序、提高征收的效率，同时也能有效解决将赡养对象扩大至夫妻双方父母而可能出现的重复扣除问题。赡养老人专项附加扣除申报人应按以下顺序确定：(1)由老人指定或者赡养义务人之间协商确定，为充分尊重老年人的意愿，老年人的指定具有优先性；(2)若老人拒绝指定又协商不成的，可由单位或社区等机构指定。当专项附加扣除申报人出现不符合申报条件时，例如拒绝赡养老人或者无劳动所得，可依程序变更申报人。

五、婴幼儿照护专项附加扣除

《国家人口发展规划(2016—2030年)》预期的人口目标并未实现，[①]老龄化、少子化的时代正加速到来，成为我国经济社会发展最大的灰犀牛之一。人口自然增长率持续走低，一方面由于育龄妇女人数逐年降低，[②]另一方面则是由于育龄人群生育水平的逐年下降。[③] 为应对人口自然增长率逐年降低的趋势，提高生育水平，构建生育友好型社会迫在眉睫。2021年《中共中央国务院关于优化生育政策促进人口长期均衡发展的决定》，作出“实施一对夫妻可以生育三个子女政策”的重要战略部署，并修订《人口与计划生育法》，纳入“三孩政策”。个人所得税对此予以积极回应，《国务院关于设立3岁以下婴幼儿照护个人所得税专项附加扣除的

① 参见《国家人口发展规划(2016—2030年)》，载中国政府网 http://www.gov.cn/zhengce/content/2017-01/25/content_5163309.htm。

② 2021年15—49岁育龄妇女比2020年减少约500万人，其中21—35岁育龄妇女减少约300万人。参见王萍萍：《人口总量保持增长城镇化水平稳步提升》，载国家统计局官网 http://www.stats.gov.cn/xxgk/jd/sjjd2020/202201/t20220118_1826609.html。

③ 受生育观念转变、初婚初育年龄推迟(10年推迟约2岁)等多方面的影响，2021年育龄妇女总和生育率继续下降。参见王萍萍：《人口总量保持增长城镇化水平稳步提升》，载国家统计局官网 http://www.stats.gov.cn/xxgk/jd/sjjd2020/202201/t20220118_1826609.html。

通知》(国发〔2022〕8号)设立3岁以下婴幼儿照护个人所得税专项附加扣除。

(一)婴幼儿照护专项附加扣除的功能

对个人所得税的婴幼儿照护专项附加扣除进行评判,应先明确此专项附加扣除的主要目的是积极干预社会生活、落实人口政策、鼓励生育,抑或使个人所得税的应税所得更加趋近纳税人的可支配收入,以贯彻量能课税原则、保护纳税人权利。婴幼儿照护专项附加扣除的目标定位与应然功能应当与个人所得税法律制度改革的目的与趋势保持一致。随着社会国建设,税法的现代性特征逐渐显现,立法愈发注重社会政策目标的实现,①其功能也超越了20世纪中叶以来获得普遍理论认同与制度支持的财政汲取(Revenue)、资源配置(Regulation)与收入分配(Redistribution)三大基本功能。② 税法承担的增进社会福利、实现社会政策、重新分配收入等功能拓展开来,③除组织财政收入外,还兼具经济、社会、政治等多重功能,税法应当致力于为国家长治久安提供制度保障。④作为税收体系中纳税人税痛感最为明显的税种,个人所得税法的演进在保持其财政目的性的同时,其功能定位的演变也遵循上述规律。但是,无论税法的功能与个人所得法的定位在时代变迁中如何扩张,其建制也始终有其依循的税收法定原则、量能课税原则等基本原理。⑤ 因此,增设婴幼儿照护专项附加扣除,亦应当遵循并强调税法基本原理,明确"个人所得税是国家与私人之间就个人劳动所创造的财富进行分配的重要税收制度,兼具筹集财政资金和促进收入公平分配的功能。"⑥在当前着重强调

① 参见史际春、邓峰:《经济法总论》(第2版),法律出版社2008年版,第62—63页。

② See Reuven S. Avi-Yonah, "The Three Goals of Taxation", 60(1) Tax Law Review 1-28 (2006).

③ 参见汤洁茵:《纳税人基本权利的保障与实现机制——以个人所得税为核心》,载《中国法律评论》2018年第6期。

④ 参见刘剑文:《财税法功能的定位及其当代变迁》,载《中国法学》2015年第4期。

⑤ 参见陈敏:《税法总论》,新学林出版有限公司2019年版,第59页。

⑥ 刘剑文:《个税改革的法治成果与优化路径》,载《现代法学》2019年第1期。

税法调控功能的背景下，更应当强调法治的内涵，回归个人所得税法的本位，以纳税人权利保护为核心，延伸出增设婴幼儿照护专项附加扣除的目标体系，并以此对其进行法律标准评价和后续完善，弥补个人所得税的应然功能定位与实然作用状态之间的罅隙。

1. 以纳税人财产权利为边界组织财政收入

基于法治所内含的人权保护宗旨而言，税法的本质是"纳税人权利之法"①，在此维度上，税法组织财政收入的功能可以被解释为纳税人依据与国家的社会契约依法让渡部分私有财产，国家由此获得了公共财产，可以在支出端为纳税人保质保量地提供公共服务，以保护纳税人剩余部分财产，为纳税人确认和保护自身权利提供良好的社会环境、制度供给以及社会保障和社会福利。从公共财产的收入端，即税收的征收方面来看，这一功能的有效发挥要求划定公私财产之间的界限，避免公权力对私权利的侵害，并助力促进国家财政公权力与纳税人财产私权利之间的良性互动。这契合了法律对权力的规范功能和法治的内涵，"国家行使征税权，不得违背宪法上的财产权保护原则。宪法保护财产权的重点仍然是保护私有财产的自由权，特别是所有权具有私有性和所有人享有处分权。"②宪法在个人自由、人格发展和尊严维护的维度上保障公民财产权，目的在于保护公民在财产存续期间能够自由、排他地行使对该财产的占有、使用、处分、收益的权能，而且免于遭受来自公权力和私权利的侵害。③

所得税法的基本原理要求征税权力只能作用于纳税人财富的增量而不能侵及财富本体，"为保证私人部门维持持续创造财富的能力，国家仅能参与社会新增财富的分配"，④因此国家只能对纳税人的净所得额征收

---

① 参见北野弘久：《税法学原论》（第 4 版），陈刚等译，中国检察出版社 2001 年版，第 2—10 页。

② 叶姗：《个人所得税纳税义务的法律建构》，载《中国法学》2020 年第 1 期。

③ 参见葛克昌：《所得税与宪法》，北京大学出版社 2004 年版，第 11 页。

④ 汤洁茵：《纳税人基本权利的保障与实现机制：以个人所得税为核心》，载《中国法律评论》2018 年第 6 期。

个人所得税。北野弘久根据对纳税人所得衡量标准和计算方式的差异将量能课税原则要求衡量的纳税人税收负担能力划分为“量的税负能力”和“质的税负能力”。① 具象至个人所得税法中,“量的税负能力”由纳税人的客观净所得体现,为纳税人的收入扣除成本、费用和损失后的余额,②即账面所得,这种衡量方式着眼于市场交易所得本身,③不考虑纳税人自身的收支情况;“质的税负能力”由纳税人的主观净所得体现,即在客观净所得的基础上进一步扣除纳税人的个人家庭生活费用。④ 较之客观净所得,主观净所得因反映了纳税人扣除生存权保障成本之后的真实收入水平而更加能够表征纳税人的实际税收负担能力。个人所得税专项附加扣除制度的设立,是在标准扣除的基础上对纳税人个性化生活成本的综合考量,真实测度纳税人“质的税负能力”,通过纳税人申报并在法定幅度内扣除相应生计费用,有力推动了国家向纳税人的主观净所得征税。目前,我国社会福利与社会保障在覆盖范围和扶助成效方面还存在着一定的局限性,纳税人仍旧主要以自己的财产收入支付生活成本,个人所得税法处理纳税人为生活需要之支出的方式会直接影响到纳税人的基本人权保障。⑤ 随着育儿费用等家庭负担的增加,优化税制设计,保障低收入纳税人的家庭生活及经济发展,已经成为我国税法改革的应有之义。⑥ 2018 年《个人所得税法》修改选择收缩型进路,⑦通过设立专项附

① 参见北野弘久:《税法学原论》(第 4 版),陈刚等译,中国检察出版社 2001 年版,第 96—112 页。

② 参见陈清秀:《税法各论》,法律出版社 2016 年版,第 104—116 页。

③ 参见葛克昌:《所得税与宪法》,北京大学出版社 2004 年版,第 14 页。

④ 参见陈清秀:《税法各论》,法律出版社 2016 年版,第 177—188 页。

⑤ 参见陈治:《基于生存权保障的〈个人所得税法〉改革及完善》,载《武汉大学学报》(哲学社会科学版)2016 年第 3 期。

⑥ 参见胡元聪、闫晴:《低收入家庭税法保障的中国方案:理论证成、制度检视及优化路径》,载《中央财经大学学报》2018 年第 10 期。

⑦ 个人所得税法律制度的改革进路可以分为以“多取多予”为特点的积极干预的扩张型改革进路与“让利少取”的收缩型改革进路。此次个人所得税法的改革采取收缩型进路,与公共财政价值目标、作用机理与基本原则的发展趋势相契合。参见陈治:《基于生存权保障的〈个人所得税法〉改革及完善》,载《武汉大学学报》(哲学社会科学版)2016 年第 3 期。

加扣除、标准扣除以及其他扣除相结合的扣除制度，划定国家对纳税人征收个人所得税的边界，为纳税人提供了税法意义上的生存保障。

进一步具象至包括婴幼儿照护费用在内的育儿相关专项附加扣除制度，税法应当遵循基本权利保护的法治逻辑，承认纳税人履行对子女的抚养义务对其税收负担能力的减损，将纳税人用于履行法定抚养义务的财产置于"课税禁区"，①限制国家征税权，在纳税人履行法定抚养义务所必须的财产与公共财产之间划清界限。专项附加扣除的完善与否在很大程度上决定着纳税人主观净所得的计算是否准确，关系着纳税人财富本体的保护、量能课税原则的落实和实质公平价值的实现。增设婴幼儿照护费用专项附加扣除之前，纳税人只有在子女满 3 周岁开始接受学前教育时，才能享受到每月 1000 元的专项附加扣除，在此之前的育儿成本都无法从个人所得税的应纳税综合所得额中合法扣除，导致纳税人用来承担育儿成本、保障其基本权利的这一部分财产始终在承担着个人所得税的税负，这不仅不符合当前结构性减税的政策导向，也造成了公共财产权力向纳税人保障基本权利的财产权的不当扩张。在个人所得税法组织财政收入功能的维度上，增设这一专项附加扣除是国家合理分担纳税人家庭育儿责任的举措，符合纳税人权利保护的要求。

2. *以量能课税为准则再分配社会财富*

市场经济体制注重竞争效率，无法自发调节收入差距，实现分配正义，所以居民收入差距就成为税法设计与实施中必须面对和解决的问题。在税法收入分配的功能维度上，收入分配追求的分配正义是社会公平正义的基本要求，经由收入分配形成的分配结构是国家经济结构的重要组成部分。② 设计优良的个人所得税法因在矫正社会财富分配失衡中发挥

① 参见汤洁茵：《纳税人基本权利的保障与实现机制：以个人所得税为核心》，载《中国法律评论》2018 年第 6 期。

② 参见侯卓：《二元目标下的个人所得税法制度演进》，载《华中科技大学学报》（社会科学版）2020 年第 3 期。

重要作用,被世界各国广泛认可和接受。①

从税制运行过程来看,与其他税种相比,个人所得税与纳税人的财产联系得更加直接和密切,无须经过收入——支出——再分配的两次分配过程,国家在应纳税所得额确定阶段就通过专项扣除、专项附加扣除和其他扣除等实施对纳税人财产权利的消极干预。这一制度措施在当前偏重通过直接财政支出解决民生问题的大环境下,能够在一定程度上矫正国家对纳税人权利的过度积极干预,②在纳税人获得收入的环节发挥保障民生的作用。个人所得税法的税收负担分配法特性决定了其制定、实施过程中都应当贯彻量能课税原则,在明确纳税人税收负担能力的基础上,设立和确认纳税人的具体纳税义务。③ 为实现个人所得税税收负担在纳税人之间的公平分配,税法主要遵循以下三种路径:(1)贯彻量能课税原则,根据不同纳税人的税收负担能力设计整体税制;(2)调整税收要素,实施累进税率,以达致高收入者多纳税,低收入者少纳税,无收入者不纳税的效果;(3)设定税收特别措施,直接针对中低收入纳税人设置扶助性税收优惠。④ 20世纪以来的实证研究也证明,个人所得税中的税基要素,以及会影响税基计算的费用扣除制度,决定着个人所得税的累进程度,进而对一国社会财富的再分配效果产生重大影响。⑤

育儿成本在不同纳税人家庭中占比不同,当前税制的计算方式,对综

---

① 参见张守文:《财富分割利器:税法的困境与挑战》,广州出版社2000年版,第21—22页。

② 参见陈治:《基于生存权保障的〈个人所得税法〉改革及完善》,载《武汉大学学报》(哲学社会科学版)2016年第3期。

③ 参见汤洁茵:《纳税人基本权利的保障与实现机制:以个人所得税为核心》,载《中国法律评论》2018年第6期。

④ 参见侯卓:《二元目标下的个人所得税法制度演进》,载《华中科技大学学报》(社会科学版)2020年第3期。

⑤ See Wilhelm Pfähler, "Red distributive Effect of Income Taxation: Decomposing Tax Base and Tax Rates Effects" 42(2) Bulletin of Economic Research (1990). Adam Wagstaff and Eddy Van Doorslaer, "What Makes the Personal Income Tax Progressive? A Comparative Analysis for Fifteen OECD Countries" 8 International Tax and Public Finance (2001).

合所得适用的税率是根据应纳税所得额的不同适用不同的累进税率，应纳税所得额的计算因此成为个人所得税法公平分配的重要一环，是适用税率的前置环节，也就决定了税收负担的差异。专项附加扣除综合考量纳税人个人负担的结构化特征和不同家庭的支出差异，能够充分发挥综合所得税制的优点，更加契合实质公平的价值追求，更有利于矫正分配失衡的趋势和基本费用扣除标准调节的局限性。婴幼儿照护费用专项附加扣除补齐了纳税人抚育子女过程中的费用扣除项目，将育儿相关扣除的起点从子女满 3 周岁接受学前教育之时扩展至子女出生，暂且不论扣除数额及项目的科学性，这一制度操作至少实现了纳税人育儿费用扣除的形式公平，结合当前个人所得税的累进税率，将进一步在纳税人之间发挥公平分配的作用。尽管存在着没有准确衡量纳税人主观净所得的可能，但这一制度操作至少在育儿责任的维度上实现着个人所得税的形式公平与横向公平。

3. 以助力生育友好型社会建设为目标

在生育友好型社会构建的过程中，税法的社会功能具象为降低纳税人的生育成本，在财政收入获取和支出两端分别表现为“少取”和“多予”，即通过专项附加扣除减轻纳税人税收负担和增加生育保险、财政补贴等生育相关社会福利的供给，以此降低已生育纳税人的养育成本，并为未生育的纳税人提供生育保障，以此增强纳税人的生育意愿。婴幼儿照护专项附加扣除与子女教育专项附加扣除一道构筑起育儿过程全覆盖的专项附加扣除，以减轻税收负担的方式来降低纳税人的育儿成本，而不是先对纳税人征收不合理的税收负担，而后又通过育儿相关的财政补贴进行返还，这种方式不仅能够进一步保护纳税人的财产权、生育权等基本权利，也更加契合以“良法”达致“善治”的税收法治理念与目标。婴幼儿照护专项附加扣除将纳税人用以承担育儿责任的部分财产从应税所得中扣除，减少纳税人应税所得额，从而减轻纳税人个人所得税税收负担，纳税人有更多可以自由支配的财产，相当于变相增加了纳税人的育儿财产。

与申请财政补贴的方式相比，专项附加扣除赋予纳税人更多的育儿措施选择自由。

现代国家中的社会福利已经完成了从恩惠到授权又到权利的转变，包括公民在内的纳税人可以通过申请等方式获得国家财政补贴，这一财产权利的转让体现着国家公共财产权向公民私有财产权利的让渡。专项附加扣除会导致国家个人所得税收入的相应减少，带来削弱国家职能财政支撑的风险。在婴幼儿照护领域，相关育儿基础设施的建设被纳入一般预算支出项目，至少在政策方面，国家对育儿等民生领域的支出并未呈现出减少的趋势。婴幼儿专项附加扣除在此类风险的衡量与应对方面，呈现出与结构性减税和优化营商环境相同或相似的相关关系，国家鼓励生育政策和育儿相关社会福利措施的落实并不会因为具有同样社会目标的婴幼儿专项附加扣除的增加而受阻。因此，婴幼儿照护专项附加扣除发挥税法的社会功能的同时，也满足着比例原则中手段必要性、适当性与狭义比例原则的要求。

婴幼儿照护专项附加扣除是税法对当前构建生育友好型社会的政策导向作出的回应，但其本质上是对个人所得税法的完善，出发点与归宿仍在于准确划定应纳税所得额的范围。与鼓励创新的企业所得税税收优惠、助力构建环境友好型社会的环境保护税税收优惠不同，婴幼儿照护专项附加扣除的费用本身即不具备可税性，囿于过去纳税人权利保护水平和个人所得税立法技术，纳税人用于履行法定义务或维持基本生计的这一部分财产没有及时从应纳税所得额中扣除。因此，婴幼儿照护专项附加扣除不是通过设置税收优惠的方式鼓励纳税人的生育行为，而是个人所得税改革成果的法治化表现，是准确衡量纳税人的税收负担能力，贯彻量能课税原则，提高税收立法质量的法治优化。

4. 专项附加扣除制度复合功能的体系化构建

鼓励生育、推动构建生育友好型社会应当作为婴幼儿照护专项附加扣除的次要目的，育儿相关专项附加扣除客观上有鼓励生育的作用空间，与鼓励生育的社会政策导向存在一定的耦合，但不应当将这一功能作为出发点或归宿，也不能忽视其他鼓励生育的法律制度、社会政策的协同作用，应当将其回归个人所得税法领域进行分析与评价。在回归财政目的规范本质之后，作为个人所得税改革中的精细一环，婴幼儿专项附加扣除是进一步保障以财产权为核心的纳税人权利的制度操作，只是在当前的社会背景下，被过多地赋予了鼓励生育的制度期待。

个人所得税法的应然功能伴随着税制改革与优化，逐步在理财治国观的指引下形成了以纳税人权利保护为核心、与税法的政治、经济、社会功能相呼应的多层次复合功能体系。其中，作为与个人所得税财政目的规范本质联系最为密切的政治功能，即以纳税人财产权利为核心划定个人所得税边界成为第一梯度上的功能定位，相应地，婴幼儿照护专项附加扣除亦应当以补齐育儿相关专项附加扣除，精细划分纳税人所得与应税所得，准确测度纳税人“质的负税能力”为第一层次的功能。由此衍生出第二梯度上的功能，即进一步落实量能课税原则，弥补基本费用扣除的局限性，通过将纳税人差异化的支出结构和支出项目纳入税负承担能力衡量体系中，来优化个人所得税法，助力税法实质公平的实现。最后，从税法回应现实，助力社会目标实现的社会功能出发，婴幼儿照护专项附加扣除因为能够在一定程度上减轻纳税人的育儿负担而被赋予了助力构建生育友好型社会的使命。在这一功能定位中，婴幼儿照护专项附加扣除被认为应当在纳税人生育权利的保护以及国家人口规划的实现方面有所作为。

（二）婴幼儿照护专项附加扣除的立法形式

个人所得税法律规范及相关专项附加扣除规范的制定应建立在纳税人同意的基础上，通过落实税收法定原则保证税收收入形成的公共财产与纳税人私有财产之间的界限是纳税人同意的结果。《个人所得税法》第6条规定专项附加扣除的具体范围、标准和实施步骤由国务院确定，并报全国人大常委会备案。虽然这一条文中并未明确规定国务院应当以何种规范形式对专项附加扣除的相关内容进行规定，但专项附加扣除范围和标准的设定会直接影响到个人所得税税基的划定和应税所得额的计算，会对个人所得税的基本税法要素产生变动，应当属于税收基本法律制度的内容。为保证纳税人的权利能够得到有效保障，专项附加扣除的范围和标准设定应当遵循税收法定原则的要求，经由全国人大及其常委会的授权程序或立法程序，以颁布暂行行政法规乃至立法的方式进行规定。

根据落实税收法定原则的要求和《立法法》第8、9条之规定，税种的设立、税率的确定和税收征收管理等税收基本制度应当制定法律加以规定，在法律尚未规定的情况下，国务院可以在全国人大及其常委会的授权范围内，根据实际需要，对除犯罪和刑罚、对公民政治权利的剥夺和限制人身自由的强制措施和处罚、司法制度等事项外的其他事项先行制定行政法规。《行政法规制定程序条例》第5条规定，国务院根据全国人大及其常委会的授权决定制定的行政法规应称为“暂行条例”或者“暂行规定”。婴幼儿照护专项附加扣除是以《国务院关于设立3岁以下婴幼儿照护个人所得税专项附加扣除的通知》的相关规定发布的，显然不符合《立法法》关于以行政法规的形式对法律未作出规定的税收管理基本制度进行规定的要求。根据《党政机关公文处理工作条例》第8条之规定，“通知”是适用于发布、传达要求下级机关执行和有关单位周知或者执行的事项，多用来批转或转发公文，从性质上来看，“通知”应当属于行政机关依照法定权限、程序制定并公开发布的，涉及公民、法人和其他组织权利义务，具有普遍约束力且在一定期限内反复适用的公文，既不属于《立法法》规定的法律规范范畴，也不属于《行政法规制定程序条例》规定的行政法规。以国务院通知的方式设立婴幼儿专项附加扣除这一会改变税基的扣除规则，本质上是以行政规范性文件修改税收行政法规的行为，这与税收法定原则的要求相背离，同时也因为规则制定程序的不同导致这一专项附加扣除设立过程中纳税人意见表达机制的缺失。虽然婴幼儿照护专项附加扣除有利于减轻相关纳税人税收负担，有利于纳税人权利的保护，但在税收法治化的视阈下，这无异于以行政公文修改法律规范，以背离税收法定原旨乃至法治化进程为代价获取更高的行政效率和政策的及时性与执行性，难以通过法治审查。并且，由于行政规范性文件制定程序中纳税人意见表达机制的缺失，制定机关难以保证在政策制定的过程中已经广泛听取纳税人的意见，由此也就难以保证政策内容是建立在纳税人同意的基础上并且能够代表和维护广大纳税人的合法权益。

婴幼儿照护专项附加扣除乃至整个个人所得税专项附加扣除都须遵守并进一步落实税收法定原则的要求，通过规范形式的改变和规范法律效力位阶的提升来增强对纳税人利益的代表性。具体说来，可以分为以下两步：首先，可以由国务院根据全国人大或常委会的授权，在适当时机对《个人所得税专项附加扣除暂行办法》进行修订，将婴幼儿照护专项附加扣除吸收进暂行办法当中，使之在规范形式上从行政规范性文件演进为行政法规，在效力位阶上升的同时，也解决与《立法法》和税收法定原则之间的冲突。其次，《个人所得税法》第 6 条授权国务院确定专项附加扣除的具体范围、标准和实施步骤，但却没有相关的立法或法律解释对授权的期限等作出明确规定，这既不满足税收法定原则下的明确性要求，并且也没有对授权的目的、期限以及被授权机关实施授权决定时应当遵循的原则等进行规定，与《立法法》第 10 条关于授权立法的规定存在着不符之处。为避免法律冲突和维持法律稳定性，立法应当对专项附加扣除的构成要件进行简约但不粗略的法律描述。解决婴幼儿照护专项附加扣除的合法性问题，需要将其嵌入个人所得税良法化的推进过程，根据《立法法》的规定，在 5 年授权期满或制定法律条件成熟时，由全国人大及其常委会及时修订法律，将婴幼儿照护专项附加扣除与其他专项附加扣除项目一道上升为法律，吸收进个人所得税法规范体系中，并在相关法律制定完成后，终止相关专项附加扣除的授权立法。

（三）婴幼儿照护专项附加扣除的标准和方式

与除大病医疗之外的其他专项附加扣除项目一致，此次增设的婴幼儿照护专项附加扣除亦采取定额扣除的方式，扣除标准与子女教育专项附加扣除相同，为每月 1000 元。这一扣除方法出于对税收征管成本和扣除方法可执行性的考量，强化了对扣除基础事实的粗略、简化描述，①却因此忽略了相关地域间婴幼儿照护成本的差异和相关纳税人收入水平的参差，牺牲了个案公平，难以准确反映婴幼儿照护费用实际发生金额的现实差异，造成了“明知为不同者，在法律上却等同视之”的法律拟制效果。② 由此，本应当着眼于纳税人个性化支出、准确衡量纳税人的税收负担能力而助力于实现实质公平的专项附加扣除，却因对行政效率的追求，发生对量能课税原则的背离。

首先，只要存在婴幼儿照护的事实，无论实际发生费用数额如何，都一律可以按照每月 1000 元的标准申报扣除。换言之，照护 3 岁以下婴幼儿的纳税人无须提供相关的支出证明，即便照护费用未达到扣除标准，也可按照每月 1000 元的标准申报扣除，相当于在没有实际支出的情况下减少了应纳税所得额，由此不当减少了个人所得税应纳税额，相当于在没有法定情形发生或法定情形未完全发生的情形下获得了财政补贴。对于支出超过每月 1000 元的纳税人而言，即便有足够的证据，超出部分也无法申报扣除，仍须作为纳税人的应税所得依法缴纳个人所得税，这一部分应缴纳税款就成为对相应纳税人的“税收惩罚”。这种僵化的扣除标准和方式在实际运行中存在着过量扣除和扣除不足的风险，难以准确衡量纳税人的税收负担能力，此种情形下加之个人所得税适用分级累进税率，又存在放大税负累退性的风险。

其次，婴幼儿照护专项附加扣除不对纳税人照护婴幼儿的情形进行

---

① 参见汤洁茵：《个人所得税改革中纳税人权利的实现与保障》，法律出版社 2022 年版，第 55 页。

② 参见卡尔·拉伦茨：《法学方法论》，陈爱娥译，商务印书馆 2003 年版，第 142—143 页。

类型化设定，对照护3岁以前婴幼儿的纳税人均适用每月1000元的扣除标准。但实际上，不仅不同地区、不同区域、不同行业纳税人照护婴幼儿的费用存在差异，即便经济水平相同或相近的纳税人，也会因照护的婴幼儿健康状况或其他基础情况的不同而存在着差异。婴幼儿自身的差异会造成税收负担能力原本相同或相似的纳税人用以履行照护义务的财产需求的差异，由此影响到纳税人的税收负担能力。婴幼儿照护专项附加扣除并未对此情形进行考量，定额且僵化的扣除标准在粗略的扣除事实的基础上弊端显现，会导致应税所得相同但婴幼儿照护成本不同的纳税人承担相同的个人所得税税收负担，这与量能课税原则的要求明显相悖。并且，在此种情形下，也可能会放大婴幼儿照护及养育风险的副作用，这也是不符合政策导向与制度初衷的。

我国应当着力解决扣除标准僵化的问题，对纳税人照护婴幼儿支出的不同情形进行类型化规定。若是该类型的支出反复发生且支出数额是相同或相近的，或在多数情况下实际发生的必要支出金额是较为接近的，则可以将该数额或平均数额确定为这一类型支出的法定扣除额。① 婴幼儿照护费用专项附加扣除的类型化是一个繁杂且系统的工程，需要立法者将尽可能多的婴幼儿照护支出情形都纳入立法考量之中，对立法技术提出了较高的要求。为此，我国可以充分利用大数据、云技术，对婴幼儿支出项目及数额进行分析与统计，以尽可能得出准确且合理的结论。此外，还可以通过建立法定扣除额与价格的联动机制，将法定扣除额从一个僵化的、只能通过立法改变的扣除数额改革成为与纳税人经济水平和婴幼儿照护所需费用变动水平联动的、灵活的扣除标准，在保证法律稳定性的同时，解决法律相对变动不居带来的滞后性弊端，增强对社会现实需求回应的及时性和有效性。我国可以借鉴英国个人所得税立法的规定，构

① 参见汤洁茵：《个人所得税改革中纳税人权利的实现与保障》，法律出版社2022年版，第67页。

建费用扣除标准与物价指数联动的机制,①根据每一年度物价指数的变化调整扣除比例,或是借鉴美国税法对个人所得税个人免征额、标准扣除额、纳税档次的级距予以指数化的经验,实行个人所得税税前扣除项目标准与消费物价指数的联动机制。我国还应充分考虑到不同地区之间的差异进行不同的设置,充分考虑不同地区的发展现状,在经济发达的东部地区与欠发达的西部地区、一线城市与其他线城市之间实施不同的专项附加扣除标准,考虑地区差异,统筹兼顾。②

在定额扣除之外,对于一些非典型的婴幼儿照护支出或一些尚未列入婴幼儿照护专项附加扣除的典型支出项目,可以按照以下两种并行的操作方式,以据实扣除方式作为补充:(1)当纳税人用于婴幼儿照护的支出项目并未超出立法规定的范围,只是数额超出了法定扣除额时,税务机关可以根据纳税人的具体情况确定纳税人是否可以在适用定额扣除之后继续适用据实扣除规则进行扣除。韩国税法规定,如果纳税人是单亲家庭,独自抚养不满6周岁的子女,那么可以再额外扣除100万韩元;(2)当纳税人用于婴幼儿照护的支出项目并不在立法规定的扣除范围内,或者虽扣除项目在法定范围内,但数额明显超过合理范围时,法律可以授予税务机关一定的裁量权,允许税务机关自由裁量,但出于纳税人权利保护的考量,此种授权应当有严格的限制、监督与纳税人权利救济途径。德国税法规定,如果纳税人抚养的儿童生病,造成纳税人需要额外开支的家庭特殊急难事项时,纳税人可以申请在计算个人所得税应纳税所得额时将这一部分开支从中扣除。③

---

① 参见卫桂玲:《英国个人所得税制度的特点、作用和借鉴》,载《理论月刊》2016年第7期。

② 参见李勇等:《基于公平视角下进一步完善个人所得税费用扣除研究》,载《财政监督》2019年第5期。

③ 参见于秀伟、侯迎春:《"生育友好型"个人所得税制度的构建——基于德国的经验》,载《税务与经济》2018年第4期。

第二节　附加福利征税

一、附加福利征税概述

（一）附加福利的概念

附加福利(Fringe Benefit)是指工资外非货币形式的额外补贴，亦译为"额外福利"。目前，对于附加福利的概念缺乏国际共识：澳大利亚税务局(Australian Taxation Office, ATO)认为，附加福利是对雇员的"付款"，但与薪金或工资的形式不同；美国国内收入局(Internal Revenue Service, IRS)指出，附加福利是服务表现的一种报酬形式。

对于附加福利概念应当追本溯源，把握好附加福利的上位概念——薪酬与雇员福利。在现代人力资源管理中，薪酬一般是指雇员与雇主签订协议，通过付出劳动或提供服务而从雇主那里获得的各种形式的收入所得：①在狭义上，薪酬仅指雇员通过付出劳动或提供服务而获得的货币或可以货币化的报酬，例如工资、薪金等；在广义上，薪酬还包括不以货币形式存在的各种能够给予雇员的获得，包括企业的内部决策、雇员的工作积极性等。② 雇员福利是指雇主根据国家的相关强制性规定或者由自己发起的，为保障雇员的基本生活需要而构筑的多种补贴、福利待遇制度。③ 雇员福利根据是否具有法律强制性以及福利的具体内容，可以划分为法定福利和非法定福利。法定福利是指用人单位依照法律法规、政策规定应当提供给雇员的福利，目的是保障雇员的基本生活以及身体健康等，属于最基本的福利。非法定福利是指在法定福利之外，由用人单位

① 参见张宝生、孙华：《薪酬管理》，北京理工大学出版社 2018 年版，第 2—3 页。

② 参见陈国宏：《人力资源管理》，北京理工大学出版社 2018 年版，第 171 页。

③ 参见何泽华：《人力资源管理法律实操全流程演练》(实战案例版)，中国铁道出版社 2018 年版，第 120 页。

根据发展需要自主建立，为满足雇员生产、工作和生活，向其本人或者家属提供的福利，目的是提高雇员工作的积极性和对用人单位的归属感，从而凝聚人心，激发斗志。福利的种类和内容不断丰富，类似住房补贴、健康体检、旅游外出等均被列入福利范围。

桑德福·锡德里克（Sandford Cedric）认为，附加福利是指雇员在为雇主工作中已经提供或将要为之提供服务所获得的相应的除工资和薪金以外的所有利益，[①]即附加福利产生于雇主与雇员之间的雇佣关系，一般以旅游、餐饮、用车、股票期权等非货币形式存在。《个人所得税法实施条例》第6条第1款规定的"工资、薪金所得"的概念涵盖了狭义的工资、薪金以及雇员福利，并且统一征税，这对工资、薪金与雇员福利的本质区别存在混淆，损害了雇员的合法权益。目前，我国建立了较为完善的法定福利体系，即所谓的"五险一金"，除了具有法律强制性、最基本保障性等特征外，养老保险、医疗保险、住房公积金等是由雇员与用人单位共同缴纳，雇员用于缴纳的这部分费用来自其工资。鉴于此，为了更好地发挥税收"削峰填谷"、维护社会公平的功能，附加福利应当是劳动者基于自己提供的各种劳动，而从用人单位获得的除工资、薪金和法定福利以外的相关利益。

（二）附加福利的特征

1. 以劳动关系为基础

附加福利作为雇主提供给雇员的各种福利待遇，本身属于薪酬的一部分，福利待遇的享受者必须是福利待遇提供者的雇员。如果两者之间不存在劳动关系，就不会产生薪酬，亦即不会存在相关的附加福利。

2. 自愿给付的鼓励性报酬

附加福利作为非法定福利，由雇主根据发展需要自主建立，提供与否不受法律的强制性约束。雇主在法定福利基础上额外向雇员提供各种福

① 参见锡得里克·桑福德主编:《成功税制改革的经验与问题（第2卷）——税制改革的关键问题》，邓力平主译，中国人民大学出版社2001年版，第18页。

利待遇,雇员因此获得更多的可支配收入,提高工作的积极性和对用人单位的满意度、归属感,增强用人单位的在市场中的竞争力,以实现更好的发展。

3. 给付形式多样且隐秘

附加福利是用人单位自主提供,实现方式复杂多样,诸如交通补贴、房屋承租、体检、旅游等等,大体可以分为两类:(1)基于货币形式的各种补贴、津贴;(2)基于非货币形式的实物、权益等,实物如单位节假日发放的各种商品、购物卡、加油卡,一些政府机关、大型国企提供的或可低价购置的车辆、住房等,权益如用人单位提供的健身房、游泳馆、幼儿园等服务。这些附加福利大都具有内部性,因此比较隐秘。多种给付形式尤其非货币形式的附加福利,需要采用合适的价值评估方式计算所得,这是附加福利在我国一直难以顺利征税的症结所在。

(三)附加福利的类型

1. 工作需要型福利和非工作需要型福利

根据附加福利的提供是否满足工作必要性标准和适当性标准,可以划分为工作需要型附加福利和非工作需要型附加福利。工作必要性标准是指提供的附加福利应当是雇员为完成工作目的所必须具备的;适当性标准是指提供的附加福利应当是有合理限度的,以雇员顺利完成工作需要的多寡为标准。由此可见,工作需要型附加福利是指为满足雇员顺利完成工作任务而应当提供的各种服务和权益,包括为增强工作能力,提高雇员素质而提供的工作培训、进修学习;保障雇员身体健康进行的定期体检;雇员因工作需自己先行承担的费用以及餐费补贴、交通费补贴等。非工作需要型附加福利则是指与雇员完成工作任务无关的各种利益,例如向雇员及其家属发放日常生活用品、缴纳各种补充保险、提供免费外出旅游等福利。值得注意的是,某些工作需要型附加福利的供给若是明显多于实际需要的,则多出的部分可归于非工作需要附加福利的范围。

2. 个人附加福利和共享附加福利

根据附加福利归属主体的不同，可以划分为个人附加福利和共享附加福利。个人附加福利是指以雇员个人为主体发放的福利，受相关工作时间、岗位、层级等因素的影响，不同雇员获得的奖金、补贴、用车、住房、外出旅游、休假等也有所不同。共享附加福利是指全体雇员或者绝大部分普通雇员都可以共同享受的福利待遇，一般不具有差异性，例如用人单位的公共休息区、健身房等，其设立目的主要为改善雇员的工作环境，体现用人单位的人文关怀。

（四）我国附加福利课税的立法

目前，我国税法未明确附加福利的概念，但也加以规制，即以福利费、奖金、津贴或者补贴的形式纳入“工资、薪金”所得征收个人所得税，通过《个人所得税法》《个人所得税法实施条例》等予以较为概括性规定以及财政部、国家税务总局等规范性文件为主体加以规范（表1-1）。

表1-1　我国附加福利的立法体系

层级	文件类型	具体条文
法律	《个人所得税法》	(1)第2条第1款：下列各项个人所得，应当缴纳个人所得税：（一）工资、薪金所得。 (2)第4条第4项：下列各项个人所得，免征个人所得税：（四）福利费、抚恤金、救济金。
行政法规	《个人所得税法实施条例》	(1)第6条第1款：工资、薪金所得，是指个人因任职或者受雇取得的工资、薪金、奖金、年终加薪、劳动分红、津贴、补贴以及与任职或者受雇有关的其他所得。 (2)第8条：个人所得的形式，包括现金、实物、有价证券和其他形式的经济利益；所得为实物的，应当按照取得的凭证上所注明的价格计算应纳税所得额，无凭证的实物或者凭证上所注明的价格明显偏低的，参照市场价格核定应纳税所得额；所得为有价证券的，根据票面价格和市场价格核定应纳税所得额；所得为其他形式的经济利益的，参照市场价格核定应纳税所得额。 (3)第11条：个人所得税法第四条第一款第四项所称福利费，是指根据国家有关规定，从企业、事业单位、国家机关、社会组织提留的福利费或者工会经费中支付给个人的生活补助费；所称救济金，是指各级人民政府民政部门支付给个人的生活困难补助费。

续表

层级	文件类型	具体条文
规范性文件	财政部、国家税务总局的通知、批复等	(1)《国家税务总局关于个人因公务用车制度改革取得补贴收入征收个人所得税问题的通知》(国税函〔2006〕245号):个人取得公务用车补贴收入,按照“工资、薪金所得”项目征收个人所得税。 (2)《财政部、国家税务总局关于企业以免费旅游方式提供对营销人员个人奖励有关个人所得税政策的通知》(财税〔2004〕11号):企业雇员所享受的免收差旅费、旅游费等奖励,并入到当期的工资薪金,征收个人所得税。 (3)《财政部、国家税务总局关于单位低价向职工售房有关个人所得税问题的通知》(财税〔2007〕13号):职工因单位低于成本价格购买房子的差价部分,应归入到“工资、薪金”所得缴纳个人所得税。

二、附加福利征税的国外立法例

(一)澳大利亚

澳大利亚是世界上较早立法单独设立附加福利税(Fringe Benefit Taxation,FBT)的国家,标志是1986年《附加福利税收评估法》的颁布。澳大利亚在1986年之前实行的个人所得税税率最高达60%,大部分雇员(尤其高级雇员)因此与雇主私下达成协议,放弃部分现金类收入,由雇主提供原本需税后收入支付的各种生活消费,以“福利”形式发放。这导致税款的大量流失,严重影响财政收入。工党为了获得广大雇员的选票,在降低个人所得税税率的同时单独征收FBT,将附加福利的税负转移给雇主承担,以此减轻雇员的负担而获得选票支持,并有效减少避税漏税情况的发生。①

《附加福利税收评估法》采取源泉扣缴的方式对雇主或者与雇主相关联的第三方提供的附加福利进行征税,作为纳税义务人的雇主需要在FBT的纳税年度(4月1日至次年3月31日)记录提供给每个员工的附

① 参见休·奥尔特、布莱恩·阿诺德:《比较所得税法——结构性分析》(第3版),丁一、崔威译,北京大学出版社2013年版,第206页。

加福利的价值,并按期向税务机关提交 FBT 申报表。[①] 雇主作为附加福利的发放者,能够直接、全面地掌握并披露附加福利的实际情况,便于 FBT 的征收管理。为保证有效征管,澳大利亚对附加福利予以界定:(1)"福利"的范围包括任何的权利、实惠或者基础设施;(2)凡是雇主给予雇员或者其家人为其工作提供便利的服务或利益都属于附加福利;[②](3)雇主的范围包括个体商贩、合伙企业、信托机构、公司、非公司实体、联邦政府或州政府部门或主管单位等,附加福利的具体类型如表 1-2 所示:

表 1-2　澳大利亚附加福利的具体类型

类型	相关说明
汽车附加福利	雇主将自己拥有或租借的汽车提供给雇员以供私人使用
停车附加福利	该车停在提供者(通常是雇主)拥有,租赁或以其他方式控制的场所;在任何一天的早上 7 点至晚上 7 点之间,汽车总共停放了 4 个小时以上
娱乐相关的附加福利	通过食物,饮料或休闲娱乐;与此类娱乐活动有关的住宿或旅行
费用支付附加福利	费用可以是业务费用或私人费用,也可以是两者的组合,但这些费用必须由员工承担
债务免除附加福利	雇主放弃雇员的债务(即不需要还款)
借贷附加福利	雇主为雇员提供无息或低息贷款
房屋附加福利	雇主为雇员提供免租金的住宿或以其通常的居住地为住房的减价租金
离家生活津贴附加福利	雇主向雇员支付津贴以支付额外费用,以及由于暂时需要离开正常居住地从事工作而遭受的任何不利待遇
财产附加福利	物品,例如衣物或电视;不动产,例如土地和房屋;金融性财产,例如股票
其余附加福利	为员工提供不属于附带福利的特定类别之一的任何福利(包括权利,特权,服务或设施)

资料来源:澳大利亚税务局[③]

---

① See Australian Government, "Fringe benefits tax (FBT)", https://www.ato.gov.au/General/fringe-benefits-tax-(fbt)/, sepetember 2, 2022.

② 参见陈卫东:《澳大利亚附加福利税对我国的启示》,载《税务研究》2007 年第 6 期。

③ See Australian Government, "Fringe benefits tax (FBT)", https://www.ato.gov.au/General/Fringe-benefits-tax-(FBT)/, sepetember 10, 2022.

澳大利亚的 FBT 税率远高于同期的公司所得税税率,与个人所得税的最高边际税率相当。例如,1986 年 FBT 税率为 46%,当时公司所得税的税率为 36%①;2018—2020 年 FBT 税率为 47%,个人所得税的最高边际税率为 45%,公司所得税的税率为 30%②。通过对附加福利实行高税率,澳大利亚督促雇主在发放工资薪金还是附加福利之间进行成本比较,纠正雇主滥发附加福利而导致的腐败、税收不公等问题。

(二)新西兰

新西兰政府为了扩展税收的种类,防止雇主以福利发放的形式避税漏税,于 1985 年设立了 FBT。根据新西兰 FBT 指南规定,雇主提供给雇员或者雇员配偶的非现金福利是附加福利。雇主向雇员支付现金,该付款被视为雇员薪金或工资的一部分。但是,如果某些娱乐性支出是雇员享受或者收到的,则可能需要支付 FBT,该部分税款由雇主缴纳,③新西兰附加福利的具体类型如表 1-3。

表 1-3 新西兰附加福利的具体类型

类型	说明
雇主对雇员基金的捐款	给雇员的福利基金、保险单,退薪金计划或丧葬信托捐款
雇主提供的商品和服务	为雇员提供免费、补贴或打折的商品和服务
雇主提供的低息贷款	低于规定利率或市场利率;该笔贷款不向公众开放
雇主提供私人使用的汽车	为雇员以及相关人士和股东员工提供可以私下使用的车辆(即使他们实际上并未使用)

资料来源:新西兰税务局④

---

① 参见金珈仪:《论我国附加福利税的合理性和制度构建》,载《克拉玛依学刊》2018 年第 6 期。

② 参见《澳大利亚个人所得税》,载全球经济指标网:https://zh.tradingeconomics.com/country-list/personal-income-tax-rate? continent=australia。

③ See Ireland Revenue,"Fringe benefit tax(FBT)",https://www.ird.govt.nz/employing-staff/paying-staff/fringe-benefit-tax,September 10,2022.

④ See Ireland Revenue,"paying staff",https://www.ird.govt.nz/employing-staff/paying-staff/,September 10,2022.

新西兰设置了3种FBT税率,分别为单一税率(Single rate)、简式替代税率(Short form alternate rate)和完全替代税率(Full alternate rate),选择何种税率取决于是否必须将福利分配给特定员工。单一税率为49.25%,适用于雇主提供的所有附加福利。个人附加福利(Attributed Benefits)的简式替代税率为49.25%,提供给大股东雇员的共享附加福利(Non-attributed Benefits)适用49.25%的简式替代税率,其他共享附加福利适用42.86%的简式替代税率,如果雇员年收入低于70000美元或接受的是共享附加福利,雇主选择简式替代税率更为合适。完全替代税率在11.73%和49.25%之间,雇员收入更高或所获得的附加福利价值更高,则适用的税率相对较高。①

慈善组织通常不需要为雇员在进行本组织的慈善活动时提供的福利缴纳FBT。② 例如,一名雇员进行慈善工作时使用组织的汽车,不会因获得的任何私人利益而承担任何FBT。但是,慈善组织额外开展业务,提供汽车作为薪酬计划的一部分,并用于商业活动,则必须就其获得的任何私人利益支付FBT。

(三)美国

与澳大利亚、新西兰单设FBT的方式不同,美国将附加福利纳入个人所得税的征缴范围,与工资薪金等适用同一税率,附加福利的接受者为纳税人。美国附加福利征税模式主要基于两个原因:(1)附加福利的本质即为雇员的所得,受雇员支配,是衡量雇员消费能力的重要因素,与工资薪金等没有实质区别;(2)美国个人所得税制历史悠久、体系庞杂严密、纳税人信息系统发达,便于附加福利的征收管理。美国模式也受到广泛地效仿,被德国、法国、加拿大等学习。根据美国《附加福利雇主税务

---

① See Ireland Revenue, "Fringe benefit tax rates", https://www.ird.govt.nz/employing-staff/paying-staff/fringe-benefit-tax/fringe-benefit-tax-rates, November 3, 2022.

② See Ireland Revenue, "Fringe benefit tax for charities", https://www.ird.govt.nz/employing-staff/paying-staff/fringe-benefit-tax/fringe-benefit-tax-for-charities, February 10, 2022.

指南》,雇主提供的任何附加福利都应征税,除非法律明确将其排除在外。美国通过反向列举对于不需缴纳税款的附加福利予以列示,具体类型如表 1-4。

表 1-4　美国无须纳税的附加福利类型

类型	说明
事故和健康利益	豁免,通过灵活的支出或类似安排提供长期护理的福利除外
成就奖	合格计划奖励免税,最高 1600 美元
家属护理援助	豁免,但不得超过 5000 美元限额
健康储蓄账户(HSA)	符合 HSA 缴款限额的合格个人免税
交通(上下班)福利	乘坐通勤公路车辆或公交,合格的停车位
减免学费	本科以上学历(或学位教育,雇员进行教学或研究活动)免除
团体人寿保险	豁免,最高赔付额为 50000 美元
教育援助	每年免税额高达 5250 美元
运动设施	在日历年内基本都是由雇员或其配偶和抚养的子女使用,该项目免税
雇主提供的手机	如果主要出于非补偿性商业目的而提供,免税

资料来源:《附加福利雇主税务指南》①

此外,取得的可忽略不计的额外收益、符合条件的搬家费用、符合条件的退休金计划服务、符合条件的军事基地重新安排和关闭的额外收益等附加福利也不计入应纳税所得额。②

三、我国附加福利征税的法制构建

(一)征税模式

国际上对附加福利征税形成了两种模式:(1)澳大利亚、新西兰所实行的单独设立 FBT 的征税模式;(2)以美国为代表的欧美国家所采取的

① See Internal Revenue Service, "Employer's Tax Guide to Fringe Benefits", https://www.irs.gov/publications/p15b, September 11, 2022.

② 参见胡怡建等编著:《个人所得税税制国际比较》,中国税务出版社 2017 年版,第 105 页。

附加福利纳入个人所得税应税所得的征税模式。两种模式虽然征收思路不同,但却殊途同归,均将大量隐秘的“灰色收入”附加福利纳入应税所得,从而扩大税基,增加税收收入,避免收入差距进一步拉大,维护社会公平稳定。

就税法实施而言,单独设立的 FBT 具有较强的针对性,便于对附加福利的价值评估,最大程度地减少漏税、避税,税收征管效率较高。但是,FBT 的单独征收必定会增加征管成本,加重税务机关的征收负担。同时,开征新税极易引发纳税人的抵触情绪,FBT 与个人所得税之间关系仍待协调。① 将附加福利纳入个人所得税的应税所得,与工资薪金等个人所得合并征税,虽然具有节约征管成本、提高征管效率、实现增加税收与减轻民众抵触情绪的平衡等作用,但这一模式必须建立在税法规范发达、征税体系健全、纳税信息完备的基础之上,对税法及其税收征管提出较高的要求。此外,工资薪金是雇员基于劳动而获得的自由支配收入,但附加福利一般不可由雇员自由支配,其提供目的主要是满足雇员的工作、生活需要,例如公务用车、福利房等,无法满足其日常生活的开销,二者在性质和特征上存在明显区别。也即将附加福利纳入个人所得税应税所得的征收模式无法全面、真实地反映纳税人的税收负担能力,单独设立新税种也与我国“减税降费”的税制改革思路相冲突。

我国可以在个人所得税下单独设立附加福利所得税目:(1)在个人所得税下设立附加福利所得税目能够保证个人所得税制度的稳定性,顺应纳税人对个人所得税修改的预期;(2)附加福利所得从工资、薪金所得中独立出来,能够有效解决因附加福利种类过多造成的工资薪金所得的内部臃肿以及因性质混淆所带来的制度不善与征收不便。

(二)征税对象

附加福利的给付形式复杂多样,类型不断增多,合理有效地确定附加

① 参见休·奥尔特、布莱恩·阿诺德:《比较所得税法——结构性分析》(第 3 版),丁一、崔威译,北京大学出版社 2013 年版,第 207 页。

福利征税对象尤为重要。我国税法缺乏对附加福利概念的清晰认定，结合附加福利与工资、薪金、法定福利的区分，可将雇员基于所提供的劳动服务从用人单位获得的除工资、薪金和法定福利以外的相关利益作为附加福利的征税对象的概括性规定，发挥统领规范的作用。另外，典型的附加福利类型应予以正向列举，例如住房补贴、健康体检、旅游娱乐、相关保险等，从而形成附加福利征税对象概括加正向列举的基本界定范式。

某些特殊附加福利征税对象的认定还应充分考量附加福利的性质、发放的意义以及受众。例如，用人单位为了吸引人才、留住人才，除了提供实物福利、交通餐补、休闲娱乐等一般福利外，还会为雇员提供"类法定福利"的福利待遇，又如用人单位为中低收入或者突遭变故仅靠法定福利得不到充分救助保障的雇员，定期发放的困难救济补助，对这些附加福利应当予以免税。

（三）计税依据

附加福利本身具有非货币性、隐秘性和复杂性，须确立统一的计算标准以衡量应纳税所得额。《个人所得税法实施条例》第 8 条规定，"个人所得的形式，包括现金、实物、有价证券和其他形式的经济利益；所得为实物的，应当按照取得的凭证上所注明的价格计算应纳税所得额，无凭证的实物或者凭证上所注明的价格明显偏低的，参照市场价格核定应纳税所得额；所得为有价证券的，根据票面价格和市场价格核定应纳税所得额；所得为其他形式的经济利益的，参照市场价格核定应纳税所得额。"附加福利所得的计算是困扰税务机关开展税收征缴工作的难题，计算方法包括：(1)凭证估价法，也称发票估价法，是指根据所取得附加福利凭证上标明的价格直接计算应纳税所得额的方法，该种方法一般适用于有价格凭证的实物。对于有发票等价格凭证的附加福利应首先采用该种方法计算应纳税所得额。(2)市场价值法，也称公允价值估价法，是指对雇主提供的附加福利参照市场同类物品或服务的交易价格进行核定应纳税所得额的方法，适用于没有价格凭证或凭证所标明的价格显著低于正常价格的附加福利，例如公司提供给员工免费驾驶的汽车、低价的内部房等。在实际税收征缴中，市价价值法与凭证估价法形成互补，足以适用大部分附加福利的价值评估。(3)定额估价法，也称标准价值估价法，是指由税务机关对附加福利价值进行核定的方法。[①] 与前两种方法不同的是，定额估价法在税法中并未明确规定，因而赋予了税务机关更大的自主决定权，极易引发争议，因此定额估价法应为凭证估价法与市场价值法的补充。

(四)税收待遇

近年来，我国秉持“减税降费”的改革理念进行了大幅度的税法改革。在个人所得税的税率方面，我国采取了缩小税率级次、降低税率的做法，成效显著，但与国际上税制发达的国家存在明显差距。就级次而言，英国和德国个人所得税采取五级累进税率，我国改革后调整为七级；就最高边际税率而言，美国为 39.7%，英国为 40%，加拿大为 33%，[②]而我国综合所得为 45%，因此我国个人所得税率仍存在级数较多，税率过高等问题。在个人所得税中新设附加福利所得税目，将进一步实现“宽税基、低税率”的改革目标，促进个人所得税制的优化，增强我国税制的国际竞争力。基于福利国家、福利社会的发展定位，我国对附加福利所得征税可借鉴原劳务报酬所得的计税规定，即纳税年度内附加福利所得不超过 60000 元的，可以享受 12000 元的基本扣除；60000 元以上的，减除总额的 20%作为应纳税所得额，并按照综合所得的税率计算应缴税款。

第三节　变动所得征税

“一国税制的存在、改革和发展，必须顾及当时当地的社会经济发展

① 参见林琳：《个人所得税法改革创新性研究——基于附加福利课税立法体系的构建》，载《海峡法学》2015 年第 4 期。

② 参见胡怡建等著：《个人所得税税制国际比较》，中国税务出版社 2017 年版，第 148 页。

水平和政治、道德、文化等外部因素。”①尽管各国所得税制间存在明显差异，但仍有部分规定呈现趋同态势，诸如分类计征被综合计征所取代。②综合计征模式是对纳税人的税收负担能力以作为结果的所得金额来衡量，即对于纳税人本年度内所产生的全部所得，不区分其稳定与否统一视作年度所得予以课税，无法对获取时间周期不同的所得进行单纯比较，变动所得的存在是综合计征亟待解决的缺陷。③

一、变动所得征税概述

（一）变动所得及其征税问题

变动所得为纳税人长期累积而发生之所得集中于同一税收年度实现，由于采取累进税率，必然会加重纳税人的税收负担。④ 比较收入长期波动的个人税负与收入逐年无实质性变化的个人税负，变动所得所导致的税收惩罚相当严重，其惩罚幅度同收入波动程度呈正相关关系。⑤

2018 年《个人所得税法》修正前，工资薪金所得按月计征，纳税人取得全年一次性奖金将导致当月承担极高的税负。2015 年国家税务总局《关于调整个人取得全年一次性奖金等计算征收个人所得税方法问题的通知》（国税发[2005]9 号）规定，纳税人取得全年一次性奖金，单独作为一个月工资、薪金所得计算纳税，即体现通过平均制缓解纳税人因非固定性高所得所承担的较高税负。2018 年《个人所得税法》修正后采取按年计税的方式，虽然不存在全年一次性奖金发放月份税负过高的问题，但更

① 杨斌：《治税的效率与公平——宏观税收管理理论与方法的研究》，经济科学出版社 1999 年版，第 58—70 页。

② 参见维克多·瑟仁伊：《比较税法》，丁一译，北京大学出版社 2006 年版，第 15 页。

③ 参见山田太门：《财政学的本质》，宋健敏译，上海财经大学出版社 2020 年版，第 81 页。

④ 参见陈清秀：《税法各论》，法律出版社 2016 年版，第 102 页。

⑤ See Richard Schmalbeck, “Income Averaging after Twenty Years: A Failed Experiment in Horizontal Equity”, *Duke Law Journal* 509, 1984.

多类型所得被纳入综合计征,加剧了变动所得所导致的税负不公,“打补丁”解决的效果杯水车薪。我国长期的税收实践与立法缺位说明变动所得征税所引发的税收负担不合理的问题仍未引起足够重视,实属遗憾。

(二)变动所得征税问题的成因

收入不稳定或存在波动的纳税人在某一特定的时间段内可能比每年收入相同的纳税人缴纳更多的税款,这种税收惩罚效应在变动所得领域的表现尤为明显。从本质上来看,该问题是由年度课税原则与累进税率共同造成的。

1. 年度课税原则

“时间不仅仅是一个计时系统,更是人们在具体社会实践中逐步构建起来的、用于约束、协调和规范不同行为的工具。”[①]在税法时间制度的完整体系下,探求时间长短、时间起算、终点、中止、中断等具体制度,即是寻求税法时间制度的实质合理性与利益均衡性的过程。[②]

所得税具有“收益税”的性质,即将税收与所得相连接,以“净的收益”或“盈余利益”作为课税对象。[③] 净资产增加说在所得概念的发展进程中具有划时代的意义,此理论的最大价值在于厘清了净资产、取得与时间三个核心要素之间的关系,因此所得的判断不能脱离时间维度予以评价。[④] 年度课税仅为税法上的一种假设,个人的经济活动无法契合征税年度而以固定周期的形式开展。税法中的这一假设主要基于税收规律性的需要,忽略了个人经济生活的真实情况,以虚构的征税年度予以代替。[⑤] 因此,年度课税原则仅为一种设计原则,而不具有特殊的价值理

---

① 吴义龙:《法律中的社会时间——以土地承包经营期限为例》,载《南京大学法律评论》2018 年第 2 期。

② 参见赵菁:《税法时间制度的体系、逻辑与规范》,辽宁大学 2022 年博士学位论文,第 2 页。

③ 参见陈清秀:《税法各论》,法律出版社 2016 年版,第 11—12 页。

④ 参见聂淼:《所得概念的税法诠释》,武汉大学 2017 年博士学位论文,第 39—40 页。

⑤ See Kragen, Adrian A., and Jacques M. Adler, “Taxation of Individuals with Fluctuating Incomes”, *California Law Review* 31, 1960, p.32.

念。所得的年度归属应当准确反映纳税人真实的经济活动,此为税收正义的基本要求。

判断所得归属年度的方法包括收付实现制(Cash Method Accounting)与权责发生制(Accrual Method Accounting)两种:前者是指纳税人在实际收到或拟制收到现金收入(或其他形式的收入)时申报纳税,费用按照实际支付的年度予以扣除,①收付实现制以收到或支付现金或其他等同于现金的收入作为衡量纳税人税收负担的基准;②后者是以纳税人对其收入享有权利作为衡量纳税人税收负担的时间要素,侧重于"确定"纳税人获得收入的权利,并以"合理准确性"作为确定其应税收入数额的标准。③《企业所得税法实施条例》第9条规定,企业应纳税所得额的计算,以权责发生制为原则,属于当期的收入和费用,不论款项是否收付,均作为当期的收入和费用;不属于当期的收入和费用,即使款项已经在当期收付,均不作为当期的收入和费用。因此,企业所得税的征收即采取权责发生制的方法确定应税收入的时间归属。《个人所得税法》并没有从税务会计的角度对所得归属年度判断的方法予以明确,但从整体的立法精神以及条文表述来看,《个人所得税法》更倾向于收付实现制。收付实现制具有明显的外观行为,不仅有利于纳税人申报纳税,而且易被税务机关所掌握。就征纳便利而言,将收付时间推定为应税收入与费用减除的现实发生时间具有一定的合理性。但是,综合所得不允许跨年度盈亏互抵,使得"暂时性差异"转化为"永久性差异",对于因收入发生大幅度波动的变动所得以及个人执行业务活动时前期成本投入较高而回收时间较长等个案

---

① See J. Martin Burke, and Michael K. Friel, *Taxation of Individual Income* (12th edition), North Carolina, Carolina Academic Press, 2018, p.895.

② 参见陈清秀:《税法各论》,法律出版社2016年版,第94页。

③ See J. Martin Burke, and Michael K. Friel, *Taxation of Individual Income* (12th edition), North Carolina, Carolina Academic Press, 2018, p.945.

产生扭曲所得归属以及加重税收负担的效果。①《日本所得税法》明确采取权责发生制作为确定应税所得的时间归属方法,并对特殊情形设计了除外规定。究其原因,一方面在信用经济的背景下,并非所有收入均为现实收入,因此收入的权利一经确立即表示所得已经实现;另一方面,收付实现制易导致纳税人通过操作收入支付时间而实现逃避税目的。②

2. 累进税率

税率是用于表征税基与税额的函数关系,是决定纳税人税负轻重的核心要素,通常以固定税率、比例税率以及累进税率作为表现形式,不同的税率形式具有不同的功能。比例税率符合税法量能课税的要求,而累进税率则更体现为社会国家原则,作为财政重分配的表现形式,导正原先的财政分配,改善不利者的起步机会。③ 韦伯——费希纳定律(Weber-Fechner Law)指出,可以感觉到的差别与变量的级别之间是成比例的,基于该理论可以得出,对高收入纳税人征税和对低收入纳税人征税所产生的效应存在区别,比例税率将产生“劫贫济富”的税收效果,而实行累进税率更具合理性。④ 19 世纪末 20 世纪初,累进税制逐渐被采用并推广,其收入再分配的功能逐渐受到认可。20 世纪下半叶,累进原则不仅成为多国个人所得税法的重要原则,西班牙、菲律宾等国家还将累进原则明确列入宪法条文中,持反对观点的艾伯斯坦甚至也对累进税制作出“如果再分配被认为是时代要求,那么累进所得税,而且只有累进所得税才是正当的”的高度评价。⑤ 累进税率分配功能的发挥受平均税率(比例税率)

① 参见黄士洲、简银莹:《综所税会计制度相关实务问题研究——以所得变动与执行业务所得为对象》,载《会计师季刊》2016 年第 9 期。

② 参见施正文:《“应税所得”的法律建构与所得税法现代化》,载《中国法学》2021 年第 6 期。

③ 参见陈清秀:《税法总论》,法律出版社 2019 年版,第 39 页。

④ 参见马旭东:《有限识别力、“助推”式设计与个人所得税税基研究》,载《财经论丛》2019 年第 6 期。

⑤ 参见何锦前:《个人所得税法分配功能的二元结构》,载《华东政法大学学报》2019 年第 1 期。

的影响：一方面，累进税率调节力度的强弱与累进程度偏离比例税率的幅度相关联；另一方面，高收入纳税人的逃避税动机与累进税率偏离比例税率的幅度间呈正相关关系，最高档边际税率设置过高极易导致纳税人通过收入分解、隐瞒所得等方式逃避税。[①] 但是，累进税率的结构和年度课税原则的相互影响，导致作家、发明家等收入波动较大的纳税人承担较重的税负。

（三）变动所得征税制度构建的必要性

1. 以税负适度为基础的永续发展

社会是由经济体系、政治体系和社会体系组成的综合系统，一旦经济体系从政治体系中脱离出来，就会出现市场社会，进而产生了税收，此后财政制度才应运而生，[②]因此税收往往占据财政收入的绝对比重。约瑟夫·熊彼得（Joseph Alois Schumpeter）指出，税收不仅创造了国家，并进一步形塑了国家，一方面，社会结构决定了税收的类型和水平，另一方面，税收又成为社会力量改变社会结构的一柄把手。[③] 党的十八届三中全会指出，“财政是国家治理的基础和重要支柱”“科学的财税体制是优化资源配置、维护市场统一、促进社会公平、实现国家长治久安的制度保障”。因此，在财政内嵌于国家治理的背景下，为了充分发挥税收的重要功用，有必要将永续发展的理念融入税收制度的设计当中。

永续发展（Sustainable Growth）的概念最初是全球经经济危机爆发后，各国为寻求经济复苏和可持续增长所提出的一种实现本国经济长远发展的增长模型，以满足代际需要作为制度追求。[④] “征纳之道，重在和

① 参见侯卓：《论税法分配功能的二元结构》，载《法学》2018 年第 1 期。

② 参见神野直彦：《体制改革的政治经济学》，王美平译，社会科学文献出版社 2013 年版，第 25 页。

③ See Jürgen G. Backhaus, *Navies and State Formation*: *The Schumpeter Hypothesis Revisited and Reflected*, Münster, LIT Verlag press, 2012, p.33.

④ 参见江西省财政厅课题组：《促进财政收入可持续增长研究——以江西省为例》，载《经济研究参考》2015 年第 70 期。

谐”,[1]税法领域所强调的永续发展的自然法则,要求税收法律制度的构建、解释及其适用,应当秉持人权保障的基本价值理念,符合天道人情,顺应事物本质的合理性与自然法则,因此征税应当保留纳税人适当所得及财产之用益性,为纳税人留有其继续生存发展的足够空间,而不能存在“绞杀性课税”之情况。[2] 为防止税收侵犯纳税人的合法权益,税收应当符合适度性原则:(1)仅对收益部分征税,防止侵蚀税基;(2)私有财产应当以私用为主,税收负担不能反客为主,因此纳税人的整体税负不得超过成本、费用减除后的净收入的半数;(3)纳税人生存权所需财产应当免于征税。[3]

变动所得具有长期累积而一次取得之特性,因此承担“惩罚性”税收负担,存在侵犯公民财产权本体之嫌。如果征税导致私人的所有权以及经济秩序归于破灭无效时,抑或征税不仅存在于参与分担,还构成没收时,此种税收课征即已超越所有权限制的界限,违背保障公民财产权的本质内涵。[4] 在给付国家中,宪法不允许国家兼具“放火者”与“救火者”的双重角色,一方面侵犯纳税人的最低生存条件,另一方面又通过提供公共物品等方式对陷入困境的纳税人予以国家救助。[5] 抚平变动所得过重的税收负担不仅是税收永续发展的需要,亦是构建征纳和谐的税收制度的应有之义。

2. 个人所得税的正义价值追求

税法应当受到原则理念的约束,不能仅因经由“立法程序”而判定税法具有正当性基础。“税捐必须符合正义之理念,而为正义之法”,税收正义作为税法的核心价值,[6]个人所得税立法理应受到税收正义的正当

① 丛中笑:《和谐征纳的法理求索及现实观照》,载《法学评论》2006 年第 6 期。
② 参见陈清秀:《税法总论》,法律出版社 2019 年版,第 15 页。
③ 参见侯卓:《论税法分配功能的二元结构》,载《法学》2018 年第 1 期。
④ 参见陈清秀:《税法总论》,法律出版社 2019 年版,第 68 页。
⑤ 参见葛克昌:《所得税与宪法》,北京大学出版社 2004 年版,第 41 页。
⑥ 参见黄俊杰:《税捐正义》,北京大学出版社 2004 年版,第 2 页。

性检视。税收公平性主要体现为量能课税原则，即税制的设计主要依据纳税人的税负能力的大小，有能力者缴税，无能力者不缴税，收入多的人缴纳更多的税款，而收入少的人则承担较轻的税收负担。[①] 因此，在税法领域，量能课税原则通常被认为是税收公平原则的衍生原则，蕴含着税收实质正义理念的重要内涵，是衡量税收公平的最高比较标准。

从方法论的角度，经济能力成为税制构建一以贯之的线索：纳税义务产生于表征经济能力的财产或所得出现之时，经济能力既已存在后需对经济能力的主体和时间归属予以判断。[②] “所得概念如非依其发生史，而按个人之利用性来为定义，则所得税课税之合理正当性，即不在整体经济之增进，而在个人对经济财之处分能力。”[③]量能课税原则要求纳税人的税收负担，应当按照经济上的给付能力予以分配，因此如何衡量经济上的给付能力成为量能课税原则适用的重要前提。纳税人经济能力的判定，应当以经济实质标准作为价值选择，即在认识和判断事物时，透过现象把握事物最本质的内涵，并据此作为法律适用的标准。[④] 实质课税原则源自德国的经济观察法，是税法上的特殊原则，在课税要件的事实认定方面，把握其彰显经济上的给付能力的真实的经济上的事实关系。[⑤] “实质课税原则具有事实解释功能，而且事实解释乃是实质课税原则的唯一功能”，[⑥]通过与量能课税原则的良性互动，共同实现公平课税的制度目标。实质课税原则的作用领域通常包括：(1)税收客体经济上的归属，如所得主体的归属、所得年度的归属、所得种类的归属以及所得来源地之归属等；(2)税收客体的核实认定。变动所得课税的事实认定主要集中于所

① 参见刘剑文、熊伟：《财政税收法》(第8版)，法律出版社2019年版，第23页。

② 参见聂淼：《以经济能力为核心价值的税收构成要件论》，载《税务研究》2020年第12期。

③ 葛克昌：《所得税与宪法》，北京大学出版社2004年版，第43页。

④ 参见陈友伦：《关于经济实质标准在税收领域应用的思考》，载《国际税收》2022年第6期。

⑤ 参见陈清秀：《税法总论》，法律出版社2019年版，第190页。

⑥ 闫海：《绳结与利剑：实质课税原则的事实解释功能论》，载《法学家》2013年第3期。

得时间的归属问题。从形式上看,变动所得应于所得实现年度缴纳个人所得税,但从实质上看,变动所得实现年度的收入系基于多年付出而获得的收入总和,并不能体现纳税人的真实经济给付能力。运用实质课税原则以经济理性审视课税事实,多年付出所取的收入归属于同一计税年度并以此作为衡量纳税人经济给付能力的标准,显然违反其经济事实之本质。因此,将形式上收到收入的时间作为量能课税中经济能力的归属时间导致税收与正义价值相背离。

3. 以个人所得税推进共同富裕的要求

财政是国家的治理基础与重要支柱,税收作为"财富分割"的利器,在社会资源配置过程中发挥着重要的作用。因此,现代化的税收制度体系建设是实现共同富裕目标的重要一环。《国民经济和社会发展第十四个五年规划和2035年远景目标纲要》明确指出,要健全直接税体系,适当提高直接税比重。个人所得税作为我国直接税的代表,不仅是国家获取财政收入的重要途径,还具有调节收入分配,促进社会公平的重要功能,因此个人所得税制度的完善是促进共同富裕实现的重要推力。

变动所得经济给付能力评价失当,导致个人所得税调节收入分配功能的弱化。十八届三中全会《关于全面深化改革若干重大问题的决定》提出,要逐步形成橄榄型分配格局。所谓橄榄型的分配格局,即形成社会高收入阶层与低收入阶层的占比较小,中等收入阶层的占比较大的社会形态,橄榄型分配格局的实现显然应当依托于"调高""扩中""提低"的完善理念。[①] 个人所得税制度忽视了变动所得的实际年度归属,虚估了纳税人的经济给付能力,不仅无益于个人所得税收入调节功能的发挥,对于收入阶层的不当认定甚至会对橄榄型社会结构的形成造成干扰。

变动所得税负虚高,不利于产业经济健康发展。共同富裕目标的实现具有长期性,各领域经济的高质量发展是实现共同富裕的长久动力。

① 参见崔军、朱志钢:《构建橄榄型收入分配格局与个人所得税改革》,载《税务研究》2011年第9期。

税收征收应当保持“竞争中立”，不应对私经济部门（消费者及生产者）从事经济活动的经营决策、企业的组织形式、销售流程的长短等造成影响。[①] 税法应当对不同类型的经济活动本质予以尊重，不宜干涉其正常运作，促进相关产业经济的健康发展。变动所得具有长期投入集中获利的特征，以经营活动为例，其兼具稳定市场经济、促进经济长效发展的积极作用与投入多、风险高的消极特点，应当贯彻税收中性原则，甚至可以基于社会国家原则对纳税人给予适当的税收优惠以弥补较高的投入成本，鼓励纳税人积极应对风险。目前，个人所得税制度对变动所得征收过重税负的事实，显然会影响纳税人对收入具有波动性的产业的选择。

二、基于平均法的变动所得征税立法例

基于变动所得的特性，纳税人会在某一税收年度获得过高的经济收入，平均法可谓各国解决变动所得征税问题的通用办法，但不同国家关于平均法具体制度设计并非完全一致。平均法通过冲抵税收年度会计制度，解决波动收入与恒定收入的征税公平问题，同时也可减轻纳税人对变动所得税负过重的担忧，刺激社会风险投资。

（一）平均法的基本类型

在1979年之前，各国已经对平均所得方法进行集中探讨，逐渐形成了简单平均法（Simple Average）、移动平均法（Moving Average）和累进平均法（Progressive Average）等3种主要路径：[②]（1）简单平均法以法定的方式设定平均收入的时期，并在最后一年根据法定期限内的平均收入计算应税收入。简单平均法所设定的平均期限不可重叠，即简单平均法一经适用，纳税人只有等到下一个平均期限届满后才能再次适用。加拿大目前即采取此种平均方式。（2）移动平均法将前几个连续年度的平均收入

---

① 参见陈清秀：《税法总论》，法律出版社2019年版，第58页。

② See B. J. L., Jr., “Fluctuating Income and the Revenue Act of 1964”, *Virginia Law Review* 50, 1964.

作为纳税人的应税收入。与简单平均法不同,移动平均法规定同年的收入可被多次用于平均收入的计算。英国、澳大利亚以及美国的威斯康星州都曾对此种方法做过尝试,但目前只有澳大利亚税法中仍有部分体现。(3)累进平均法是对简单平均法与移动平均法的融合。在平均期内,应税收入是通过将当年的收入加上前几年收到的所有收入,再除以该期间迄今为止的对应年数予以确定。例如,假设平均期设定为5年,并以2000年为起始年份,则2001年的平均收入为前两年的收入总和除以2,2002年的平均收入为前3年的收入总和除以3,以此类推,直至期限届满。对于累进平均法的反对意见,主要集中在此种方法大大加重了税收征管的复杂程度。

(二)变动所得征税的立法例

1. 美国

1964年之前,美国以有限方式减轻了"捆绑收入"征税不公的问题。"捆绑收入"具有一次性付款的特征,适用累进税制后会导致篡改税收义务的问题,例如资本利得或退休金一次性发放,以致发生于多个年度而只在实际取得所得年度予以征税。[①] 反捆绑收入的规定也适用于个人服务、发明或艺术工作、欠薪、专利侵权赔偿、违约、反垄断违规等取得的收入,并且要求当前年度所征收的税款不得超过将收入分摊到对应年份所承担的税款。[②] 但是,反捆绑制度设计的弊端在实践中不断凸显:(1)由于需要重新计算之前年份的收入及其税收,收入分摊的方法增加了纳税人的税收遵从成本以及税收征管的难度;(2)适用范围较为狭窄,且适用限制较高,难以充分实现税收公平;(3)具体条件解释不清。[③]

为提高税法的公平性,剔除税法中不公平的条款,1964年《收入法》

---

① 参见V.图若尼主编:《税法的起草与设计(第二卷)》,国家税务总局政策法规司译,中国税务出版社2004年版,第552页。

② See § 1301(a),ch. 763,68A Stat. 334(1954).

③ See B. J. L.,Jr.,"Fluctuating Income and the Revenue Act of 1964",*Virginia Law Review* 50,1964.

(The Revenue Act of 1964)关于平均法的规定,旨在确保年收入波动较大的个人纳税义务更趋近于收入相对稳定的个人纳税义务,这一规定消除了反捆绑制度适用中的限制,为取得所得波动较大的所有纳税人提供了一个普遍适用的计税公式,使其无须重新计算之前年度的税收,也化解了征缴复杂难题。1964 年《收入法》将平均期限设定为 5 年,由当期纳税年度和前 4 年(又称基准年份)组成,其中第 1301 节规定了对变动收入的征税方法,将变动所得除以 5,基于该金额确定应纳税额,再将此应纳税额乘以 5。这一过程的目的在于拆解收入,将其视为每年所取得的收入相等,以产生同非变动所得相同的税收效果。平均法的适用需满足两个前提条件:(1)可平均的收入(Averageable Income),即当期纳税年度的调整后应税所得必须超过基准期间调整后的平均收入的 4/3,此项限制条款的设定目的在于减少采取平均法的纳税人数量,将平均法的受益类型限制在收入发生明显变动的情况下,进而将行政负担限制在可控的范围内;(2)可平均收入需超过 3000 美元,按照当年累进税率结构,税率等级通常为 2000—3000 美元,设定较低的标准将导致平均法的适用效果微乎其微。① 1969 年《收入法》对平均法的内容进一步予以简化,更多的纳税人被纳入受益范围统计,1981 年共收到超过 650 万份申报表包含着平均收入的申请,纳税人可节省约 40 亿美元的税款。②

2. 加拿大

变动所得理应享受一定形式的税收减免以平衡过重的税收负担。一般而言,变动所得税收减免主要体现为两种方式:(1)对于因变动所得所导致的最不平等的情况,采取零散式(Piecemeal Basis)的减免方式;(2)制定合适的平均法作为变动所得计税基础。加拿大对两种方法均有适

① See B. J. L., Jr., "Fluctuating Income and the Revenue Act of 1964", *Virginia Law Review* 50, 1964.

② See Richard Schmalbeck, "Income Averaging after Twenty Years: A Failed Experiment in Horizontal Equity", *Duke Law Journal* 509, 1984, p.511.

用，但偏重于零散式减免方法，因为平均法饱受怀疑：(1)平均法征税的复杂性不可避免；(2)是否将具有波动性的所有收入都纳入平均法的涵摄范围仍有争议，例如将偶然所得、从一个正常的收入水平达到另一个正常收入水平以及收入的持续增长或下降等情况适用平均法，其合理性较弱。①

根据加拿大税法规定，农民和渔民是唯一享有平均收入特权的纳税人，具言之，农民和渔民可以选择将本纳税年度的收入与前 4 年的收入进行平均，并以此为基础计算税额，纳税人一旦作出选择，至少 5 年之后才被允许再次适用平均制度，属于简单平均法。农民和渔民所享有的平均特权实际上只是众多零散的减免措施的一种，这些措施共同构成了加拿大用于解决变动所得税负不公的办法。加拿大《所得税法》(The Income Tax Act)的其他减免措施主要适用于以下情况：(1)业务亏损的结转；(2)资本利息合计的混合付款收入；(3)一次性付款收入；(4)两个财年结束于同一纳税年度；(5)营业收入或雇佣收入；(6)销售库存以及停止营业时出售或收回应收账款；(7)折旧抵免；(8)库存升值；(9)员工股票期权；(10)未分配收入。② 零散化的税收减免方式涉及的制度种类较为庞杂，许多规定的技术性较强，造成税收歧视以及税收制度的复杂化，纳税人难以了解并有效适用上述减免制度，但较之普遍化的平均法，这种零散的救济方式在政治上更具可取性。③

3. 日本

依据日本税法，平均征税适用于变动所得和临时所得：变动所得主要为打鱼所得和著作权使用费所得以及其他类似的所得；临时所得主要包

① See Goode R B, *The individual income tax*, *Studies of Government Finance*, Washington, The Brookings Institution, 1964, p.254.

② See J. R. E. Parker, "Taxation of Fluctuating Incomes in Canada", *Canadian Tax Journal* 13, 1965, p.325.

③ See Willis J, *The Mitigation of the Tax Penalty on Fluctuating Or Irregular Incomes*, Canada, Canadian Tax Foundation, 1951, p.29.

括通过专属合同而受领的收入和允许长期使用专利权时所接受的一次性收入。日本平均征税制度规定，当期年度的变动所得和临时所得的总和超过当期年度总收入的20%以上的，应税所得为总所得减除平均征税对象收入的4/5并扣除调整所得金额后的余额，乘以再调整所得的上述税额的比例所得的金额的合计额即为应纳税额。①

此外，日本税法中对于因长期投入而一次实现的所得单独规定了类似于平均征税制度的特别方式，涉及的所得类型主要包括退职所得、山林所得、转让所得三类。（1）退职所得包括退职补贴收入、临时奖金以及其他因退职所引起的临时取得的薪金，或具有上述所得性质的其他所得。退职所得事实上是一种基于长期工作而获得的报偿性给付，具有将部分薪资于最后一次性给付的性质，因此同工资、薪金所得并没有本质区别。但退职所得具有一次性给付特性以及适用累进税率而承担的较重税负同纳税人退职后税收负担能力较弱之间存在现实矛盾，因此，应将退职所得征税同其他所得类型予以区别。日本税法根据纳税人连续工作的年限设定了不同的退职所得扣除额，此扣除额随工作年限的增加而增加。退职所得在计算应纳税额时，仅将减除退职所得扣除额后剩余的所得的1/2作为应税收入，以平均化的理念缓解退职所得过重的税收负担。（2）山林所得是指因采伐山林或转让山林后所取得的收入。尽管山林所得兼具事业所得、杂所得以及转让所得的性质，但由于山林所得取得的期限通常超过5年，因此《所得税法》根据“从轻课税”的立法思想，对山林所得予以单独列示。此外，山林取得之日的5年内对山林进行采伐或转让而取得的收入应归入事业所得或杂所得的范畴。《所得税法》基于山林所得投资资本回收的长期性而对其分离征税，以此缓解累进税制下的税收负担。山林所得的应税收入是将关于山林所得的总收入减除山林的植林费、管理费、采伐费、取得费以及其他关于山林的培育或转让所需要的费

① 参见金子宏：《日本税法》，战宪斌等译，法律出版社2004年版，第192页。

用等必要的费用后，再减除特别扣除额后的剩余收入作为应纳税所得。(3)转让所得征税的本质是对财产在转让前的所有期间的增加利益进行清算，并于转让时予以征税，其征税对象为资产增加的价值。转让所得是否应被纳入征税对象仍存在争论，但在包括日本在内的多数国家均采取支持的观点。转让所得可分为长期转让所得和短期转让所得两类，由于长期转让所得具有将较长的时间段内累积起来的收益于转让时点一次实现的性质，各国普遍采取平均法作为减税措施。在日本，长期转让所得是指被转让财产的保有期超过 5 年的所得，并仅将长期转让所得的 1/2 作为应税收入处理。

三、变动所得的征税范围

(一)所得税目的识别

变动所得征税制度的设计目的在于解决年度计税与累进税率导致的纳税人长期累积所得一次实现所承担的较高税负的问题。2018 年修正《个人所得税法》实现了个人所得税的混合计征模式，其中综合所得与经营所得均采取累进税率，因此对于工资薪金所得、劳务报酬所得、稿酬所得、特许权使用费所得以及经营所得的准确识别，是变动所得范围确定的基础。

个人所得税立法的空洞化以及政策主导下的逻辑不畅，导致税目归属混乱。在政策不断扩充的时代，与此相伴相生的是法律的日渐空洞。尽管税收法定原则已成为税收制度建构的基础，但从实践来看，轻法律而重政策的税收治理现象仍然普遍存在。个人所得税立法仅包含税目的概念名称而并无具体定义，导致实践中常常出现所得类别归属难题，国务院、财政部、国家税务总局以隐性授权方式对税目予以界定。究其原因，一方面，相较于税收政策的制定主体，立法机关对于税法适用存在问题的了解、税收知识的掌握以及相关信息的获取等方面存在劣势；另一方面，立法工作需严格遵循法定程序，其成本较高，无法对现实问题作出及时的回应,因此政策的制度补足机制具有明显的现实合理性。[①] 但是,政策主导下的税目识别并未遵循“类似所得类似处理”的正义标准,导致税目归属逻辑混乱。例如,国家税务总局对于《个人所得税法》“其他所得”项下所得的归类标准并不一致,而在“其他所得”条款删除后,原归属于“其他所得”的收入类型或归于工资薪金所得综合计算个人所得税,或归于偶然所得适用比例税率计算税额,有些所得甚至不再属于应税所得的范畴。所得归属的随意性不仅导致了个人所得税的差别对待进而引发税收的公平性危机,同时也为征纳双方就所得是否纳税以及如何纳税产生的纠纷埋下隐患。[②] 税目的精准识别关涉纳税人的权益保护,也是科学课税的本质要求。因此税目概念的界定权应当由立法机关行使,并提高税目结构的精细化程度,明确税目之间的区别并有效涵摄所得类型。

统观各国个人所得税的立法实践,通常以劳动和资本为要素将应税所得作出二元划分:因劳动而取得的收入是指私人透过其提供之劳务,借由市场而获得经济上成果,通常为保障纳税人的生存权而对劳动性所得划定课税禁区或从轻课税,并基于级差调节的考虑,对于所得越高者课征的税收越高,所得越低者税负越低,以遵循量能课税的指导原则;[③]因资本而取得的收入是指,“个人利用资本,借由转移其所有权或使用权,因此而获取其中的差价或孳息”。[④] 一般各国对资本性所得并不考虑生计扣除,而是根据竞争中立的原则并基于鼓励投资和促进资本增值的政策考虑,采用较低比例税率计算应纳税额。随着个人所得税的课税对象日趋复杂,劳动性所得与资本性所得的税目划分愈加模糊,例如《个人所得税法实施条例》第 6 条第 4 款规定,特许权使用费所得,是指个人提供专

① 参见李乔彧:《个人所得认定治理路径的转型》,载《行政法学研究》2020 年第 1 期。

② 参见欧阳天健:《个人所得及其课税规则的类型化研究》,载《青海社会科学》2021 年第 6 期。

③ 参见北野弘久:《税法学原论》(第 4 版),陈刚等译,中国检察出版社 2001 年版,第 117 页。

④ 参见柯格钟:《论所得税法之所得分类》,载《月旦法学教室》2007 年第 9 期。

利权、商标权、著作权、非专利技术以及其他特许权的使用权取得的所得;提供著作权的使用权取得的所得,不包括稿酬所得。有的观点认为特许权使用费是一种对于无形资产转让所取得的收入,属于资本性所得,与劳动性所得合并作为综合所得征税显然不妥,并提出应按照"劳资二分"的原则对个人所得的具体类型予以重构。①

(二)变动所得的类型

变动所得主要有两种分类方法:(1)以类型化的方法对综合所得及经营所得中的变动性质予以提炼分类;(2)按照纳税人予以分类,主要包括艺术家、发明家、作家和制片人。② 类型化是顺应经济社会发展的应对之道,以纳税人为基准的分类方式无法涵摄变动所得的所有类型,在初步解决了变动所得税负不公的问题后又会落入另一个违反平等课税原则的"泥潭"。

根据2018年修正《个人所得税法》关于所得的分类,变动所得主要包括:(1)工资、薪金所得类型中的变动所得。例如,对于全年一次性奖金、年度绩效薪金系对整个工作年度累积付出而于年终获取的一次性收入,即应适用所得平均的方式对其进行调整。(2)劳务报酬所得类型中的变动所得。劳务报酬所得是典型的前期通过一定期限的技术或服务投入后取得报酬的特征,因此对于从事表演、法律等工作的纳税人的报酬所得多为变动所得。(3)稿酬所得类型中的变动所得。一个作品的产出往往需要较长的"孵化期",因此写作的本质决定了稿酬所得的变动性。(4)特许权使用费所得类型中的变动所得。特许权使用费所得同稿酬所得的认定理念存在重叠,但将稿酬所得明确排除在特许权使用费所得的范围之外予以单独规定,主要是考虑了作品出版、发表的特殊性,并给予

① 参见欧阳天健:《个人所得及其课税规则的类型化研究》,载《青海社会科学》2021年第6期。

② 参见V.图若尼主编:《税法的起草与设计(第二卷)》,国家税务总局政策法规司译,中国税务出版社2004年版,第552页。

其更多的税收优惠,[①]因此,如从事发明创造的纳税人所获得的特许权使用费可能归属于变动所得。

但是,并非所有非因己意而产生的所得发生变动的情况,都可视为变动所得,因意外而导致所得大幅度变动,且可辨认所得归属年度的情形,即不属于变动所得的范畴。例如,报酬的延迟给付、多年薪资一次性补发、拖欠租金一次性追回等,虽导致纳税人当期所得的大幅度波动,但由于可辨认出波动所得实际归属的具体年度,因此无需并入变动所得适用特殊的征税规则,而应允许纳税人申请重新确定对应年度的应税收入,正确评估税收负担。

四、变动所得的计税方式

纵观国外变动所得的计税方式,无外乎两种:(1)以平均化公式为基础普遍适用于各类变动所得的一般平均模式。简言之,一般平均模式的典型做法即明确平均期限,并在税收年度按照固定的平均公式计算出的平均税额再乘以对应的平均期限即为平均期内的总应纳税额。这种平均模式具有促进税收公平的本质特征,但征管过程以及税额计算的相对复杂性又成为制度本身的明显弊端。此外,由于税率的累进性缩小,平均的状况就会减少,目前采取一般平均模式的国家已经废弃了该项制度。[②] (2)只对特定类型所得予以平均。一般来讲,这种特定的类型集中于农、林、渔、牧以及稿酬所得领域,计税方式通常较为简便,例如根据日本税法的规定,对于山林所得采取"五分五乘法"计税,即将所得的五分之一乘以对应的累进税率,再乘以五即为应纳税额。[③] 有的规定,"个人综合所得额中,如有

---

① 参见卢国阳:《我国"稿酬所得"个人所得税制探究》,载《上海法学研究》2020年第21卷。

② 参见V.图若尼主编:《税法的起草与设计(第二卷)》,国家税务总局政策法规司译,中国税务出版社2004年版,第551页。

③ 参见邢会强:《个人所得的分类规制与综合规制》,载《华东政法大学学报》2019年第1期。

自力经营林业之所得、受雇从事远洋渔业，于每次出海后一次分配之报酬、一次给付之抚恤金或死亡补偿，超过第 4 条第 4 款规定之部分及因耕地出租人收回耕地，而依‘平均地权条款’第 77 条规定，给予之补偿等变动所得，得仅以半数作为当年度所得，其余半数免税。”①上述条文属于“列示概括”之规定，变动所得的种类众多并不以所列举者为限，其计税方式较为简便。有的国家与地区所采取的平均制度兼具上述两种模式的受益范围广泛、计税方式简便的双重制度优势。

我国变动所得的计税方法应当遵循“突出公平，兼顾效率”的原则。斯蒂格列茨指出，判断一个税收体系是否良好的第一标准应当是公平。②不过，过度追求税制公平而实施复杂化的个人所得税制度，将导致税收遵从成本过高和税收流失的风险。例如，美国收入平均制度的计算公式较为烦琐，结合不同类型的税收优惠制度以及夫妻申报纳税制度，收入平均制度的适用将极为复杂，难以被纳税人有效掌握，这也是该制度饱受诟病乃至最终被废止的重要原因。因此，我国变动所得计税方法还应当遵循适用性原则，满足效率和简易性的要求，符合成本效益，尽量减轻纳税人的税收遵从成本以及税务机关的行政管理费用，避免计税方法过于复杂而影响制度目的的实现。《个人所得税法》第 11 条规定，居民个人取得综合所得，按年计算个人所得税；有扣缴义务人的，由扣缴义务人按月或者按次预扣预缴税款；需要办理汇算清缴的，应当在取得所得的次年三月一日至六月三十日内办理汇算清缴。因此，日本收入平均制度所采用的“五分五乘”计税方法在汇算清缴中无法适用。我国应当仅就变动所得的一定比例作为应税所得，关于比例的确定，可以“以统计所累积之经验数据为基础，在此基础上进行类型化或概算化，相对满足实质

① 陈清秀：《税法各论》，法律出版社 2016 年版，第 102 页。

② 参见约瑟夫 · 斯蒂格利茨：《经济学》，梁小民、黄险峰译，中国人民大学出版社 2000 年版，第 481 页。

课税原则的要求。”①

第四节　个人所得税家庭征税制

一、个人所得税家庭征税制概述

（一）个人所得税家庭征税制的概念

个人所得税作为我国的主体税种之一，在筹集财政收入及调节收入分配方面发挥着重要的作用。征税单位是指纳税人申报缴纳税款的单位，不同国家和地区受征管水平、政策导向、经济发展等因素的影响，征税单位的选择也不尽相同。② 不同征税单位的选择不仅影响个人所得税的基本要素设计、应纳税额计算以及征纳方式选择，还会产生不同的经济社会效果。

中华民族以血缘关系为纽带、以自然经济为基础，形成了一种以宗法制度为表现形式的家国体制，凸显出中华民族“家”和“国”关系的独特性。③ 与西方文化所强调的个人主义不同，家庭在我国具有重要的意义，其不仅是社会构成的基本单位，也是中国传统文化传承的重要载体。每一个个体不是孤立存在的，必然隶属于特定的家庭，④个人支出往往与家庭的具体情况相关联，而家庭经济能力会因赡养老人数量、子女教育情况、家人健康状况等不同而表现出较大差异，只有将家庭作为个人所得税的征税单位，才能真正反映出不同家庭的税收负担能力，实现量能课税以

---

① 陈清秀：《税法各论》，法律出版社 2016 年版，第 45 页。

② 参见施正文：《论我国个人所得税法改革的功能定位与模式选择》，载《政法论丛》2012 年第 2 期。

③ 参见黄卫星、张玉能：《“家”字的文化阐释》，载《青岛科技大学学报》（社会科学版）2017 年第 3 期。

④ 参见白凯、符国群：《“家”的观念：概念、视角与分析维度》，载《思想战线》2013 年第 1 期。

及对纳税人权益的保护。

个人所得税家庭征税制是指以家庭整体净所得为征税对象，反映家庭真实税收负担能力的一种税收制度。具言之，个人所得税家庭征税制要求将所有家庭成员的收入进行汇总得出家庭总收入额，并以家庭为单位适用基本费用扣除、专项扣除、专项附加扣除等法定扣除项目，最后以应纳税所得额适用对应税率计算应纳税额。同个人征税制相比，家庭征税制更加强调家庭在个人所得税征收的作用，家庭情况直接反映纳税人的税收负担能力，在我国实行个人所得税家庭征税制是保证税收公平、发挥个人所得税收入分配功能的最佳选择。

（二）个人所得税的家庭征税制与个人征税制比较

1. 对婚姻中性的影响

婚姻中性要求征税单位的选择不会对纳税人婚姻的选择造成影响。[①] 以家庭为征税单位难以避免对婚姻中性产生影响，这也是一些国家反对将家庭作为征税单位的重要原因之一。当婚前两人的收入差距较大时，婚后共同申报纳税可能会适用较低的税率甚至不用纳税，降低税收负担，产生“婚姻奖励”的后果；相反地，当婚前两人的收入接近时，婚后共同申报纳税可能适用更高的税率，产生“婚姻惩罚”的后果。[②] 纳税人因而通过“假离婚”或“同居”的方式逃避较重的税收负担，影响社会稳定。个人征税制则不会导致纳税人因婚姻状况不同而承担不同的税收负担，因此有助于实现个人所得税与婚姻选择的相互独立。

2. 对税收公平的影响

税收公平原则是指税收应当由纳税人公平负担，纳税人所缴纳的税款应当与之税收负担能力相适应。[③] 税收公平一般包括税收横向公平与

---

① 参见刘尚希：《按家庭征个人所得税会更公平吗？——兼论我国个人所得税改革的方向》，载《涉外税务》2012 年第 10 期。

② 参见郑春荣：《个人所得税纳税单位选择：基于婚姻中性的视角》，载《社会科学家》2008 年第 2 期。

③ 参见刘剑文：《收入分配改革与财税法制创新》，载《中国法学》2011 年第 5 期。

税收纵向公平：横向公平是指税收负担能力相同的纳税人，纳税应当相同；纵向公平则是针对税收负担能力不同的纳税人，高收入者多纳税，低收入者少纳税。[①] 个人经济负担往往反映为家庭经济负担，以家庭作为征税单位可以更好地反映出家庭的真实税收负担能力。个人征税制强调税收效率以及税收政策的实现，对于税收公平的关注稍显欠缺，导致税收负担能力相同的家庭承担不同的纳税义务。

3. 对征管水平的要求

个人征税制对征管水平的要求相对较低。扣缴义务人向个人支付应税所得时须扣缴税款，并定期向税务机关的申报，[②]因此税收征管压力的一部分由扣缴义务人所分担，税务机关仅须做到源头控制。以家庭为征税单位要求税务机关准确掌握纳税人的家庭收入情况，而家庭收入由各家庭成员的不同来源收入所组成，需要配合自行纳税申报、涉税信息共享机制辅助才能实现。[③] 因此，个人所得税家庭征税制对税务机关的征管能力提出了更高的要求，这也是个人所得税家庭征税制改革的风险所在。

（三）我国实行个人所得税家庭征税制的必要性

1. 有利于缩小家庭收入差距

个人所得税承担着增加财政收入、调节收入分配的双重职能。基尼系数是衡量一个国家或者地区收入分配情况的常用指标：基尼系数小于0.2，表示收入分配的绝对平均；基尼系数在0.2至0.3之间，表示收入分配比较平均；基尼系数在0.3至0.4之间，表示收入分配相对合理；基尼系数在0.4至0.5之间，表示收入分配差距较大；基尼系数大于0.5，则说明收入分配差距悬殊。图1-1描述了近年来我国人均可支配收入基尼系数变化趋势。

---

① 参见朱为群、陶瑞翠：《中国个人所得税的公平分析》，载《经济与管理评论》2015年第6期。

② 参见施文泼：《新一轮税制改革个人所得税征管机制构建研究》，载《地方财政研究》2017年第6期。

③ 参见俞杰：《个人所得税课税单位的选择与评析》，载《税务研究》2015年第2期。

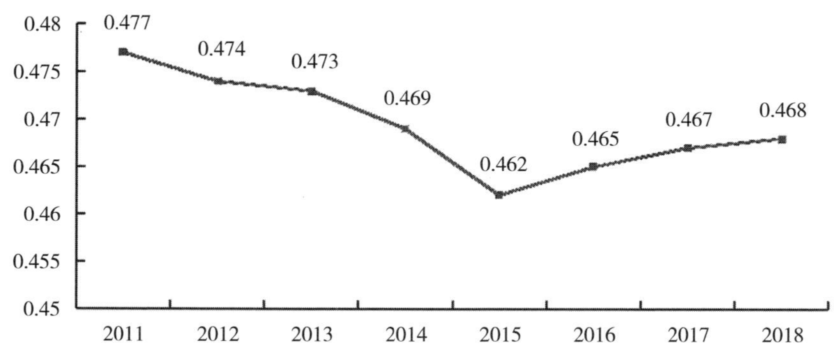

图 1-1　2011—2018 年我国人均可支配收入基尼系数变化趋势

数据来源:中国住户调查年鉴 2019。

根据图 1-1,2011 年个人所得税改革以后,我国人均可支配收入基尼系数曾显著下降,由 0.477 下降到 0.462,但 2015 年以后,我国人均可支配收入基尼系数由 0.462 上升到 0.468,说明收入分配差距在逐年拉大。就整体而言,我国人均可支配收入基尼系数均超出警戒线 0.4,说明收入分配差距较大。严丹良、韩彦峰选取 2005—2008 年的数据计算出我国城镇居民家庭人均收入基尼系数,通过与个人人均收入基尼系数进行对比,发现个人收入差距以家庭收入差距作为最终体现。① 家庭征税制以家庭整体的税收负担能力为征税的基础,实现征税单位与收入分配单位的同一,能够更好地发挥个人所得税调节收入分配差距的功能,实现共同富裕。

2. 有利于防止税收流失

我国个人所得税采用代扣代缴与自行申报相结合的征收模式,但由于对逃税漏税的打击力度相对较弱,纳税人及其代扣代缴义务人的纳税责任意识不足,甚至扣缴义务人帮助纳税人逃避缴纳税款。此外,个人所得税存在税收负担与纳税能力错配的问题,例如高收入群体的收入来源

① 参见严丹良、韩彦峰:《公平视角下以家庭为单位的个人所得税改革思考》,载《财会研究》2012 年第 2 期。

较为多元，工资薪金所占比重较少，税务机关难以掌握其真实的收入信息，导致相当部分的应纳税所得未列计到个人所得税的征收范围内，以工资薪金为主要收入来源的纳税人则承担了我国个人所得税的大部分税收，导致个人所得税沦为“工薪税”。我国个人所得税采用超额累进税率，即应税所得高的纳税人将适用更高的个人所得税税率，由此，部分家庭以分摊收入方式适用低税率，达到少缴税款的目的。以家庭为个人所得税的征税单位会避免高收入者向低收入者转移收入情况的发生，同时配合个人所得税征管系统信息化，税务机关将更加准确掌握纳税人的财产以及收支情况，保障税款的及时、足额征收。

3. 有利于实现公平征税

个人征税制将导致税收负担相同的家庭却因家庭成员应税所得分配的不同而缴纳不同的税款，造成税收横向不公平。以收入来源为工资薪金所得的家庭为例，假设不存在专项扣除、专项附加扣除等扣除项目，对收入相同的家庭而言，家庭征税制以家庭的总体净所得为征收对象，摆脱了因家庭成员收入构成差异造成的税负不公问题，符合个人所得税横向公平的要求。个人所得税纵向公平原则要求所得多、负担能力大的多征，所得少、负担能力小的少征，无所得、没有负担能力的不征，①是实现个人所得税调节收入分配职能的重要原则。以家庭为个人所得税的征税单位则可以保证收入与税负的平衡关系，实现税收纵向公平。公平征税是宪法平等权的税法体现，是对纳税人权益的重要保障。相比之下，个人征税制则忽视了家庭整体税负的公平性，使得家庭成员的收入结构以及家庭成员收入是否超过基本费用扣除等因素干扰了税收的公平负担。

（四）我国实行个人所得税家庭征税的可行性

1. 与个人所得税混合计征模式相契合

个人所得税的计征模式一般分为：（1）分类计征模式是将应税所得

① 参见刘剑文、熊伟：《财政税收法》（第 8 版），法律出版社 2019 年版，第 237 页。

分类，不同来源的所得适用不同的税率计算应纳税额，这种征收模式具有简易高效的特征，但存在忽视纳税人的家庭负担、无法保证税收的公平等弊端；(2)综合计征模式将纳税人的全部所得列为征收对象，扣除法定扣除项目后适用统一的税率计算应纳税额，更好地体现了公平征税的理念，但对税务机关的征管能力提出了更高的要求；(3)混合计征模式兼具前两者模式的优点，是我国个人所得税改革的理性选择。[①] 分类计征模式的重心在于对不同来源的所得征收适用不同的税率，反映一定的国家政策，这种征收模式与个人征税制相匹配；综合计征模式是经济社会发展水平较高的国家应对纳税人收入多元化的合理选择，与家庭征税制的要求与理念相契合。维克多·瑟仁伊比较各国税制，指出综合税制正逐渐取代分类税制，但现代综合税制也包含一定分类元素。[②] 我国在 2018 年进行了一次大规模的个人所得税制改革，重点之一是将分类计征模式改为混合计征模式，这次改革不仅使我国个人所得税的征收更加符合科学性与公平性的要求，而且与我国经济社会发展情况、税收征管水平相适应，为我国个人所得税家庭征税制改革提供了制度支持。

2. 专项附加扣除包括家庭因素的考量

亚当·斯密指出，税收不可以侵蚀纳税人的资本，也不可侵蚀纳税人的生活成本，[③]从纳税人的应税收入中扣除不能反映税收负担能力的部分是量能课税原则的体现。[④] 2018 年修正《个人所得税法》不仅提高了基本费用扣除额，还新增了专项附加扣除，其中对家庭生活所需的必要开支予以充分考虑，涉及到教育、医疗、住房、养老等方面，实现了个人所得

① 参见李炜光、陈辰：《以家庭为单位征收个人所得税的制度设计问题——基于三种所得税征收模式的讨论》，载《南方经济》2014 年第 8 期。

② 参见维克多·瑟仁伊：《比较税法》，丁一译，北京大学出版社 2006 年版，第 16 页。

③ 参见亚当·斯密：《国民财富的性质和原因的研究(下卷)》，郭大力、王亚南译，商务印书馆 1974 年版，第 34 页。

④ 参见吴旭东、孙哲：《我国个人所得税费用扣除的再思考》，载《财经问题研究》2012 年第 1 期。

税与家庭负担的有机结合。国家统计局将全国居民消费性支出分为8项(图1-2),专项附加扣除的范围主要落在居住、教育文化娱乐支出以及医疗保健项目上,这三项支出占总消费支出的43%,极大地减轻了纳税人的家庭负担,进一步实现了国家对公民生存权的基本保障。我国个人所得税专项附加扣除是对家庭整体负担的综合考量,具有鲜明的家庭特性,为我国个人所得税家庭征税制改革打下坚实的基础。

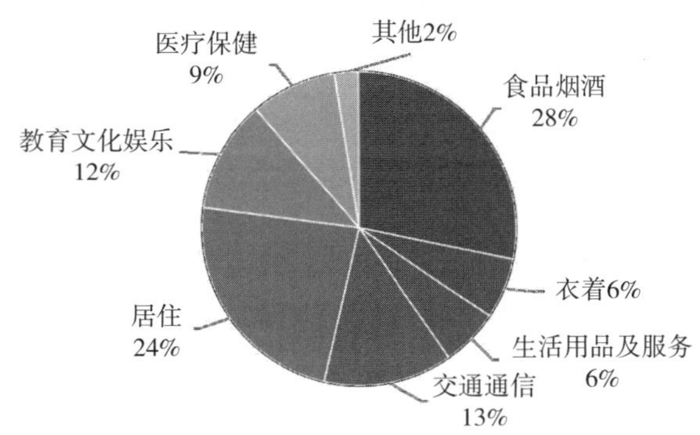

图1-2 居民人均消费项目比重

数据来源:国家统计局《中国统计年鉴2020》。

3. 征管能力的提升

2014年《深化财税体制改革总体方案》明确提出将个人所得税混合计征模式作为我国个人所得税改革的目标。为配合我国个人所得税改革的顺利进行,我国税收征管开展多方位尝试。2015年修订的《税收征收管理法》第6条明确规定了税务信息共享机制、税收现代化建设的相关内容。2015年国家税务总局制定了《"互联网+税务"行动计划》(税总发〔2015〕113号),将互联网与纳税申报、信息共享等税收征管工作相结合,坚持自我改革与外部融合并举,打造税收治理新格局。2018年修正《个人所得税法》规定,纳税人要主动提供纳税人识别号,实现税务机关对纳税人经济活动的动态掌握,便利税务管理。为提升纳税人遵从度,缓解税务机关的征管压力,2019年国家发展改革委办公厅与国家税务总局办公厅联合制定了《关于加强个人所得税纳税信用建设的通知》(发改办财金规〔2019〕860号),要求严格依照法律法规建立健全个人所得税纳税信用机制,坚持业务协同原则,形成个人所得税纳税信用建设合力,失信记录将与全国信用信息共享平台共享。此外,非现金收入结算为税务机关通过大数据平台掌握纳税人动态收支信息提供了可能,税务机关可以通过追踪纳税人的电子消费记录实时掌握纳税人收支变化情况。

二、个人所得税家庭征税制的国外立法例

(一)美国

美国个人所得税法呈现高度复杂性,包括税法解释的复杂性、抵免与扣除的税收遵从复杂性,协调个人所得税与其他税种关系的交易复杂性,[①]究其根源是个人所得税制设计的精细化和“公平优先于效率”的价值取向。

美国个人所得税采取家庭征税制,通过不断完善税制以消除对“婚姻中性”的影响,确保反映税收公平的累进性。美国个人所得税法根据家庭情况的不同,设计了四种纳税申报方式供纳税人选择,即以单身的身份申报、以户主的身份申报、夫妻共同申报和夫妻单独申报。不同的申报方式适用不同的累进税率,费用扣除的标准以及可享受的宽免额大小也有所差异,申报方式一经确定不得随意更换。虽然美国个人所得税在申报方式上允许夫妻分别申报,但在税制设计上,夫妻共同申报纳税可享受更为优厚的税收待遇。

在美国,宽免额原则上以一个家庭为单位来计算的,其与标准扣除被合称为起征点,基本可以抵偿家庭生活所需的最低费用。分项扣除可以真实地反映家庭的税收负担能力但手续复杂,标准扣除无须纳税人准备详尽的材料证明相关真实费用支出符合扣除条件、标准,纳税人可根据家

① 参见许多奇:《美国联邦个人所得税制度之历史嬗变、基本特征及其借鉴》,载《东方法学》2017年第6期。

庭的实际情况选择更有利的扣除方式。美国个人所得税的税收抵免主要包括劳动所得税收抵免、照顾孩子(被扶养者)税收抵免、收养税收抵免及外国税收抵免,①除外国税收抵免被用于防止双重征税外,其余四种税收抵免都在于减轻家庭的生活负担。

美国个人所得税采取综合计征模式,由于家庭收入来源较为复杂,一旦征管不善会造成严重的税负不公和国家税收的流失。美国采用双向申报,通过雇主预扣预缴和纳税人自行申报相结合,防止少报或不报的发生,雇主与雇员之间形成的内部监督体系缓解了税务机关征管压力。美国税收征收信息化技术较高,通过税务与银行系统的接合,实现征管机关对纳税人收支情况的确实掌握,这也是美国个人所得税虽然设计复杂但征管高效的重要原因。在美国,虚假申报等税收逃避的成本极高,不仅会被罚重款、计入诚信档案,严重者还要承担刑事责任,严厉的征管体系和科学的征管手段共同促成了纳税人较高的纳税意识。

(二)法国

在法国,现代个人所得税制形成于二战后,《税收法典》将可税所得分为房地产所得(Real Estate income)、工商业利润(Industrial and Commercial Profits)、公司主管的报酬(Remuneration Received by Certain Company Managers)、农业利润(Agricultural Profits)、工资与退休金(Salary and Pension income)、劳务所得及其他相关所得(Personal Services Income and Other Related Incomes)、资本利得(Private capital Gains)、证券收益(Securities income)等8类。居民可以选择按月缴纳或按季度缴纳个人所得税,除特殊情况外夫妻双方必须合并申报,成年子女经父母同意且符合以下条件时可与原家庭一起申报纳税:(1)子女不满21岁;(2)子女不满25岁且仍在上学;(3)服兵役或有残疾。法国个人所得税采用家庭系数法计算家庭的应纳税所得额,以真实地反映家庭的税收负担能力。决定

① 参见财政部税收制度国际比较课题组编著:《美国税制》,中国财政经济出版社2000年版,第109页。

家庭系数大小的因素包括家庭成员人数、人员构成,同时还会受相关政策因素的影响。

法国个人所得税拥有较为完善的费用扣除体系,主要分为分类扣除与综合扣除两个部分。分类扣除是指在取得应税收入时按收入所属类型的不同,扣除一定比例后,将剩余部分作为应税所得,例如工资薪金的扣除比例为10%。法国个人所得税在未成年子女抚养、医疗、健康费用、高等教育费用、单位福利、因公发生的私人费、贷款利息等方面明确地规定了费用扣除。这一制度设计既保证了个人所得税综合汇算清缴的公平合理,又体现了个人所得税综合计征模式的动态灵活特征。①

(三)德国

德国个人所得税法设置了个人申报和夫妻联合申报两种申报方式供纳税人选择,一般而言,未婚、丧偶、离异以及长期分居等单身纳税人选择个人申报,夫妻一般选择夫妻联合申报,相比于个人申报,夫妻联合申报可缴纳更少的税款。德国个人所得税应纳税额的计算采用"折半乘二"法,选择夫妻联合申报的家庭须将夫妻应税收入进行加总而得到总应纳税所得额,再将总应纳税所得额除以2,找到相应的税率予以计算应纳税额,再将结果乘以2得出夫妻的总应纳税额。事实上,夫妻联合申报所适用的实际税率、边际税率往往低于个人申报或者夫妻分别申报,②即对于收入相同的单身和夫妻,夫妻联合申报的税收负担会更小。德国个人所得税对养老、照顾家庭、教育、保护弱者等方面设置了优惠措施,以维护家庭的安定与和谐,真实地反映纳税人的税收负担能力。

德国个人所得税将应税所得分为劳动所得(Self-employment income)、工资薪金所得(Wage income)以及资本利得(Capital income)三

---

① 参见何代欣:《个人所得税分类与综合改革研究:法国税制借鉴》,载《地方财政研究》2013年第8期。

② 参见财政部税收制度国际比较课题组编著:《德国税制》,中国财政经济出版社2004年版,第89页。

类，具体包括：(1)农业和林业经济所得；(2)独立个体劳动所得；(3)工商业活动所得；(4)投资所得；(5)雇佣所得；(6)租赁所得；(7)其他收入所得。① 德国个人所得税的收入扣除额包括专项扣除、特别支出扣除和非常费用扣除等，涵盖了家庭生活所涉及的必要的养老、教育、医疗等费用，以体现对纳税人生存权的保障。同时，德国个人所得税还增加了父母津贴、住房津贴、失业津贴、护理津贴、病假津贴等免税项目，此类津贴优惠采用"累进税率保留"原则，即符合条件的纳税人虽然可享受相应项目的减免税优惠，但在适用税率时须将此部分津贴加总在应纳税所得额。

三、个人所得税家庭征税的家庭界定

家庭一直以来都是我国社会稳定发展的基本单元。尽管福利国家以公共产品、公共服务的形式为家庭提供了生活保障，家庭仍是承载着文化、教育、养老、医疗等职能的首要单元。个人所得税家庭征税制将征税对象由个人转向家庭，对家庭范围的界定，既是对公法上债权债务关系的重构，也是我国个人所得税家庭征税制的基础与关键。

(一)我国家庭的主要形式

我国家庭户类型可分为家庭户和集体户：家庭户是个人以血缘关系、婚姻关系、收养关系为基础组建立户的一种类型；集体户则是无血缘关系的个人组建立户的类型，例如团体、事业单位中所设立的户。我国家庭户构成具有多样性，按家庭户的人口构成情况，大体分成 10 种类型。尽管我国家庭户发展呈现向中小型家庭规模靠拢的趋势，但 5 人及 5 人以上的家庭户仍占一定比例(图 1-3)。

我国人口普查还对不同家庭户的代际情况作了统计，虽然我国家庭户集中反映为一代户、二代户和三代户，但四代户、五代及以上户在现实中仍存在(图 1-4)。一般而言，多代际的家庭户往往抚养负担较重，因此

---

① 参见于秀伟、侯迎春：《"生育友好型"个人所得税制度的构建——基于德国的经验》，载《税务与经济》2018 年第 4 期。

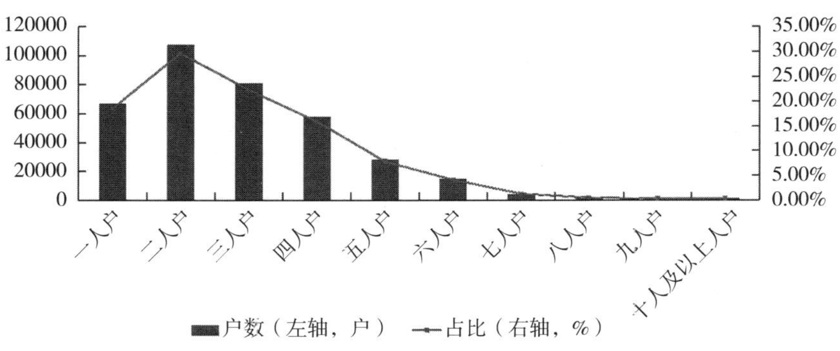

图 1-3　家庭户规模及对应户数

数据来源:《中国统计年鉴(2020)》。

代际因素在我国个人所得税家庭应纳税额计算中应当作为重要因素予以考量。

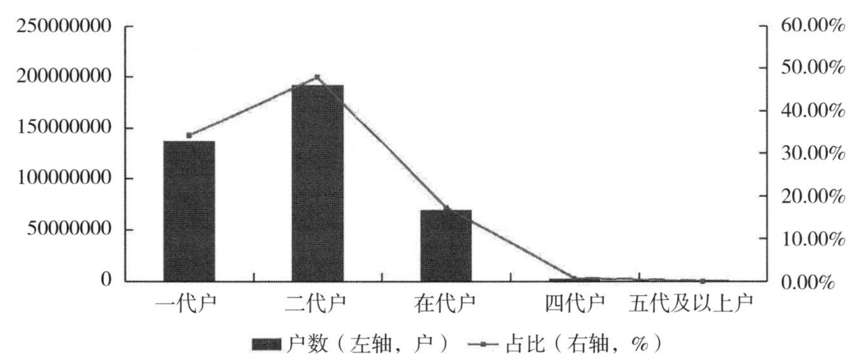

图 1-4　我国家庭户的代际情况及对应户数

数据来源:国家统计局中国 2010 年人口普查。

(二)家庭范围的界定

我国家庭户规模呈现出大小不一的样态,不同规模的家庭户中的家庭成员分处不同的代际。与西方发达国家相比,我国家庭组成无论家庭户规模,还是家庭内部结构都更加复杂。个人所得税家庭征税制的标准家庭结构设计必须具备以下特点:①(1)个人所得税中的家庭界定要以我

① 参见李林君:《家庭规模和结构的标准化设计——个人所得税按家庭课征的突破口》,载《税务研究》2016 年第 11 期。

国家庭户实际的变化趋势为设计的基础；(2)家庭征税制设计要反映出家庭户中主要家庭类型的不同特点；(3)家庭的界定要兼顾其他非主要的家庭户情况，只有涵盖了各类家庭的具体情况，才能具备规范的全面性和现实的可操作意义。

我国个人所得税家庭征税制的家庭可以划分为两种类型：单身家庭与夫妻家庭：单身家庭主要包括年满16周岁且有独立经济来源的单身人士、离婚人士以及丧偶人士；夫妻家庭是我国核心家庭，以婚姻登记为认定标准，对于处于未婚同居状态的家庭在税法上暂不予以承认，并根据是否存在受抚养人予以家庭类型的进一步细分。受抚养人具体包括未成年子女、需要被赡养的老人和无法独立生活的残疾人、植物人或精神病人等。此种家庭分类以我国家庭户的变化作为参考，以反映不同家庭类型特点为基础，既能反映家庭构成的代际因素，又能反映不同家庭的抚养负担，乃是一种综合性较强的分类方式。

四、个人所得税家庭征税的费用扣除

费用扣除是财政性分配功能的制度载体，以"做减法"方式评判纳税人的税收负担能力，将特定收入的人妥善分配到"两权"的边界，①实现保障公民生存权和增加财政收入的平衡。经济能力可以反映税收负担能力，但不代表税收负担能力与经济能力相等同，用于最低生活保障的经济能力应当在判断税收负担能力时予以排除。② 个人所得税的征收仅限于收益，而不及于财产本体。③ 各国个人所得税的费用扣除可归结为以下特点：(1)费用扣除标准指数化。定额扣除的费用扣除往往采用动态调节机制，即费用扣除的标准与物价变动、经济社会发展等因素一体化考

① 参见侯卓：《论税法分配功能的二元结构》，载《法学》2018年第1期。

② 参见翁武耀：《量能课税原则与我国新一轮税收法制改革》，载《中国政法大学学报》2017年第5期。

③ 参见侯卓：《论税法分配功能的二元结构》，载《法学》2018年第1期。

虑,防止物价虚高或经济社会发展不均衡等外在条件对扣除效果产生影响。(2)费用扣除标准细化。个人所得税法往往详细列明具体的扣除项目及额度,为纳税人纳税申报提供参照。(3)费用扣除人性化。家庭经济负担通常被纳入个人所得税的扣除范围,诸如子女的教育费用、老人的赡养费用、住房费用、残疾人的器械费用等,以削减纳税人的家庭经济负担,真实地反映纳税人的税收负担能力。

鉴于税务机关对纳税人的家庭及成员信息进行全面细致调查的工作强度、难度较大,且存在侵犯个人隐私之嫌。为保障纳税人权益,充分考量税收负担能力的差异,我国个人所得税的家庭基本费用扣除采用具有简便高效特点的标准扣除,即通过法律设定固定扣除额,但标准扣除额应当与反映通货膨胀的物价指数相联系,建立起动态调整机制,在统一中体现差异,实现费用扣除与经济社会发展水平的同步更新。

基本费用扣除是最低生存所需费用的一般性减除,而专项附加扣除可以反映不同家庭负担的个性化扣除。我国个人所得税的 6 个专项附加扣除主要为标准扣除。为更好反映不同家庭负担差异,专项附加扣除应当允许纳税人进行据实扣除,但纳税人须依法提供有关费用的支出依据。

五、个人所得税家庭征税的应纳税额

个人所得税家庭征税制的应纳税额主要采取以下 3 种计算方法:(1)家庭系数法,又称商数法,是法国所采用的应纳税额的计算方法,即将婚姻情况、子女数量、家庭成员健康情况等因素作为参考,设计出不同的家庭计税分解数,以此作为家庭个人所得税的计算基础;(2)“折半乘二”法,又称分割法(Full Income Splitting),一般存在于可选择个人申报或夫妻联合申报纳税的国家,例如德国、葡萄牙、波兰等;(3)税率分类法是美国所采用的计税方法,即个人所得税法将申报方式分为 4 种,每种对应各自税率表。

我国个人所得税家庭征税制的应纳税额计算方式的采用应立足于我

国国情，鉴于目前家庭规模较为复杂且税率分类法对税收征管能力提出较高的要求，税率分类法不宜施行。“折半乘二”法和家庭系数法具有相似性，但相较于“折半乘二”法，家庭系数法将税收负担分至每一个家庭成员身上，能够体现每个家庭成员的纳税责任，有助于提升纳税意识和纳税遵从度，较为适合我国所采用。

第二章　个人所得税的社会政策

第一节　个税递延型商业养老保险

一、个税递延型商业养老保险概述

（一）商业养老保险税收优惠的模式

商业养老保险的缴费、投资、领取是征税环节，按每个阶段征税与否进行组合，若以 T(Taxed)表示在此阶段征税，以 E(Exempted)表示在当前阶段不征税，商业养老保险的税收优惠分别为 EEE、EET、ETT、ETE、TTT、TTE、TEE、TET 等 8 种模式。其中，各个阶段都征税 TTT 模式缺乏税收激励，而都不征税的 EEE 模式财政难以为继，均暂且不论。其余 6 种模式又可以分为税延型 EET、ETT、ETE 模式，即缴费阶段免税的前端税收优惠；非税延型 TTE、TEE、TET 模式，即缴费阶段不免税的后端税收优惠。目前，各国往往以 EET、TEE 作为个税递延型商业养老保险制度研究的基础性、共识性模式。

表 2-1　EET 与 TEE 模式的比较

模式／阶段	缴费阶段	投资阶段	领取阶段
EET	免税	免税	征税
TEE	征税	免税	免税

1. EET 模式

税延型的 EET 模式是个税递延型商业养老保险的基础税收优惠模式,其优点在于:(1)对于国家而言,并未完全放弃税收征收,领取阶段征税弥补了此前两个阶段税收优惠造成的税收损失;(2)对于投保人而言,税前列支的系列利益能够激励其参保的积极性;(3)对于税务机关而言,EET 模式与 ETT 模式相比,区别在于是否对投资阶段收益进行征税。ETT 模式在投资阶段征税会因投资收益不稳定,存在执行难度较大的问题,仅在领取养老金阶段征税的 EET 模式则简化易行,况且 EET 模式属于对本金免税,不会产生重复征税又能获得税收收入。但是,EET 模式会产生累退效应,因而需要其他制度安排的补充以缓解累退效应。

2. TEE 模式

非税延型的 TEE 模式在缴费环节不免税,但对在投资阶段产生的收益和最终领取的养老金予以免税。TEE 模式的优点在于:(1)增加当前税收收入,减少优惠政策带来的财政压力,前端征税也限制了逃避税行为;(2)充分体现量能课税原则,践行个人所得税所追求的公平观念。但是,TEE 模式在缴费环节征税也存在一定缺陷:(1)随着人口老龄化程度的加深以及商业养老保险的发展,在投资和领取阶段免税会引起后期税基的减小,产生税收收入流失的风险;(2)前期征税使得参与者在短视效应下产生较为明显的"税痛感",会弱化税收优惠的诱因效果。

(二)个税递延型商业养老保险的概念和特征

个税递延型商业养老保险是投保人在缴费阶段所缴纳的保险费按一定比例或额度在应纳税所得额中扣除,在投资收益阶段所获得的收益免予征税,在保险金领取阶段进行缴税的商业养老保险。个税递延型商业养老保险通过税收迟延征收而使个人获得税收的时间价值,当期税率降低及边际税率的差异也会激励个人对商业养老保险进行投保,进而达到扩充税源、完善养老保险体系的目的,其税收优惠体现为:(1)在缴费阶段,投保人部分收入免于征税;(2)在投资阶段,所获投资收益免于征税;

(3)在领取阶段,即个人退休时,收入水平通常低于工作期间,故此阶段进行缴税,应纳税额和所适用的税率都会降低,从而使投保人获得税收优惠。个税递延型商业养老保险属于养老金体系的第三支柱,[①]具有商业养老保险的民商事法律特征,税延优惠是其核心激励机制,属于税式支出,又具有财税法律特征,是商业保险与税收政策相结合的产物。

1. 自愿性

个税递延型商业养老保险属于商业养老保险,由保险公司提供,不同于国家强制参与的基本养老保险,而是根据个人意愿决定是否参加,故个人对于产品选择及其搭配拥有自主选择权。在个人行使自主权的同时,也承担相应的个人责任。一般而言,选择何种产品、何时参保、缴费年限等均由投保者自行决定,其收益阶段盈亏自负,体现了民商事法律的意思自治原则。

2. 公平性

随着经济社会的发展以及社会保障的需要,个税递延型商业养老保险也由最初激励公众进行自我养老规划、减轻财政压力,演变为化解养老保险体系中各支柱发展不均衡的问题。虽然个税递延型商业养老保险具有自愿性,但税收优惠源自国家财政,其不仅是一种自愿的个人养老选择,也是弥补养老金缺口、构建多支柱养老保险体系乃至多层次资本市场建设等社会政策的税收工具,[②]因而具有公平性,需要考虑覆盖群体、优惠额度等公平问题。

3. 风险性

个税递延型商业养老保险不具有社会养老保险的保基本功能,作为补充性的商业养老保险应当满足多层次的养老需求,一般要求具有相对

---

① 在广义上,第三支柱养老金还包含普通商业养老保险和公募养老目标基金;在狭义上,第三支柱养老金仅指个人税收递延型商业养老保险。参见郑秉文、吴孝芹:《中国养老金税式支出测算及其结果评估》,载《中国人口科学》2020 年第 1 期。

② 参见徐智华、苏炜杰:《我国税延养老保险制度中的国家责任及实现路径研究》,载《河北法学》2020 年第 11 期。

较高的收益水平。遵循市场价值规律,高收益存在高风险,个税递延型商业养老保险没有国家的收益担保,具有突出的风险性特征。

4. 干预性

《宪法》第 45 条规定,"中华人民共和国公民在年老、疾病或者丧失劳动能力的情况下,有从国家和社会获得物质帮助的权利。国家发展为公民享受这些权利所需要的社会保险、社会救济和医疗卫生事业",要求国家在社会保障领域承担积极作为的义务。国家履行规划、监管与适当补助的职责,介入个税递延型商业养老保险的覆盖群体、抵免额度等税收激励的制定,因对社会再分配及私权利产生影响,干预行为须法律予以授权和限制。①

(三)我国个税递延型商业养老保险的立法

2018 年《社会保险法》第 5 条规定,"国家多渠道筹集社会保险资金……国家通过税收优惠政策支持社会保险事业",但因社会保险和商业保险迥异,因此上述条文中的税收优惠政策不能作为个税递延型商业养老保险的直接、明确的法律依据。2018 年修正《个人所得税法》第 6 条第 1 款第 1 项规定,"依法确定的其他扣除"在计算应纳税所得额时可以进行扣除,《个人所得税法实施条例》第 13 条规定,"依法确定的其他扣除"包括"个人购买税收递延型商业养老保险的支出",这成为个税递延型商业养老保险的法律依据,目前我国个税递延型商业养老保险相关规定主要存在于规范性政策文件。

1. 前期试点

为应对人口老龄化危机,促进养老保障行业的发展,2008 年《国务院办公厅关于当前金融促进经济发展的若干意见》(国办发〔2008〕126 号)首次提出养老保险"延迟纳税方式"。

天津滨海新区是我国最早开始个税递延型商业养老保险试点的地

① 参见徐智华、苏炜杰:《我国税延养老保险制度中的国家责任及实现路径研究》,载《河北法学》2020 年第 11 期。

区,是全国综合配套改革试验区。2007 年天津市政府与天津市保监会联合发布《加快天津市滨海新区保险改革试验区发展的意见》(保监发〔2007〕110 号)提出,“加大财政与税收支持力度,推动重点机构、重点险种、重点业务加快发展”,并在 2008 年出台了《天津滨海新区补充养老保险试点实施细则》(保监发〔2008〕32 号,以下简称《天津实施细则》)。《天津实施细则》专设第 5 章“税收管理”,主要包括以下规定:(1)第 41 条规定适用范围,享受补充养老保险税收优惠的企业应是在天津市注册并经营的企业,享受补充养老保险税收优惠的个人所受雇的企业应是在天津市注册并经营的企业。(2)第 43 条规定扣除限额,企业为职工购买补充养老保险的费用支出在本企业上年度职工工资总额 8%以内的部分,可以在企业所得税前扣除,补充养老保险的个人交费在个人工资薪金收入 30%以内的部分,可以在个人所得税前扣除;(3)第 47 条规定补充养老保险的退出机制,个人申请退保的,保险公司应将个人的退保申请报送税务部门,由个人到税务部门进行补税,补税后税务部门开具补税凭证,保险公司收到税务部门的补税凭据后方可给个人支付退保金。

2009 年,国务院发布《关于推进上海加快发展现代服务业和先进制造业建设国际金融中心和国际航运中心的意见》(国发〔2009〕19 号)提出,“适时开展个人税收递延型养老保险产品试点”,意见被称为“金融十三条”,开启了上海市试点的序幕。经过几年的摸索与研究,2014 年上海市政府向财政部提交《上海市个人税收递延型养老保险实施细则》(以下简称《上海实施细则》),但至今未获批准。《上海实施细则》主要规定以下内容:(1)首次明确 EET 模式,相较于天津市试点较为笼统的“补充养老保险”,首次精确称为“个税递延型养老保险”;(2)税收优惠采取定额制,企业限额 300 元、个人限额 700 元;(3)覆盖范围仍对企业及其职工予以资格限制,甚至采取“个险团办模式”,由企业在投保人的申请下统一购买;(4)除非放弃国籍与重大疾病(重疾、全残)等特殊情况发生,不允许提前领取，只有达到法定退休年龄才可申请领取养老金。①

在前期试点阶段，我国个人所得税采取分类计征，以工资薪金收入为主要来源的低收入群体比工资水平低、收入来源丰富且收入综合高的群体更符合"富人"形象，②助长了个税递延商业养老保险的税收再分配累退效应，不符合量能课税原则。

2. 近期试点

2014 年《国务院关于加快发展现代保险服务业的若干意见》（国发〔2014〕29 号）提出"创新养老保险产品服务；为不同群体提供个性化、差异化的养老保障；推动个人储蓄性养老保险发展"，加快了个税递延型商业养老保险实施脚步。2017 年，国务院办公厅印发《关于加快发展商业养老保险的若干意见》（国办发〔2017〕59 号），明确在 2017 年底前实施个人税收递延型商业养老保险试点工作。2018 年，财政部、国家税务总局、人力资源社会保障部、银保监会、证监会联合发布了《关于开展个人税收递延型商业养老保险试点的通知》（财税〔2018〕22 号，以下简称《试点通知》）。《试点通知》规定了试点政策的时间、税收优惠内容、适用对象、账户与信息平台、产品及管理、税收征管等相关内容（表 2-2）。

表 2-2　2018 年试点通知主要内容

适用范围	有工薪、连续性劳务报酬所得的个人；个体户、承租承包经营者、个人独资企业投资者、合伙企业的自然人合伙人。
扣除限额	当月工薪、连续性劳动报酬 6%与 1000 元取低值；个体户、承租承包经营者、个人独资企业投资者、合伙企业的自然人合伙人年应税收入 6%与 12000 元取低值。
优惠方式	EET 模式，缴费、投资阶段免税，领取期缴税。25%免税，其余 75%按 10%的比例税率缴税。
领取方式	按月领取、按年领取。

① 参见丁阳：《我国个税递延型养老保险试点问题分析》，载《保险理论与实践》2017 年第 9 期。

② 参见彭海艳：《我国个人所得税再分配效应及累进性的实证分析》，载《财贸经济》2011 年第 3 期。

续表

退出机制	领取期限原则上或不少于15年。个人身故、发生保险合同约定的全残或罹患重大疾病的，可以一次性领取商业养老金。

3. 试点后的制度发展

以2018年《试点通知》为节点，我国个税递延型商业养老保险相关规范开始分别由银保监会和财政部、国家税务总局制定，大体上沿着保险监管与税收征管两条路径进行制度发展。

在保险监管路径下，根据《试点通知》相关规定，银保监会就产品开发、业务管理、资金管理等保险监管分别发布了相关政策文件，又可以细化为"程序"与"实体"两个方向："程序"方向包括保险业务管理与资金管理方面的程序，例如保险公司的业务条件、运作规范、资金风险管理与监督管理等；"实体"方向则指向保险产品，2018年银保监会、财政部、人力资源和社会保障部、国家税务总局印发《个人税收递延型商业养老保险产品开发指引》（以下简称《产品开发指引》），规定个税递延型商业养老保险产品的设计原则、产品要素、产品管理、相关名词释义，其中包括税收优惠等内容。

在税收征管路径下，国家税务总局《关于开展个人税收递延型商业养老保险试点有关征管问题的公告》（国家税务总局公告2018年第21号，以下简称21号公告）对于个税递延型商业养老保险的税前扣除与领取征税加以规定。在2018年《个人所得税法》修正后，财政部、国家税务总局发布《关于个人取得有关收入适用个人所得税应税所得项目的公告》（财政部、税务总局公告2019年第74号，以下简称74号公告）将《试点通知》第1条第2款第3项"其他所得"变更为"工资、薪金所得"，但实际税负并未改变。①

① 个人领取的个税递延型商业养老金的保险金，其中25%部分予以免税，其余75%部分按照10%的比例税率计算缴纳个人所得税，实际税负仍为7.5%。

二、个税递延型商业养老保险的国外立法例

（一）英国

英国是福利国家的典型代表，1946年《国民保障法》建立的养老保险体系，实现了“从摇篮到坟墓”的社会保障。随着经济社会的发展，英国在20世纪70年代末完成了向多层次养老保险体系的转型，形成了以国家养老金计划（State Pension）、职业养老金计划（Occupational Pension）为基础的养老保险体系。但是，人口老龄化不断加重养老保险体系的财政负担，依据1986年《社会保险法》，英国对养老保险制度进行私有化改革，降低国家养老金计划的养老金替代率以减轻国家支付压力，[①]同时允许雇主设立职业养老金计划，引入个人养老金计划，施行税收优惠激励。1994年，英国职业养老金、个人养老金计划的覆盖率已达国家收入关联型养老金覆盖率的2倍。[②]

税收优惠是英国养老保险制度成功实现私有化转型的重要推动力量。英国个人所得税法允许雇主及雇员所缴纳的保险费进行税前扣除，并规定了年度最高扣除额（5万英镑）与终身最高扣除额（150万英镑）。雇主参与的职业养老保险计划可以分为待遇确定型（Defined Benefit，DB型）与缴费确定型（Defined Contribution，DC型）：[③]DB型计划是指雇主需要保证雇员获得的最终待遇是固定的，若是投资收益少，则须补充固定待遇与投资收益的差值；DC型计划是指雇主仅缴纳固定金额保险费而不负责保证雇员最终的投资收益。英国给予DB型计划的雇员税前扣除比例为15%，DC型计划的雇员税前扣除比例则根据职工年龄，在职工35岁

---

① 参见高山宪之：《信赖与安心的养老金改革》，张启新等译，上海人民出版社2012年版，第228—230页。

② 参见孙玉琦、侯明：《英德两国养老保险制度变迁分析与启示》，载《新金融》2015年第12期。

③ 参见于莹：《美国401k计划法律构造研究——兼论对中国养老金入市的启示》，载《社会科学战线》2013年第9期。

以下的青年阶段与60—65岁的接近退休阶段分别设置了17.5%与40%的扣除限额(表2-3),[①]通过税收优惠力度的差异,为收入不确定者增加保障,进而提高DC型雇员的投保积极性。

表2-3 DB型与DC型计划比较

	DB(待遇确定型)	DC(缴费确定型)
雇员能否得到稳定保障	待遇确定(稳定)	待遇不确定(不稳定)
税前扣除比例	15%	17.5%和40%两种比例

对于符合标准的合格保单即投保者月付或者年付保险费,持有人享受收益部分按照20%的税率缴纳、本金免税的优惠;不合格保单即投保者趸交保险费,持有人的保险金与个人收入将累计计算,按照个人所得税税率缴纳所得税。[②] 这一制度设计的理由是,一次性支付保险费的群体多为高收入群体,差别待遇在一定程度上保证了税收优惠的公平性。

(二)美国

美国养老保险体系是典型的“三支柱”模式:第一支柱为基本养老保险,主要由联邦社保基金组成,旨在为老年人、残障人士提供养老保障;第二支柱为雇主养老保险,类似于我国企业年金,覆盖大部分企业员工,典型代表为401k计划;第三支柱为个人储蓄型养老保险,即个人基于自身养老规划而购买的商业养老保险,最有代表性的是个人退休账户(Individual Retirement Accounts,IRA)计划。

美国401k计划是一种由雇员、雇主共同出资缴费而形成的一种完全基金式养老保险,因以1978年美国《国内收入法典》第401条k项条款为基础,故称为401k计划。在401k计划之前,美国私人企业需要全额负担

① 参见白晓峰:《商业养老保险税法制度国际比较与借鉴》,载《国际税收》2014年第12期。

② 参见魏瑄:《个人所得税制度对商业养老保险的影响——以欧洲寿险市场为例》,载《中国保险》2013年第11期。

雇员的退休金,负担较重,不利于企业发展,而 401k 计划对缴费型养老金实行税收递延优惠,激励企业与雇员进行长期的保险投资,以扩大养老金覆盖率。越来越多的私人企业、个人雇主选择 401k 计划作为雇员的养老保险计划,不仅为自身发展节省了资金,也使 401k 计划创造了庞大的账户余额。美国 401k 计划采用 EET 模式,在缴费、投资阶段免税,领取阶段征税,纳税人应纳税额与其缴费额、投资收益相关:(1)设定抵免额度上限,采取总额与比例相结合的额度计算方法为雇主及雇员设定缴费上限,保证个人税收、企业税收领域的支出可控,不会造成过大的税收流失;(2)抵免额度上限数额差异化设计,《国内收入法典》第 401k 项条款规定年龄小于 50 岁雇员缴纳金额上限为 16500 美元,而大于 50 岁雇员缴纳金额上限则提升到了 22000 美元,解决了老年群体因较晚缴费额积累过少而造成养老水平下降的问题,平等赋予这些群体进行投保取得收益的机会;(3)在领取阶段设定限制,参与人年满 59.5 岁才可以领取,提前领取将负担惩罚性税收,从而保障了税收资金池的稳定,401k 项条款也规定了可以提前支取的特殊情况,即参与人死亡或者永久丧失工作能力、医疗费用大于年收入的 7.5%、55 岁以后发生离职、下岗、被解雇或者提前退休等,①这使得该限制更加人性化、合理化。

以 1974 年《雇员退休收入保障法》(Employee Retirement Income Security Act)为基础建立起来的是传统 IRA(Traditional IRAs)计划。与 401k 计划相比,传统 IRA 计划也对超过 50 岁雇员提高缴费限额,允许到期领取、多次领取并规定领取条件以及惩罚性税收。② 传统 IRA 计划还进行制度设计的优化:(1)增加税收优惠的公平性。美国第一支柱——

① 参见于莹:《美国 401k 计划法律构造研究——兼论对中国养老金入市的启示》,载《社会科学战线》2013 年第 9 期。

② IRA 计划的惩罚性税收是指参保人在退休前提前支取资金,不仅需要缴纳账户内资金本应缴纳的税额,还要负担 10%的罚款。参见殷贵梅:《对我国个人税收递延型养老保险的研究》,载《国际金融》2019 年第 1 期。

强制性公共养老金的替代率较低,[①]而当时各种退休储蓄计划对小企业雇主的压力过重,以致众多小企业雇员因无法获得第二支柱养老金计划的保障,转而产生私人养老储蓄需求。[②] 传统 IRA 计划规定,年龄未超过 70.5 岁且无雇主提供的退休养老金计划的雇员均可参加,为无法享受第二支柱养老金计划的劳动者提供了养老保障的机会。(2)增加养老金资产转移的便捷性。对于已经参加了雇主提供的退休储蓄计划的劳动者而言,当转换工作企业或者失业、退休但未达到第二支柱养老金的支取年龄时,账户内资金是否有转移机制及其灵活与否,便影响了职工参与计划的积极性和职工养老资金的利用效率。传统 IRA 计划规定,若是雇员出现转换企业而新企业没有提供退休养老金计划或失业而未找到新企业的情况,允许将第二支柱退休养老金计划内的资金转存 IRA 账户并继续享受税收优惠。这种资金转移机制为二三支柱之间的衔接构建了良好的桥梁,从而提升了 IRA 账户的便携性,解决了投保人的后顾之忧,吸引投保人对二、三支柱养老金计划进行长期投资。1981 年美国加大税收优惠力度,出台了《经济复苏税收法》(Economic Recovery Tax Act),对个税递延型商业养老保险的适用对象、缴费上限进行调整:(1)取消了未参加第二支柱养老金计划的限制条件,将适用对象范围扩大至 70.5 岁以下的人均可参与缴费;(2)将参与者的缴费上限提升至每年 2000 美元或薪资 100%中的最低值。这一计划实施取得了良好的成效,使得美国个人缴费在法律生效当年便跃升 6 倍,并且保持持续增长。[③]

1986 年,基于对国民储蓄不可控影响的担忧,美国又出台了《税收改革法》(Tax Reform Act),适用主体范围缩小,取消了高收入家庭的缴费资

---

① 养老金替代率是指参保人退休时的养老金收入与退休后的工资收入的比值。

② 参见齐传钧:《美国个人退休账户的发展历程与现状分析》,载《辽宁大学学报》(哲学社会科学版)2018 年第 3 期。

③ 参见齐传钧:《美国个人退休账户的发展历程与现状分析》,载《辽宁大学学报》(哲学社会科学版)2018 年第 3 期。

格。1997年《纳税人减免法》(Taxpayer Relief Act)建立起罗斯个人退休账户(Roth IRAs)计划。与传统IRA计划相比,罗斯IRA计划采用TEE的税收模式,取消了适用主体的年龄限制,但仍限制高收入群体缴费,这种缩放结合的改革体现了美国个人养老保险计划对于个人养老保险普及性、税收优惠公平性的追求。

表2-4 美国养老保险税收优惠的制度沿革

	税优模式	参与范围	抵免上限
401k计划	EET	企业雇员	设置抵免上限
传统IRA计划	EET	70.5岁以下无企业雇员	设置抵免上限
1981《经济复苏税收法》	EET	70.5岁以下群体	提升抵免上限
罗斯IRA计划	TEE	无年龄限制,均可参加	限制高收入家庭参保

美国养老保险税收优惠的制度发展脉络呈现以下特征(表2-4):(1)税收优惠模式并非一成不变的采用EET模式,而是当情势发生改变时,引入TEE模式,以避免对税收公平性的破坏;(2)由最初的仅企业雇员,到无年龄限制的均可参加,参与范围不断扩大,覆盖群体不断增长;(3)虽然覆盖范围不断扩大,但对于高收入群体的限制始终贯彻在制度设计中。

(三)加拿大

加拿大也是一个典型的福利型国家。1908年,加拿大出台了《政府养老金法》,以此为基础建立了社会养老保险制度。二战后,随着经济走向低迷,财政支出压力大、社会保障不健全等问题日益凸显,加拿大不得不对养老保险体系作出调整。1951年《老年保障法》为私人养老金可以享受税收优惠奠定法律基础,加拿大逐步向多层次的养老保险体系发展。1957年注册退休储蓄计划(Registered Retirement Saving Plans,RRSP)是个人自愿参加的私人养老金计划,在税收优惠政策的推动下实现了良好的发展。

RRSP 由最初的主要面向自由职业者拓展到有收入的公民,71 岁以下纳税人均可以参与。在税收优惠设计上,在个人缴费阶段提供一定扣除额度、投资收益免税、在领取阶段征税,属于 EET 模式。PRSP 主要包括以下内容:(1)设定最高缴费额为个人总收入的 18%,此部分所享受的优惠额度即免税扣除额度。扣除额度不仅当年可用,实际扣除额未达最高限额的,未使用的扣除额度可以在下一年度继续使用。[①] 整体而言,长期收入总和相同的投保人能够获得相对平等的税收优惠。(2)领取方式具有多样性。参与人的年龄到达 71 岁,RRSP 被强制终止,养老金除一次性领取外,还可以用于购买年金,即由保险公司定期返款,或者将资金转移至注册退休入息基金,继续享受递延型税收优惠。相比一次性取出养老金而适用较高税率,多种领取方法在一定程度上增加了吸引力,也便利不同支柱之间养老保险资金的流动。(3)允许提前领取但受一定限制。加拿大允许学习计划型与购房计划型群体提前取款,并继续享受一定程度税收优惠,但受提取金额的限制,即小于 1000 加元不纳税,提取金额上限为每人每年 20000 加元。[②]

(四)德国

德国建立了世界上第一个正式的公共养老金制度,合理的缴费额度使参与人获得稳定可靠的退休收入,被多个国家或地区养老保险制度所借鉴。但是,随着人口老龄化及人口出生率的降低,以代际收入转移为基本运行模式的现收现付制养老保险制度受到严重影响。当时德国退休人员总收入的 85%来自法定养老金,使得单支柱发展特征明显的德国面临严重的财政支出压力,[③]过高的福利水平所带来的税收刚性也增加了改革的阻力。

---

① 参见王倩等:《加拿大注册退休储蓄计划对提高中国养老保障水平的启示》,载《世界农业》2016 年第 10 期。

② 参见王翌秋、李航:《税收递延型养老保险:国际比较与借鉴》,载《上海金融》2016 年第 5 期。

③ See Dilnot A,"The Taxation of Private Pensions",*General Information* 4,1993,pp.33-35.

1992 年，德国进行了第一次改革，但效果十分有限。1998 年，以大幅度降低养老金待遇为目的，加强缴费与待遇之间的精算联系的改革也因涉及利害关系人较多而以失败告终。2001 年，为保持养老金待遇水平，实施了以时任劳工部部长 Walter Riester 姓名命名的“里斯特养老保险计划”，2002 年《老年财产法》将此以法律形式确立下来，并且《个人所得税法》规定了相关的税收优惠，成为降低法定养老保险待遇后的补充。里斯特养老计划主要包括以下内容：（1）里斯特养老保险计划的目的在于解决因法定养老保险改革导致的待遇下降问题，所以参与主体通常为参加法定养老保险的群体，①其中主要的税收优惠又集中在有子女家庭、未满 25 周岁的新入职年轻人、能够享受可抵税特别津贴的家庭。（2）里斯特养老保险计划采取补贴与税收优惠两种形式。补贴又分为基础、子女、特别补贴三种。基础补贴是指参与者将上一年度总工资的 4%存入里斯特养老保险账户，便能获得的全额基础补贴，补贴额随着经济社会发展不断提升；子女补贴主要针对多子女家庭，补贴额也逐年上升；特别补贴为一次性补贴，即为了激励年轻群体参与里斯特养老保险计划，对于 25 岁以下的新入职年轻人发放 200 欧元的一次性补贴。税收优惠是参与者在缴费阶段可以自行或委托保险提供者提出退税申请，并且账户产生的投资收益免税，领取养老金才当期全额纳税。（3）里斯特养老保险计划要求参与者到达 62 岁方可领取，且不允许一次性领取，而是账户内 70%的储蓄额以年金方式领取，剩余部分允许退休时一次性领取，②而账户内储蓄只能购买特定途径的合规保险合约、银行储蓄、共同基金和

---

① 主要包括：参与了法定养老保险义务的员工、自由职业者；工资补偿福利的受助者（领取失业金、抚恤金的人等）；公务员及其他公职人员；农业从业者。另外，若夫妻双方中一方属于适合的目标群体，另一方无职业，或是自由职业者，也可作为间接受益人参与该计划。参见林义、周娅娜：《德国里斯特养老保险计划及其对我国的启示》，载《社会保障研究》2016 年第 6 期。

② 参见林义、周娅娜：《德国里斯特养老保险计划及其对我国的启示》，载《社会保障研究》2016 年第 6 期。

住房储蓄。① 里斯特改革之后，退休人员的法定养老金在收入构成中占比逐渐下降，而里斯特养老保险计划的储蓄额逐步上升，显示出里斯特养老保险计划对于促进养老保险体系多层次发展的持久性作用。

三、个税递延型商业养老保险的参与主体

虽然各国个税递延型商业养老保险的参与主体存在差异，但均能体现第三支柱个人养老保险对于第一、二支柱养老保险的补充功能，尤其体现在对于个人退休后养老金收益的补充提供，以及对第一、二支柱所不能覆盖群体的补充保障。例如，美国401k 计划，为不能参与第二支柱退休储蓄计划的非正规部门职工及自由职业者等群体提供保障，IRA 计划以及《经济复苏税收法》则针对参保第二支柱保险但不能获得优惠的群体提供保障等。

纵观我国个税递延型商业养老保险试点，参与主体的范围主要集中于在正规企业、事业单位工作的两类群体，这类群体本身有较为稳定的收入以及基本养老保险的保障，个税递延型商业养老保险对其是“锦上添花”。《试点通知》的参与主体范围新增了“取得对企事业单位的承包承租经营所得”的部分经营者，但未有实质性拓展，《产品开发指引》第二部分“产品要素”的参保人项下也延续了《试点通知》的适用范围。城乡非在职居民、自由职业者、灵活就业者等主体没有参保资格，但这些群体恰恰需要却无法得到稳定的养老保障，第三支柱商业养老保险对其予以补充保障，乃是应有之义。税收优惠从本质上来说是对特定群体的特殊优惠，而参与主体的资格范围不合理，使缺乏社会保险互助性而需要特殊帮助的群体不具有参与资格，不能享受税收优惠，而本有保障的群体却享受双重保障，无论形式上还是实质上都有悖公平原则。我国个税递延型商

① 参见齐传钧：《自愿性个人养老金能填补公共养老金缺口吗？——从理论到实践的反思》，载《保险研究》2020 年第 8 期。

业养老保险发挥了养老保险的补充保障作用,主要体现为以下方面:(1)覆盖面的补充,个税递延型商业养老保险作为整体养老制度中较为灵活的保险种类,又充当着补位的角色,在一定程度上考虑到社会保险的公平属性,给予不同群体平等的参保机会是补充性制度的应有之义;(2)作用上的补充,个税递延型商业养老保险具有不同于基础养老保险强制性、普遍性的属性,作为自愿性的制度设计可以满足不同群体区别于基本养老保险的多样需求。目前,我国个税递延型商业养老保险的参与主体覆盖范围不甚合理,应当从初步扩大劳动所得类型和增加资本所得类型两种手段逐步扩大参与主体。

2018 年修正《个人所得税法》第 2 条将工资薪金所得、劳动报酬所得、稿酬所得、特许权使用费所得纳入综合所得,即将所有劳动所得归入了综合所得,而剩下的(五)至(九)项资本所得单独征税。[①]《试点通知》第 1 条第 3 款仅允许获得工资薪金、连续劳动报酬所得者(6 个月以上)才可以参与个税递延型商业养老保险,取得稿酬所得、特许权使用费所得的纳税人不享有资格。对此,我国个税递延型商业养老保险对于参与主体的规定应当参照《个人所得税法》的综合所得的范畴予以拓展,由 2 项增加至 4 项,将劳动所得涵盖到参与主体的收入类型。

囿于我国税收征管能力、纳税人纳税习惯等制约因素,我国个人所得税尚不宜转化为完全的综合计征模式,而是采取混合计征模式。但是,随着个税递延型商业养老保险的持续性发展,个税递延型商业养老保险应当覆盖更广泛的群体,例如加拿大 RRSP 计划将覆盖范围不断拓展至全体人民,取得了良好的社会福利效果。随着经济社会发展和多样化养老

① 《个人所得税法》第 2 条规定:“下列各项个人所得,应当缴纳个人所得税:(一)工资、薪金所得;(二)劳务报酬所得;(三)稿酬所得;(四)特许权使用费所得;(五)经营所得;(六)利息、股息、红利所得;(七)财产租赁所得;(八)财产转让所得;(九)偶然所得。居民个人取得前款第一项至第四项所得(以下称综合所得),按纳税年度合并计算个人所得税;非居民个人取得前款第一项至第四项所得,按月或者按次分项计算个人所得税。纳税人取得前款第五项至第九项所得,依照本法规定分别计算个人所得税。”

需求演进，我国未来可以视情况通过增加资本所得的方式扩大个税递延型商业养老保险的参与主体范围，从而确保资金长期基金运转、形成规模效应，不断提升全民的养老金替代率，实现总体养老目标。

四、个税递延型商业养老保险的抵免额度

（一）抵免额度的差异化安排

"性别""婚姻状况""子女数量""教育程度""单位性质""家庭资产"等是影响个税递延型商业养老保险投保的重要因素。① 在我国，抚育子女因素较为重要，传统的"养儿防老"观念导致子女多的家庭可能偏向于依赖子女养老。但随着子女教育支出所占家庭支出比重的增加，子女抚育支出又对养老规划支出形成一定的挤出效应。② 又如传统意识较为看重住房问题，购房计划在人生财务总支出中占据重要地位。总之，不同特性的人对于个税递延型养老保险的需求是不同的，若是缺乏与之匹配的差异性安排，会造成在不同群体之间发生累退效应，进而影响税收公平。各国均对个税递延型商业养老保险的抵免额度予以差异化安排，主要体现为以下方面：（1）按照生命周期规律，不同年龄设置不同的抵免额度，例如美国401k计划、IRA计划均提高了50岁以上雇员的缴费额度及其相应的抵免额度，英国对处于生命周期前部的青年群体与后部的临近退休群体则设定了较高的扣除限额，在参保者生命周期中储蓄较少的阶段给予其更高的税收优惠；（2）对不同种类群体设置不同的抵免额度，例如英国对于DC、DB型雇员予以抵免额度的差别，又如德国对于多子女家庭与新入职年轻人这两个投保积极性不高的群体给予特定的补贴，从而增强不同群体的参与积极性；（3）税收优惠本身存在违背税收公平的风

① 参见张鑫、孙立娟：《个税递延型商业养老保险购买意愿影响研究——来自中国职工养老储备指数调查数据》，载《江西财经大学学报》2020年第2期。

② 参见张鑫、孙立娟：《个税递延型商业养老保险购买意愿影响研究——来自中国职工养老储备指数调查数据》，载《江西财经大学学报》2020年第2期。

险,为避免高收入群体滥用个税递延型商业养老保险的税收优惠进行避税,各国均限制高收入群体的缴费,例如英国将趸交保单视为“不合格保单”,美国适时进行税收优惠缩紧,首当其冲的是高收入群体的优惠资格。

目前,我国个税递延型商业养老保险对不同收入群体缺乏抵免额度的差异,由于享受的税收优惠相同,可能违反量能课税原则的纵向税收公平要求。为避免收入高低、来源的界定困难,不妨针对不同收益类型产品设置差异化的抵免额度,亦能实现对于不同收入或不同收入来源群体的差异化税负。《产品开发指引》第二部分产品要素将个税递延型商业养老保险按收益分为 A、B、C 三个类型,分别对应收益风险不同的收益确定、保底、浮动类产品。一般而言,高收入、收入来源丰富的群体多选择高风险高收益的 C 类产品,而中低收入、收入较为单一群体应对风险的态度有所差异,一般选择 A、B 型产品。因此可以从不同收益类型的产品出发,对于 C 类产品实行较低的抵免额度,而 A、B 类产品享受相对较高的抵免额度。此外,为了克服累退效应,避免高收入群体利用税收优惠进行避税而产生再分配不公平,可以参考美国针对高收入群体的退出机制,当商业养老保险账户中金额不断积累后,逐步限制直至取消高收入群体的参与资格。

同时,我国个税递延型商业养老保险对不同年龄群体缺乏抵免额度的差异。投保人的支付年限决定了其享受税收优惠的多少,较早参保的人会比之后参保的人享受更多的税收优惠。但是,根据生命周期消费理论,青年往往有较少的收入及较多的支出,但没有明显的养老意识,而老年往往由于健康支出增加,收入减少而存在较为强烈的参保意愿,这一阶段缺少相应的承接机制将其转化为参与主体。因此,我国可以参考美国 401k 计划、IRA 计划,对于不同年龄段的抵免限额予以差异化规定,对于临近退休人员可以提高抵免限额,以在一定程度上解决个人因为参保较晚而不能与同等收入水平的人享受同等税收优惠待遇的不公平问题,从而落实量能课税原则的横向税收公平要求。

另外，我国对养老体系第二支柱企业年金也给予税收优惠，以致对于能够获得企业年金的企业职工可以获得第二、三支柱养老保险的双重税收优惠，也有失公平。对此，我国可以参照英国对于参与 DC 与 DB 型缴费计划的雇员实施不同优惠税率的方法，对于已享受企业年金保障及其税收优惠的群体适用正常的抵免额度，而对未参加企业年金的群体适用更为优惠的抵免额度。

（二）抵免额度的动态调整

一方面，税收优惠产生的税式支出会影响财政安全，必须慎之又慎；另一方面，经济社会的迅猛发展、瞬息万变的特性导致法律的稳定性与灵活性矛盾极其突出，因此对抵免额度需要进行动态调整。

社会保险精算是运用人口、经济等相关要素评估风险状况、长短期财务状况以及偿付能力等的一种数量分析方法，[①]可以为明确合理财政支出提供参考，还能根据运行目标和数据加以及时修正。[②] 在德国，精算入法取得了较好的实施效果，《社会法典》第 6 卷第 154 条规定，应当采取措施保证 2020、2030 年的保险费率上限不超过 20%、22%，在此限额内可以根据第 158 条进行调整。我国已经多次调整社会养老保险待遇，以符合《宪法》第 14 条、《社会保险法》第 3 条关于社会保障与经济社会发展水平相适应的要求，但具体操作上往往根据当前或上一年度数据展开分析，缺乏诸如具体数据范围、分析等法律规范。我国个税递延型商业养老保险的税式支出较为复杂，若是保障财政安全，需要对抵免额度予以一个长期性、总体性的考量。我国个税递延型商业养老保险应当建立抵免额度的动态调整机制，通过大数据等专业技术的数据获取，定期对抵免额度上限加以调整。

---

① 参见邓大松、何晖：《社会保障风险及其防范的几点理论认识》，载《求实》2011 年第 4 期。

② 参见林嘉：《公平可持续的社会保险制度研究》，载《武汉大学学报》（哲学社会科学版）2017 年第 4 期。

五、个税递延型商业养老保险的特殊领取

养老保险计划是资金的长期储蓄，运营收益需要稳定的资金池保障，所以各国对于养老金的领取均加以限制。但是，若缺乏变通，无一例外加以限制会严重伤害养老保险本身的正当性，并且削弱参与者的积极性。因此，各国个税递延型商业养老保险对提前退保、提前领取等进行规定，使之宽严相济、严谨有序。

（一）提前退保

“退保”指退出个税递延型商业养老保险。《产品开发指引》第三部分产品管理规定了“退保管理”，规定若是提前领取（领取养老年金前）发生合同约定的全残或身故（合同约定的责任免除事项）以及重大疾病，根据退保申请，保险公司需要扣除对应的递延税款。《个人税收递延型商业养老保险业务管理暂行办法》第 15 条进一步明确了“除上述情形参保人不可退保”。此外，《保险法》第 15 条虽然规定投保人可以解除合同，但书也指出“保险合同另有规定除外”。但是，过于严苛的不可退保制度存在正当性争议：(1)个税递延型商业养老保险的性质具有政府补贴和商业合同双重性质，但本质上以自愿性为基础，不应剥夺参与者的私权利。(2)允许投保人退保的情形限缩在全残、身故和重大疾病等对生活水平影响较大的情形，意图为投保人设立最低生活保障的底线。但个税递延型商业养老保险是第三支柱养老保险的典型代表，是基本养老保险的补充性制度，追求的是更加优质的养老水平，规范目的错配并不合理。(3)个税递延型商业养老保险参与主体的投保行为受到众多因素影响，医疗支出、购房支出、教育支出等是人一生中重大的支出项目，会对个人的养老保险规划产生严重影响，若不加以考量，有针对性加以豁免，无疑将会影响我国税收优惠的激励效果。

我国个税递延型商业养老保险应当增设退保事由，以此提升个人对于自身长期收入的积极预期，进而增强对个税递延型商业养老保险的投

保意愿,也补强制度的合理性,凸显税法的人本关怀。

此外,个税递延型商业养老保险也存在和普通商业养老保险的不同之处,即享受财政支持下的税收优惠,也应对不符合法定事由的提前退保加以惩罚性税收。所谓惩罚性税收,是利用税法规则使纳税人产生税痛感而抑制纳税人的行为,进而干预不正当经济活动、矫正社会收入分配。[①] 美国 IRA 计划对于退保的主体,除了按照正常补缴应纳税款之外,还对于提前退保者增加 10%的税收惩罚。加拿大在正常情况下提前支取的养老金需要额外缴纳 10%—30%税款。我国可以借鉴有关做法,若是投保人无故提前退保,应征收一定比例的惩罚性税收。

(二)提前支取

"提前支取"是指因故需要资金周转,事后将所支取款项返还账户、继续参保的情形,其不同于退保行为,提前支取者有继续参保的意向。按照提前支取是否具有正当理由,提前支取可分为:(1)中途无正当理由提前支取的行为,例如为进行商业投资等而提前支取的,取得的利益不是相关法律制度所保护的法益;(2)中途有正当理由的提前支取行为,与个税递延型商业养老保险的价值取向一致,基于税法的人本关怀应当建立合理的衔接机制。

目前,我国个税递延型商业养老保险未对提前支取行为进行规定,投保人发生重大疾病、抚育子女、购买房产等情形只能选择退保,在渡过资金紧张期需要重新投保,这不仅导致个人以往年度所积累的养老金年限不能计入总体税收优惠,还会造成养老保险资金在一定程度上的流失。因此,我国个税递延型商业养老保险应当对于提前支取行为加以规范,对于中途无正当理由暂时退保者可以引入预提税制度,即对其征收较轻的预提税而不是惩罚性税收,督促支取资金尽快回流。对于符合法定事由的提前支取行为则应予以一定限额内的取款免税优惠,但应设定制约机

① 参见张怡、杨颖:《论税法的惩罚性规则》,载《西南政法大学学报》2013 年第 1 期。

制,要求其在特定时间段内重新投保。① 加拿大 RRSP 计划规定,参与人可在购买首套自住房的 30 天内或者需要支付学费的情况下,享受下一年的取款免税额度,并在一定时间内返还(15 年/10 年)。我国可以借鉴相关经验,允许购买房产、接受教育等情形可以提前支取,但诸如购房须为投保人拟购买第一套且为自用房的条件下才允许进行免税,并且设置最高取款限额,以防止出现投保人购买房产等商用投资却享受税收优惠。

六、商业养老保险政策优惠模式的拓展

各国商业养老保险的税收优惠以 EET 模式为主,往往还设计与之互为补充的其他税收优惠模式,例如美国采用 EET 与 TEE 模式并行的税收优惠,德国采用 EET 模式与直接补贴相结合的税收优惠。目前,我国个税递延型商业养老保险仅为单一的 EET 模式,难以实现商业养老保险政策优惠的全面覆盖,应当以"点面结合"组合式政策优惠克服 EET 模式的累退效应,实现税制公平性。

(一)增设 TEE 税收优惠模式

"点面结合"的"面"是指在 EET 税收优惠模式基础上增设与之对冲的税收优惠模式。商业养老保险涉及三个征税阶段,EET 模式对前两个阶段免税,唯一施加国家力量干预、进行税收调节的环节仅在领取阶段。因为我国个税递延型商业养老保险领取阶段统一按照 10%税率征收个人所得税,高收入者参保前后适用税率的差值较大,享受的优惠较多;低收入者参保前后适用税率的差值较小,享受的优惠较少,由此产生 EET 模式税收优惠的累退效应。② 2018 年修正《个人所得税法》将基本扣除

① 加拿大政府为鼓励居民踊跃学习而设置终生学习计划,参与 RRSP 计划的学生可从账户内取款来支付学费,所取资金无需纳税,每年每人最多可取 10000 加元,总额不超过 20000 加元,但所取资金须在 10 年内返还至个人账户。

② 参见章君:《对个人税收递延型商业养老保险政策的解析》,载《注册税务师》2019 年第 5 期。

额提升至每年60000元，对于低收入群体而言，因收入不能到达扣除额而不能享受税收优惠。个税递延型商业养老保险的前端税收优惠单一模式不能满足低收入水平群体的需要，也不能体现个税递延型商业养老保险的公平性。

比较EET模式与TEE模式下的税收优惠，按照在35岁参保、60岁退休以及保险收益率为5%的情况下，以月收入23226元为节点，收入高于此节点的高收入群体在EET模式下更为受益，而收入低于此节点的群体在TEE模式下则更为受益。[①] 因此，若是中低收入群体能够在投资、领取等后端阶段享受税收优惠更多，TEE模式更能激发其投保积极性。美国401k计划、传统IRA计划均为EET模式，尔后的罗斯IRA计划则是TEE模式，EET和TEE模式并存的养老保险体系会形成一种对冲，在很大程度上避免累退效应对于第三支柱养老保险公平性的破坏。在我国，绝大多数劳动者并不是个人所得税的纳税人，在EET模式下无法享受缴费阶段的税收优惠，[②]TEE模式则更具有吸引力，虽然在缴费阶段仍不能享受税收优惠，但在领取阶段则会享受税收优惠。我国应当在EET模式基础上增加TEE模式，填补单一模式所产生的整体累退效应，增加部分中低收入群体的投保积极性，扩大养老保险第三支柱的覆盖率。

（二）引入直接补贴方式

“点面结合”的“点”指有针对性地对特定群体进行直接补贴。就部分中低收入群体而言，虽然在TEE模式下其在整个投保过程中的总体收益高于EET模式，但由于短视效应的影响以及对特殊需求的资金压力，若是缺少当期的政策优惠，投保积极性难以保障，直接补贴则是针对这种情况较为有效的激励措施。与美国EET和TEE模式并行不同，德国政策

---

① 参见苏春红、杜明哲：《个税递延型商业养老保险税收政策效应评估与优化》，载《河北大学学报》（哲学社会科学版）2020年第1期。

② 参见袁中美、郭金龙：《私营养老金计划税收优惠模式比较及国际经验借鉴》，载《税务与经济》2018年第6期。

优惠的组合则是 ETT 模式与直接补贴的组合。德国对于特定群体的直接补贴是一种查缺补漏式补充制度，最大的受益者为低收入群体、有子女的家庭以及年轻工作者，已经取得了良好的成效。

我国应当引入直接补贴，以提升个税递延型商业养老保险的吸引力，充分发挥其作为养老体系重要部分的填补作用。直接补贴可分为来源于中央的基础财政补贴与来源于地方的专项财政补贴：前者是指低收入群体均可获得，因其属于中央财政补贴，补贴金额可以全国统一且采取宽松便捷的流转机制，使之能够随着人口移动而转移；后者则来源于地方财政的专项补贴，主要包括子女补贴、教育补贴等，须根据当地经济社会发展情况、养老保障需求等因素综合考量，合理规划当地的直接补贴对象、项目及额度。就长期而言，对于个税递延型商业养老保险的直接补贴不会减少财政收入，但短期会对地方财政收入产生一定影响，因而降低地方政府实施补贴政策的积极性，可能出现高收入地区良性循环而获得长期福利，低收入地区却因宣传推广、补贴力度不到位等而陷入恶性循环，造成地区间贫富差距进一步拉大。这不仅不符合个税递延型商业养老保险的全民补充性养老保险的性质，也违背了缩小贫富差距的再分配宗旨，背离了分配正义。所以对于经济不发达的地区，中央财政应当加大相关的专项转移支付，以提振地方政府积极性，助力我国个税递延型商业养老保险的可持续发展。

第二节　劳动所得税收抵免

一、劳动所得税收抵免概述

（一）劳动所得抵免的法律定位

劳动所得是指通过劳动创造出价值并经交换所得到的收入，是一种“勤劳工作”的等价交换，除工资薪金所得外，还包括通过独立劳动所取得的其他各种劳务报酬。质言之,劳动所得是一般民众尤其低收入群体最普遍的收入来源,劳动所得的多少,通常与劳动的多少成正比。劳动所得税收抵免起源于1975年的美国,核心是为纳税人提供一项基于劳动的个人所得税收抵免,适格纳税人就此项抵免不仅可以免缴税款,当抵免额大于应纳税额时,还可以得到相应补贴。质言之,劳动所得税收抵免是通过税收体系运行的一项福利政策,税收体系是它的外核,即利用税收手段为纳税人提供税收抵免额,福利政策才是它的内核,即本质上是在劳动激励的前提下调节社会收入分配公平,通过对符合条件的低收入群体的劳动所得予以一定税收抵免乃至税收退还,使其实际获得更高的收入。

劳动所得税收抵免作为一项福利政策,与已有的其他社会福利制度究竟是一种替代,还是一种补充,这个问题存在不同的答案。米尔顿·弗里德曼(Milton Friedmann)认为,基于负所得税(Negative Income Tax, NIT)的劳动所得税收抵免可以替代其他“乱七八糟的措施”,作为一项反贫困的制度设计,直接向低收入群体提供税收抵免额,相当于采取了最有效的现金帮助,完全可以替代食品券等福利工具。申言之,劳动所得抵免的替代性使之仅须税务机关即可执行福利政策,可以撤除其他累赘的福利官僚机构。负所得税额可以在税务表上明确、客观的表示出来,因此能够提高行政管理效率,避免贪污、贿赂等行为。① 但是,以劳动所得税收抵免和税务机关的这套组合拳完全替代既有社会保障制度和福利机构,并不切合实际,劳动所得税收抵免作为社会救助的补充则更为妥当。我国可以引入劳动所得税收抵免,并进一步整合既有社会保障体系,充分发挥制度合力的整体效果。②

(二)劳动所得税收抵免的负所得税理论

劳动所得税收抵免的理论基础是负所得税理论,思想启蒙于20世纪

---

① 参见米尔顿·弗里德曼:《资本主义与自由》,张瑞玉译,商务印书馆2004年版,第208页。

② 参见李庆梅等:《用负所得税重构中国低保制度的难点研究》,载《甘肃理论学刊》2009年第3期。

40 年代，但因米尔顿·弗里德曼提倡而被为世人熟知。20 世纪 60、70 年代，传统福利制度弊端逐渐凸显，在美国上演了如何解决社会贫困人口问题的激烈讨论。1962 年，米尔顿·弗里德曼基于负所得税理论提出建立一种以“税”代“费”的补助，即由政府设定一个最低收入标准，收入高于此标准的纳税人正常缴纳个人所得税；而低于此标准的纳税人可以向政府“负纳税”即补助。① 格里高利·曼昆（N. Gregory Mankiw）将 NIT 定义为一种“劫富济贫”的税制，即向收入高的家庭征税，并向收入低的家庭进行财政转移支付。② 实际上，NIT 是一种特殊的社会福利补助，与正所得税制相辅相成，当纳税人的收入超过正所得税的抵扣额时，正常缴纳正所得税款；相反地，当纳税人的收入进入 NIT 的调整范围时，纳税人除了自己的劳动所得外将额外获得一笔来自政府的资金补助，正负所得税结合在一起，构成了一体化税制体系。正负所得税将社会的各个阶层均纳入税收体系，NIT 改变了以往只有高收入者纳税的传统，将目光针对性地放在低收入者身上，巧妙地将税收政策与福利政策相结合，充分发挥了现代个人所得税的社会政策功能。传统福利制度之所以出现弊端，是因为长期单向的资金补助会助长低收入群体的懈怠情绪，造成“福利依赖”，不能在根源上解决贫困问题，也给财政带来重大负担。NIT 被认为能够有效解决这个问题，NIT 的调整对象须是有劳动所得的群体且往往设定时间限制，能够促使低收入群体努力工作才能享受更多福利，符合美国社会广泛存在的“劳动才是解决贫困的最好方法”的道德观点。

负所得税理论一经提出引发了激烈讨论和试验。1968—1983 年之间，美国投入了 2.25 亿美元用于进行家庭收入维持试验，其中约 28%资

---

① 参见米尔顿·弗里德曼：《资本主义与自由》，张瑞玉译，商务印书馆 2004 年版，第 208 页。

② 参见 N.格里高利·曼昆：《经济学原理》，梁小民、梁砾译，北京大学出版社 2015 年版，第 267 页。

金直接用于对家庭的转移支付。[①] 基于这些实验,NIT 的支持者认为它能够有效地提高工资率,而反对者强调它带来的工作负激励效应。各国政府也展开众多基于负所得税理论的制度实践,美国劳动所得税收抵免(The Earned Income Tax Credit,EITC)最具代表性。

二、劳动所得税收抵免的国外立法例

(一)美国 EITC 制度

20 世纪 60 年代,美国社会饱受贫困问题的困扰,当时最大的现金福利项目是抚养未成年子女家庭援助计划(Aid to Families with Dependent Children,AFDC 计划),计划造成了巨大的财政支出,还引发"福利依赖"问题。为了改变现状,学界和政界都在努力寻求解决方案,弗里德曼提出了既能激励劳动又能有实际福利补贴效果的 NIT,立即受到广泛的关注。总统尼克松受影响在 1969 年提出了家庭援助计划(Family Assistance Plan,FAP),以期帮助低收入的劳动家庭增加收入,解决 AFDC 计划的不足,但受到质疑并被驳回,而时任美国参议院财务委员会主席 Russell Long 提出一项具有负所得税思想的"朗修正案"。朗修正案将享受社会福利的对象按照劳动能力划分,不同劳动能力给予不同工作奖励,即政府会为低收入群体中有劳动能力的人提供劳动机会,若是所在家庭保证劳动但收入仍未达到法定标准,便可以得到一定补贴;对于无劳动能力的低收入者也会额外给予少量保障性补贴。朗修正案成为 EITC 制度的雏形,Russell Long 在 1975 年提出的法律草案确立了 EITC 三阶段划分的基本框架,并被最终批准为法律,成为减税法(Tax Reduction Act)的主要内容之一。1978 年,EITC 制度被正式纳入《国内收入法典》。该制度发展至今,已经成为美国联邦政府针对中低收入劳动者家庭最大的现金援助

① 参见聂佃忠、李庆梅:《负所得税的国外借鉴及中国低保的重构》,人民出版社 2009 年版,第 2 页。

项目,是美国最大的反贫困项目之一,也是针对美国劳动者家庭及其儿童最有效的反贫困项目。

EITC 制度的适用应当满足两个条件:第一,抵免申请人必须有适格身份。通常而言,适格身份须同时满足 3 项要求:(1)拥有有效的社会保障号码;(2)居住在美国的公民或居民;(3)至少有一个子女。美国 EITC 关于适格子女的规定较为宽泛,只要是抵免申请人的“被抚养人”即可。这些规定的主要目的是从家庭负担的角度考虑抵免申请人的实际生活成本。[①] 第二,抵免申请人必须有“劳动所得”。《国内收入法典》规定,“劳动所得”是指工资、薪金、小费和其他可税性的雇佣收入或者自主创业者的纯收入,但以下收入不属于劳动所得:(1)消极所得,即“用钱生钱”,是指纳税人通过商业投资或租赁而获取的收入,例如股息、红利、租金、资本收益净所得等,因为未参与实际经营,所以不是劳动所得;(2)不具有可税性的工作收入,例如养老金和退休金等社会福利收入自然不算在其中;(3)非美国国内经营活动相关的收入。EITC 制度自 1975 年推行,不断在实践中丰富发展,现已成为一种内容充实且颇有实效的税收制度。在美国,EITC 制度朝着覆盖更广低收入家庭、增加更多抵免金额的方向不断发展,在国际上也具有重要的地位,虽然不是负所得税理论最早的实践,却是影响最深远的。英国、德国、加拿大、新加坡等负所得税理论的实践,都受到美国 EITC 制度的影响。

在 EITC 制度的基础上,为了解决福利依赖问题,美国于 1996 年实施了《贫困家庭临时救助法》(Temporary Aid Needy Families,TANF),进一步改革了低收入者的社会保障制度,TANF 最显著的特色是将福利政策定性为一种临时的救助,对救助者限制了 5 年救助期限,5 年之后,除非特殊情形,不得再享有救助。这种救助期限的设置不仅有效减轻了财政压力,也给予被救助者一定心理压力,迫使其在享有救助时尽快寻找工作以

① 参见黄媛媛、陈荣卓:《美国 EITC 反贫困的特点、效应及经验》,载《当代世界社会主义问题》2018 年第 3 期。

求在救助期结束后也能正常生活。

（二）英国 WFTC 计划

英国是较早开始 NIT 的国家之一。1971 年，英国保守党提出家庭收入补贴计划（Family Income Supplement，FIS 计划），随后提出的税收抵免（Tax Credit，TC）提案未顺利实施。2000 年，英国正式建立工作家庭税收抵免（Working Families Tax Credit，WFTC 计划）。

WFTC 计划，又称“为工作付报酬”计划，是对英国多项福利政策的系统整合，重视就业的作用，着重发挥劳动激励效应。WFTC 计划的调整对象也要求是本国居住的公民或居民且要有至少一个适格的未成年子女，并且申请人或其配偶每周工作时间不少于 16 小时、个人资产总额不超过 8000 英镑。这些要求旨在解决低收入群体生活拮据的同时加强劳动激励，保障社会的劳动供给。① 此项计划得到普遍认可，Greeg 等认为，在英国颁布的众多激励就业的福利政策中，WFTC 计划的性价比最高，并且与其他有关保险、税率两项改革共同实现全国减少 4%的总失业人数，劳动激励效应显著增强。② Blunder 等认为，虽然同期的慷慨的家计调查型津贴在一定程度上削弱了 WFTC 计划的劳动激励效应，但其对一部分特定群体的就业产生了显著激励。③ WFTC 计划成效显著，缩小了贫富差距，英国在 2005 年 20%最贫困人员的收入增长了 1%，富人收入减少了 1%，收入的均差连续 3 年减少。④

---

① 参见聂佃忠、李庆梅：《负所得税的国外借鉴及中国低保的重构》，人民出版社 2009 年版，第 12 页。

② See Gregg P，Johnson P，Reed H.，*Entering work and the British tax and benefit system*，London，IFS Report，1999，p.132.

③ See Blundell，Richard，and Hilary W. Hoynes，“Has ‘in-work’ benefit reform helped the labor market?”，NBER Chapters，2004. Richard B. Freeman，*Seeking a Premier Economy*：*The Economic Effects of British Economic Reforms*，1980–2000，Chicago，University of Chicago Press，2004，p.444.

④ 参见陈炜：《英国税收与社会公正》，山东大学 2012 年博士学位论文，第 87 页。

（三）加拿大SSP项目试验

自食其力项目试验（Self-Sufficiency Project，SSP）是加拿大20世纪90年代的一个社会实验。SSP的补贴方式是支付给每个符合条件的福利享受者总收入与规定的收入上限之间差额的一半，即产生50%的边际税率，接受援助的受益人能够保留额外赚来的每一美元中的50美分。虽然此项额外补贴不多，但是一份意外之喜，并且在相同的边际税率下，劳动所得越多则补贴越多，因此产生较强的劳动激励效应。SSP的补贴主体是每周至少工作30个小时并且已经至少领取了一年某种形式福利救济金的单身母亲。工作时间的限制条件使得接受此项税收补贴的单亲母亲必须保持一定工作，对劳动供给效应产生了重要的影响。此外，SSP具有补贴时限，限制了3年的补贴时长。SSP虽然是一种劳动补贴，但本质上是为了激励单身母亲自食其力，限制补贴时长不仅可以给予单身母亲不断提高劳动所得的动力，还能够减轻财政的压力。在SSP计划取得成效后，加拿大意识到负所得税理论的优越性，随后加拿大政府在子女教育、失业、医疗等种种领域都实行了NIT尝试，也取得了一定成效。①

三、劳动所得税收抵免与最低生活保障的协调

（一）我国最低生活保障制度及其问题

解决贫困问题是人类共同面临的一项历史任务，保证社会底层的基本生活来源又是最基本的问题之一。最低生活保障是政府结合当地的生活成本、经济发展状况，划出一项当地最低生活标准，对家庭人均收入低于此项标准的贫困人口给予一定的现金或实物补助，使贫困人口的实际收入达到最低生活标准的一种社会保障制度。从1993年上海的第一个试点，到当下全国范围内城市居民最低生活保障制度的实施，最低生活保障制度解决了许多低收入者最基本的温饱需要，但随着经济社会的不断

---

① 参见聂佃忠、李庆梅：《负所得税的国外借鉴及中国低保的重构》，人民出版社2009年版，第13页。

发展,其弊端也逐渐暴露。

第一,最低生活保障的“差额补贴”方式缺乏针对性。差额补贴又称补差制,即最低生活保障金的数额是家庭人均收入和当地政府所规定的最低生活标准之间的差额,但数额的简单加减缺乏针对性,往往出现福利依赖问题。差额补贴的一视同仁“公平”消磨了有劳动能力的低收入者的劳动意愿,折损了制度的效率价值。毕竟无论辛勤工作还是在家休息,最后获得的最低生活保障金都是一致的,这对劳动积极性造成严重的伤害。

第二,最低生活保障制度覆盖范围不够。我国各地最低生活保障标准线较低,最低生活保障身份确认机制也不健全,不能实现对于贫困人口的全面覆盖,通常而言,城市实际贫困人口数通常远大于享受最低生活保障的人数。从国家统计局、民政部和一些地方政府开展的调研情况看,城市贫困人口通常是享受低保人数的两倍之多。[①] 根据国家统计局发布的《中国统计年鉴 2020》,2019 年全国城市居民最低生活保障人数为 860.9 万人,若是按照上述推算,全国城市贫困人口数应该在 1720 余万人。其中,最值得关注的是最低生活保障制度的边缘群体,一些低收入家庭虽然人均收入超过最低生活保障标准线,却因疾病、子女教育、住房贷款等原因处于持续性贫困状况,传统的最低生活保障制度却无法涵盖这部分低收入者,使之始终深陷贫困状态。

第三,最低生活保障标准不足以满足受助者基本生活需求。《中国统计年鉴 2020》将居民人均消费支出分为食品烟酒、衣着、居住、生活用品及服务、交通通信、教育文化娱乐、医疗保健和其他用品及服务等 8 类。但是,随着时代的发展,生活消费需求趋于多样化,最低生活保障也应当保证低收入群体最基础的体面生活。现行最低生活保障标准线过低,只能保证低收入群体的食品类支出以解决温饱,尚未能满足其基本生活

---

① 参见蒋贵凰、宋迎昌:《中国城市贫困状况分析及反贫困对策》,载《现代城市研究》2011 年第 10 期。

需要。

总之,我国最低生活保障制度存在固有不足,在短期内难以通过自身优化弥补缺陷,而劳动所得税收抵免可以对其予以补充。

(二)劳动所得税收抵免的脱贫攻坚意义

解决贫困问题始终是党和国家不断努力的方向,2020 年是全面建成小康社会和“十三五”规划的收官之年,也是脱贫攻坚战的达标之年,年底我国已经如期完成了新时代脱贫攻坚的目标和任务,但是,这并不意味着我国发展不充分不均衡中的相对贫困问题不存在了。脱贫攻坚总结评估汇报指出,我们如期完成了新时代脱贫攻坚目标任务,现行标准下农村贫困人口全部脱贫,贫困县全部摘帽,消除了绝对贫困和区域性整体贫困。但当前,我国发展不平衡不充分的问题仍然突出。① 巩固脱贫攻坚的历史成果需要将精准扶贫成果和社会保障体系相结合,让贫困人口有机会自食其力,劳动所得税收抵免将推动我国扶贫理论和实践在税法领域的新发展。

劳动所得税收抵免可以多维度地精准识别需要帮助的贫困者。目前精准扶贫主要是依赖“建档立卡”的方法来判断和确定贫困对象。但是,建档立卡存在覆盖范围过窄、贫困程度衡量标准单一、更新不及时等弊端,而劳动所得税收抵免的优越性恰好可以发挥作用:(1)扶贫对象的精准识别。建档立卡模式不够完善,不能涵盖所有真正需要帮助的贫困人口。专家的典型调查和国务院扶贫办的随机抽查数据显示,按民主评议的建档立卡贫困人口和按消费及收入估计的贫困人口的重合度约为50%,②换言之,近一半的贫困人口不在建档立卡的范围内,无法享受到财政扶持。不同于建档立卡的申报和走访,劳动所得税收抵免作为一种

① 参见《中共中央政治局常务委员会召开会议 听取脱贫攻坚总结评估汇报》,载人民网:http://cpc.people.com.cn/n1/2020/1204/c64094-31954642.html。

② 参见汪三贵、刘末:《“六个精准”是精准扶贫的本质要求》,载《毛泽东邓小平理论研究》2016 年第 1 期。

税收制度，低收入者不是被动的救助接收者，而是纳税人，有利于培养税收意识，也能减轻低收入群体的社会排斥感。（2）贫困程度的综合衡量。建档立卡的贫困户是在原有信息基础上通过贫困居民自行申报和上级部门走访调查确定的，衡量标准单一。劳动所得税收抵免不以收入为单一标准，而是采取多维度的衡量方法，综合考虑被救助者的劳动所得和家庭实际负担情况，根据被救助者的情况变化来动态确定不同的抵免额。（3）扶贫信息的及时更新。建档立卡需要通过民主评议、走访调查，存在耗费时间长、程序复杂且信息更新不及时、缺乏时效性等固有缺陷。劳动所得税收抵免确定抵免额，定期对被救助者的劳动所得和家庭实际负担情况进行了解，可以较为及时地判断被救助者的实际情况，避免一次性扶贫。（4）福利退出的科学合理。相较于最低生活保障等一成不变的补差制，劳动所得税收抵免可以精准、及时、动态衡量贫困对象的实际收入和现实情况，能够实现精准退出，同时劳动所得税收抵免通常会设置一个最长救助时间，在给予抵免申请人一定压力的同时也能节省财政支出。（5）资金来源的稳定持续。劳动所得税收抵免作为一项社会福利救助，需要稳定的财政资金支持。由于我国存在着发展不均衡的问题，贫困地区的财政支出相对吃力。在后扶贫时代，原本用于精准扶贫的财政专项扶贫基金可以作为劳动所得税收抵免的资金基础，成为资金来源的主力军。

（三）劳动所得税收抵免与最低生活保障的衔接

最低生活保障具有独特的优越性，但补差制容易导致福利依赖问题，造成贫困和失业的陷阱。劳动所得税收抵免不能涵盖所有低收入群体，其主要面向的是有劳动所得的群体，对于有劳动能力却好吃懒做的群体可以更好地发挥劳动激励作用，从根本上帮助其脱离贫困，弥补最低生活保障的不足。而对于未成年人、老人、残疾人等缺乏或丧失劳动能力以及因病因故暂时无法工作的低收入者而言，最低生活保障则是其救命稻草，可以解决燃眉之急。

劳动所得税收抵免的顺利推行仅靠税务机关一方的努力是远远不够的,需要财政、民政、劳动等众多部门相互配合、互通有无,才能精准确定适格的帮扶对象。最低生活保障对于当地最低生活标准的判断、低收入群体的认定等工作可以为劳动所得税收抵免的推进提供帮助。在我国,精准扶贫已经按照“县为单位、规模控制、分级负责、精准识别、动态管理”的原则,实现了网格化全覆盖的联动工作模式,①成为劳动所得税收抵免在我国大范围推行的强大后盾。

总之,不能片面地看待两种制度的作用,劳动所得税收抵免与最低生活保障有机结合,在特定国情中采用更为合适的制度组合,使两者在各自的范围内发挥其优越性,才能真正解决贫困问题。

四、劳动所得税收抵免的适用因素

劳动所得、家庭被抚养人数量是劳动所得税收抵免适用需要重点考量的两个因素(图 2-1)。

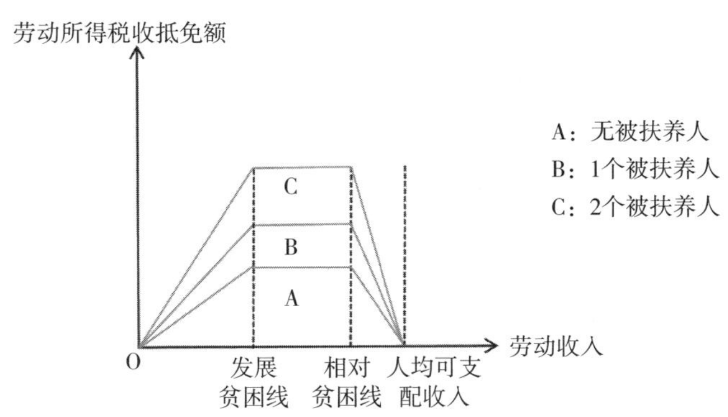

图 2-1　劳动所得税收抵免的适用因素示意图

(一)劳动所得因素

劳动所得税收抵免的适用对象应当拥有劳动所得,这也是劳动所得

① 参见黄媛媛、陈荣卓:《美国 EITC 反贫困的特点、效应及经验》,载《当代世界社会主义问题》2018 年第 3 期。

税收抵免的基本前提和核心所在。根据劳动所得确定劳动所得税收抵免所覆盖的群体是各国实践证明的相对合理方式:(1)劳动所得税收抵免的终极目的是在劳动激励的前提下解决低收入群体的贫困问题,通过对低收入群体劳动供给的激励,增强其解决自身困境的意识、能力,才能变“输血”为“造血”;(2)劳动所得便于量化申报、方便监督,是反映一个家庭生活情况最直观的指标。2018 年修正《个人所得税法》将工资薪金所得、劳务报酬所得、稿酬所得和特许权使用费所得等 4 项合并为综合所得,与经营所得或利息、股息、红利所得等相比,综合所得具有较强的劳动属性,劳动者通过自己的努力来提高这部分收入,这与劳动所得税收抵免的劳动激励目标不谋而合。因此,我国劳动所得税收抵免法律制度建设中,劳动所得的界定可以参考《个人所得税法》关于综合所得的规定,具体包括工资薪金所得、劳务报酬所得、稿酬所得和特许权使用费。

为了更有针对性地进行劳动所得税收抵免,以明确低收入群体各自需要,抵免申请人应当根据发展贫困线、相对贫困线和人均可支配收入三个标准划分为三个不同的区间。

第一区间是劳动所得从 0 至发展贫困线。2020 年我国已经顺利完成脱贫攻坚战,绝对贫困已经被消除,但并不是努力的终点。绝对贫困是一种狭义上的贫困,仅以能否解决温饱为标准,贫困问题在广义上包括更多的内涵。正如被誉为“穷人的经济学家”的阿马蒂亚·森(Amartya Sen)指出,贫困更多的是一种对基本能力的剥夺,贫穷使得许多低收入群体丧失了选择的权利,而不仅仅是收入低这么简单。[①] 发展贫困线是在解决温饱的绝对贫困线之上,再纳入住房、教育、医疗等基本生活支出的考量,即在满足最基本生存需要的前提下,考虑民生中的发展权益问题。面对日新月异变化的经济社会,仅仅摆脱绝对贫困是远远不够的,各地应当根据当地生活成本制定出相应的发展贫困线,作为划分劳动所得

① 参见阿马蒂亚·森:《贫困与饥荒》,王宇、王文玉译,商务印书馆 2001 年版,第 34 页。

税收抵免第一区间的依据。

第二区间是劳动所得从发展贫困线到相对贫困线。相对贫困是相对于绝对贫困的概念而言的，指在特定的生产方式和生活方式下，依靠个人或家庭的劳动力所得或其他合法收入，虽能维持温饱，但无法满足被当地认为是最基本的其他生活需求的状态，衡量标准一般是家庭收入和人均支出。若一个家庭的收入低于必需的开支即是贫困范围。[①] 相对贫困线相较于发展贫困线更易确定，因为有可以量化的标准。经济合作与发展组织（OECD）指出，在一个国家或地区中，社会平均收入的50%到60%即为贫困线，这也是本区间所指的相对贫困线。由于我国各地区发展不平衡，生活成本、生活水平也不尽相同，采用便于量化的相对贫困线来划分劳动所得税收抵免的第二区间具有操作性，也更符合因地制宜的设计理念。

第三区间是劳动所得从相对贫困线到人均可支配收入。人均可支配收入一般是指居民可用于自由支配的收入，乃是居民消费水平的决定性因素，构成一个国家或地区人民生活水平变化的指示剂。抵免申请人的劳动所得处于这一区间，其基本生活已经有了保障，可以逐步地退出。

（二）家庭被抚养人的数量因素

欧美劳动所得税收抵免一般会考虑子女的情况，这是小家庭模式的国情决定的。在我国，基于大家族模式，几乎所有成年人都要赡养自己的父母，为父母的日常生活、疾病医疗等项目买单，特别是70—90后因时代背景多为独生子女，向上赡养父母要承担全部的经济压力，向下还要抚养自己未成年的儿女，成为中国式“4+2+1”模式中的“2”，青壮年劳动力承担较大的经济负担。仅考虑子女的数量而不综合考虑全部的被抚养人，不符合我国国情，所以我国劳动所得税收抵免更适合采取“被扶养人”数量为影响因素，被抚养人的数量越多，家庭经济负担越大，基础抵免额就应越高。

---

① 参见邓伟志主编：《社会学辞典》，上海辞书出版社2009年版，第357页。

总之,我国劳动所得税收抵免的适用应当综合考虑家庭劳动所得和家庭被抚养人数量两个因素,应当根据抵免申请人的劳动所得确定抵免额区间,在区间内由被扶养人数量确定基础抵免额。

五、劳动所得税收抵免额的确定

劳动所得税收抵免旨在解决低收入群体的贫困,本质上是一种福利制度,在保证劳动激励效应的同时防止"福利依赖"问题是抵免额设计的关键。借鉴美国 EITC 制度,抵免额确定的变化大体分为递增、持平和递减三个区间。

第一区间是抵免额递增区间。劳动所得处于此区间的抵免申请人面临基本生存与发展的问题,抵免额应当与劳动所得进行正相关设计,随着抵免申请人的劳动所得增加,劳动所得税收抵免额随之增加,即劳动所得越多,抵免申请人实际到手的收入越多,这需要进行大量的财政转移支付。抵免申请人可以以此满足家庭的基本生存、基本医疗、基本教育等。当每一份劳动所得都能额外的带来一份抵免额补助,家庭中的劳动者自然也愿意用更多劳动换取更多抵免额补助,此区间劳动激励效应最高。当劳动所得达到发展贫困线的水平时,即可以满足其基本的生存和发展需要时,第一区间结束。

第二区间是抵免额持平区间。随着抵免申请人劳动所得的增加,劳动所得税收抵免的数额不再发生变化,达到整个劳动所得税收抵免额的最高点。这一设计的原因在于:(1)在合理范围内持续激励抵免申请人保持劳动激励的效果;(2)作为一个过渡区间,为抵免申请人可能面对的生活、工作变故保驾护航,确保不至于发生因病因故返贫,以便顺利地进入递减区间。在这一区间,适格的抵免申请人已适应了自食其力的生活,而劳动所得与抵免额加起来可以确保其过上较为舒适的生活。当抵免申请人的劳动所得达到人均可支配收入的水平时,第二区间结束。

第三区间是抵免额递减区间。为了防止福利依赖以及减轻财政负担,随着抵免申请人劳动所得的增加,劳动所得税收抵免额将大幅减少。当抵免申请人的劳动所得达到人均可支配收入时,已经彻底脱离了贫困,也就圆满度过了整个劳动所得税收抵免的全过程。

劳动所得税收抵免额的计算是应纳税额确定的最后一个环节,其计算方式如下:(1)抵免申请人自行计算出劳动所得,即用毛收入减去不计入的收入及相应的扣除;(2)当劳动所得处于劳动所得税收抵免的调整范围内时,根据自己的劳动所得判断出适用的抵免区间;(3)根据不同的区间来计算出相应的抵免额。

六、劳动所得税收抵免的退出机制

虽然传统最低生活保障的差额补贴模式能够解一时的燃眉之急,但长此以往势必造成福利依赖的问题。当劳动就业市场有效运转时,大部分低收入群体可以通过努力工作而提高自己的生活水平。但是,懒惰是人类的天性,向低收入群体发放差额补贴时,短期内保障了低收入群体的生活,长期却不利于其真正脱离贫困。因为补贴的标准是确定的,当受助者的收入低于标准,补助额将由收入与标准的差额决定,当受助者的收入始终低于标准,通过劳动所得多赚到一分钱,将少在补贴中拿到一分钱,即无论受助者做多少工作,最终得到的收入都是一致的,这势必打击劳动积极性,使受助者不愿意轻易放弃这份政府送出的"福利",这不仅加大财政支出负担,还会为社会带来更多不确定因素。

为了促使受助者积极提高家庭劳动所得,各国劳动所得税收抵免应当设计不同的阶段,例如借鉴美国 EITC 制度,让劳动所得税收抵免分三个区间由进入到退出。此外,各国对享受劳动所得税收抵免的期限加以限制,例如美国 TANF 计划要求任何受助者的救助期限不得超过 5 年。我国劳动所得税收抵免可以考虑将三个阶段的抵免时长根据劳动激励效应的大小分别设置不同的期限,一方面便于不同劳动所得的抵免申请人进行规划,明确自己可以享受到的抵免期限,另一方面使每一个阶段都充分发挥劳动激励效应。在第一区间，为了帮助低收入的抵免申请人尽快适应税收抵免，可以设置3年较长期限，为其创造提高劳动能力的机会，较多的抵免额也可以帮助其尽快脱离发展贫困；第二区间是一个保障和适应的过渡阶段，抵免申请人在这个区间内期限不宜太长，可以设置为1年；第三区间可能出现劳动负激励效应，应当缩短相应的抵免期限为6个月，减轻财政负担，此外这一区间内还可以设置一个额外奖励，鼓励在六个月内顺利结束第三区间的抵免申请人，从而提高其努力工作、尽早完成补贴全过程的积极性。

第三节　公益慈善捐赠扣除

一、公益慈善捐赠扣除概述

（一）公益慈善捐赠的概念和性质

"公益"一词在字面含义上可以理解为与公共利益有关的事项，一般是指与公众利益相关的科教文卫、救助灾害和环境保护等不以营利为目的的事项。"慈善"是指道德上的一种义务，是因为同情弱势群体而对其做出的关怀行为。"捐赠"是指为了公共事业发展或者以某种公共利益为目的，捐赠人把自己所有的财物自愿、无偿地捐赠给受赠人的行为。

我国多部法律涉及公益慈善捐赠，但对其采用不一致的概念：（1）《慈善法》第34、35条采用"慈善捐赠"的说法，具体是指自然人、法人和其他组织为了慈善事业的发展和进步，将自己所有的无形财产和有形财产无偿、自愿赠与给被捐赠人或者向被捐赠人提供服务的行为，既可以间接捐赠又可以直接捐赠；（2）《个人所得税法》第6条第3款、《个人所得税法实施条例》第19条采用"公益慈善事业捐赠"的说法，将公益慈善事业的领域限定在教育、济困和扶贫等方面，捐赠主体为个人，捐赠时只能通过国家机关和国内公益性组织捐赠，即间接捐赠形式；（3）《公益事业捐赠法》第 2 条采取“公益事业捐赠”的说法,是指包括自然人、法人以及其他社会组织,通过公益性的社会团体和非营利性事业单位捐赠的间接捐赠形式;(4)《企业所得税法》第 9 条、《企业所得税法实施条例》第 51 条采取“公益性捐赠”的说法,即向县级以上政府部门以及具有公益性质的社会团体的捐赠。

虽然上述法律的说法不同,但在本质上公益慈善捐赠都是一种赠与行为,是赠与人为了公益事业的发展,将自己所有的财产通过公益性社会组织和国家机关,作出捐赠的意思表示,无偿赠与给被赠与人的合同行为。因此,公益慈善捐赠的法律性质是一种自愿、无偿、不能任意撤销的双方法律行为:(1)公益慈善捐赠是一种双方法律行为,捐赠人向受赠人作出捐赠的意思表示,受赠人接受捐赠,公益慈善捐赠合同成立,合同双方按照约定承担义务,享有权利;(2)公益慈善捐赠是一种自愿、无偿的行为,捐赠人本身并无法定或者约定的义务,自愿作出捐赠的意思表示,按照自己的意愿选择捐赠形式和受赠人,受赠人对捐赠人这一行为无对待给付义务;(3)公益慈善捐赠是一种不可撤销的行为,《民法典》第 658 条第 2 款规定,“经过公证的赠与合同或者依法不得撤销的具有救灾、扶贫、助残等公益、道德义务性质的赠与合同,不适用前款规定”,当捐赠人与受赠人订立赠与合同后,非因法定原因,不能再撤销捐赠行为。

公益慈善捐赠的目的是为了促进公益事业的发展和进步,所以受赠物资会被用于公益事业而具有公益性,捐赠人捐赠时会选定相应的受赠项目和活动。目前我国的受赠物资只能用于灾害救助、扶贫济困、科教文卫事业和公共设施建设以及环境保护等领域,这些项目一般都具有公益性。

(二)公益慈善捐赠扣除的概念和性质

税前扣除是在对纳税人征税之前将纳税人和其家庭成员的必要生活费用、国家规定的扣除事项予以扣除的行为。个人所得税的税前扣除主要包括生计扣除、必要费用扣除、特许扣除等 3 个部分,其中特许扣除既是生计扣除、必要费用扣除的补充,也是一种重要的激励手段。公益慈善捐赠扣除旨在引导社会的捐赠行为，以弥补在公益慈善领域的政府失灵，属于特许扣除的一种。

《关于公益性捐赠税前扣除有关事项的公告》（财政部、国家税务总局、民政部公告2020年第27号）第1条规定，“企业或个人通过公益性社会组织、县级以上人民政府及其部门等国家机关，用于符合法律规定的公益慈善事业捐赠支出，准予按税法规定在计算应纳税所得额时扣除。”《关于公益慈善事业捐赠个人所得税政策的公告》（财政部、国家税务总局公告2019年第99号）（以下简称《公益慈善事业捐赠个人所得税政策公告》）第1条第1款规定，“个人通过中华人民共和国境内公益性社会组织、县级以上人民政府及其部门等国家机关，向教育、扶贫、济困等公益慈善事业的捐赠，发生的公益捐赠支出，可以按照个人所得税法有关规定在计算应纳税所得额时扣除。”具言之，公益慈善捐赠扣除是指捐赠人向公益事业捐赠后，捐赠额不计入当期个人所得税应纳税所得额，捐赠额在税前予以扣除的行为。关于公益慈善扣除的法律性质存在税收优惠说和非可税说不同观点：

税收优惠说认为公益慈善扣除是一种税收优惠。税收优惠属于一种税收特别措施，是指国家基于财政目的以外的特别目的，通过各种税法例外等特别规定，给予纳税人减轻或免除税收债务利益的各种措施的总称。[①] 税收优惠是量能负担原则的例外，在普遍征税的基础上，由于特别目的和考虑而对特定纳税人实施的最终达到减轻或者免除税负结果的各种优惠，主要包括税率优惠、税基优惠、税额优惠和纳税时间优惠等方式。公益慈善捐赠扣除被认为是国家为了鼓励纳税人向慈善事业领域捐赠而出台的一项税收优惠政策。因为宏观调控的有限性和公共物品的非排他性，政府通过税收优惠引导公益慈善事业筹集资金以及弥补政府宏观调控的不足。在公益慈善捐赠中，纳税人的捐赠行为具有

① 参见陈少英：《税法基本理论专题研究》，北京大学出版社2009年版，第213—214页。

公益性,可以减轻政府提供公共服务的负担,降低财政支出压力。为了促进公益慈善事业发展,对公益慈善捐赠直接从应纳税所得额中扣除,使得个人所得税的税基减小,从而降低纳税负担,因此在本质上是一种税收优惠。

非可税性说则认为,公益慈善捐赠本身不具有可税性,因此以扣除方式排除在应纳税所得之外。可税性分为经济上的可税性和法律上的可税性:前者是指当纳税人从事的活动获得收益时,才具有在经济上征税的可能性;后者是指向具备纳税能力的人征税才具有征税的合法性。[①] 一项收入只有同时符合"经济上的可税性"和"法律上的可税性"条件才具有可税性:(1)在公益慈善捐赠中,由于公益慈善捐赠具有无偿性,捐赠人的捐赠不会获得受赠人支付的对价,即捐赠人在公益慈善捐赠行为中不会获得收益,[②]不具有"经济上的可税性";(2)捐赠人因为捐赠行为而减弱自身的税收负担能力,不具有"法律上的可税性",因此公益慈善捐赠不具有可税性。

(三)我国个人所得税公益慈善捐赠扣除的立法

我国个人所得税公益慈善捐赠扣除的规定最早出现在2005年修正《个人所得税法实施条例》第24条第2款规定,捐赠人对于教育以及其他公益慈善事业的捐赠,未超过应纳税所得额30%的部分,可以在应纳税所得额中扣除。2018年修正《个人所得税法》第6条第3款规定,"个人将其所得对教育、扶贫、济困等公益慈善事业进行捐赠,捐赠额未超过纳税人申报的应纳税所得额30%的部分,可以从其应纳税所得额中扣除;国务院规定对公益慈善事业捐赠实行全额税前扣除的,从其规定。"个人所得税公益慈善捐赠扣除的适用范围如下表2-5所示。

① 参见张守文:《收益的可税性》,载《法学评论》2001年第6期。

② 在公益慈善捐赠的实践中,一些慈善组织为了鼓励捐赠行为会给予捐赠人一定的小礼品,但公益慈善捐赠本身具有公益性,行为产生的原因是为了向社会提供公共物品,所获利益与捐赠不成比例,即使获得了一定利益也不构成经济上的可税性。

表 2-5　个人所得税公益慈善捐赠扣除的适用范围

扣除限额比例	分类	适用范围	法律依据
30%		通过中国境内的社会团体、国家机关向教育和其他社会公益事业以及遭受严重自然灾害地区、贫困地区的捐赠	《个人所得税法》第6条
全额扣除	对部分公益性组织或机构的捐赠	对公益性青少年活动场所（其中包括新建）的捐赠	财税〔2000〕21号
		向红十字事业的捐赠	财税〔2000〕30号；财税〔2002〕28号
	对教育事业的捐赠	向农村义务教育的捐赠	财税〔2001〕103号
		向职业教育的捐赠	国发〔2002〕16号
		通过中国境内非营利的社会团体、国家机关向教育事业的捐赠	财税〔2004〕39号
	对研究开发经费的捐赠	对科研机构、高等院校的研究开发经费的捐赠	财税〔1999〕273号；国发〔2000〕24号
	对列举的救助灾区的捐赠	向汶川地震灾区、玉树地震灾区、舟曲灾区、鲁甸地震、芦山地震的捐赠	财税〔2008〕104号；财税〔2010〕59号；财税〔2010〕107号；财税〔2010〕107号；财税〔2013〕58号
	对列举的各类基金会的捐赠	向中华健康快车基金会和孙冶方经济科学基金会、中华慈善总会、中国法律援助基金会和中华见义勇为基金会的捐赠	财税〔2003〕204号
		宋庆龄基金会、中国福利会、中国残疾人福利基金会、中国扶贫基金会、中国煤矿尘肺病治疗基金会、中华环境保护基金会用于公益救济性的捐赠	财税〔2004〕172号
		中国老龄事业发展基金会、中国华文教育基金会、中国绿化基金会、中国妇女发展基金会、中国关心下一代健康教育基金会、中国生物多样性保护基金会、中国儿童少年基金会和中国光彩事业基金会等8家单位用于公益救济性的捐赠	财税〔2006〕66号
		通过中国医药卫生事业发展基金会用于公益救济性的捐赠	财税〔2006〕67号
		向慈善机构、基金会等非营利机构的公益救济性捐赠	财税〔2001〕9号

续表

扣除限额比例	分类	适用范围	法律依据
全额扣除	对列举的各类基金会的捐赠	通过中国青少年发展基金会、中国马克思主义研究基金会、中国治理荒漠化基金会、中国人权发展基金会、中国留学人才发展基金会和友成企业家扶贫基金会用于公益救济性的捐赠	财税〔2007〕108 号
	对列举的特殊事项的捐赠	向各级政府民政部门、卫生部门捐赠用于防治“非典”的现金和实物，以及通过中国红十字会、中华慈善总会向防治“非典”事业的捐赠	财税〔2003〕106 号
		通过全国县级以上总工会（不含各级行业性工会和各类企业工会）用于困难职工帮扶中心的公益救济性捐赠	财税〔2007〕155 号
		向第 29 届奥运会、第 13 届残奥会、“好运北京”体育赛事的资金和物资支出；向北京 2022 年冬奥会、冬残奥会、测试赛的资金和物资支出；向 2010 年上海世博会的捐赠	财税〔2008〕128 号；财税〔2017〕60 号；财税〔2005〕180 号
		通过公益性社会组织或者县级以上人民政府及其部门等国家机关，捐赠用于应对新型冠状病毒感染的肺炎疫情的现金和物品；直接向承担疫情防治任务的医院捐赠用于新型冠状病毒感染的肺炎疫情的物品	财税〔2020〕9 号

关于扣除顺序的规定，2019 年《公益慈善事业捐赠个人所得税政策公告》第 3 条规定，居民个人发生的公益捐赠支出可以在财产租赁所得、财产转让所得、利息股息红利所得、偶然所得（以下统称分类所得）、综合所得或者经营所得中扣除。在当期一个所得项目扣除不完的公益捐赠支出，可以按规定在其他所得项目中继续扣除。居民个人发生的公益捐赠支出，在综合所得、经营所得中扣除的，扣除限额分别为当年综合所得、当年经营所得应纳税所得额的 30%；在分类所得中扣除的，扣除限额为当月分类所得应纳税所得额的 30%；居民个人根据各项所得的收入、公益捐赠支出、适用税率等情况，自行决定在综合所得、分类所得、经营所得中扣除的公益捐赠支出的顺序。此外，第 7 条第 1 款规定，非居民个人的捐

赠支出在超过应纳税所得额30%不能扣除完的，在经营所得中继续扣除。

在我国，目前存在现金捐赠、实物捐赠和有价证券捐赠、不动产捐赠、劳务捐赠、债务捐赠等捐赠形式。《个人所得税法》《个人所得税法实施条例》未规定公益慈善捐赠标的的价值评估标准，财政部、国家税务总局的相关规范性文件明确现金、实物、股权可以作为公益慈善捐赠的标的，但劳务、债务等权益或服务的捐赠形式未被规定，而且捐赠标的的价值评估还存在不同的标准。《公益慈善事业捐赠个人所得税政策公告》第2条规定区分了个人捐赠货币、股权和房产、其他非货币性资产的价值评估标准，其中捐赠货币性资产的，按照实际捐赠金额确定；捐赠股权、房产的，按照个人持有股权、房产的财产原值确定；捐赠除股权、房产以外的其他非货币性资产的，按照非货币性资产的市场价格确定。

关于受赠人的规定，《公益慈善事业捐赠个人所得税政策公告》第1条第1款规定，个人只能通过县级以上国家机关、境内的公益性组织捐赠，即我国对于公益慈善捐赠仅承认间接捐赠方式，个人的直接捐赠则不能在计算个人所得税应纳税所得额时予以扣除。但是，为了支持个人对于新型冠状病毒肺炎疫情的捐赠，《关于支持新型冠状病毒感染的肺炎疫情防控有关捐赠税收政策的公告》(财政部、国家税务总局公告2020年第9号)第2条规定，个人向承担新型冠状病毒肺炎疫情任务的医院捐赠物品，可以凭借医院开具的接收函申请税前扣除，这是我国间接捐赠的例外。间接捐赠中的国家机关是指县级以上政府及其部门，境内的公益性组织是指境内享有税前扣除资格的组织，包括慈善组织、群众团体和其他社会组织，应当符合以下实体条件：(1)以公益性为活动目的；(2)在提交申请日的前3年没有被行政处罚的记录；(3)在民政部门注册登记时间在3年以上，净资产大于等于注册登记时的流动资金额，在提交申请的前3年内，在公益活动方面的支出超过上一年度收入的70%，并且超过当年支出的50%；(4)根据公益慈善组织登记的时间长短和民政部对该慈善组织的评估结果，确定其是否享有扣除资格。慈善组织登记时间必须满 1 年，对于已满 1 年不足 3 年的，在申请时一并提交民政部对于该组织的综合评估报告，评估等级应当在 3A 及以上，或者合格的年检报告，其中民政部的评估等级应当在 3A 以上。对于登记时间在 3 年以上的慈善组织，包括两种评定方式：(1)提交申请日上一年度合格的年检报告和民政部的综合评估报告，并且评估等级应当在 3A 及以上；(2)提交申请日前两个年度合格的验收报告。① 《社会组织评估管理办法》第 28 条第 3 款规定，"获得 3A 以上评估等级的基金会、慈善组织等公益性社会团体可以按照规定申请公益性捐赠税前扣除资格。"

此外，符合扣除条件的公益慈善组织取得资格还应当遵循一定程序：(1)公益慈善组织应当先向民政部门申请登记，由民政部门初步审核该组织的条件和资格。(2)经过民政部审核批准的慈善组织，由国家税务总局和财政部联合审查确定其是否享有税前扣除资格。省级民政部门审核批准的慈善组织，由省级税务机关和财政部门审查确认，上报国家税务总局和财政部备案。(3)对于经过审查的组织，由财政部门、民政部门和税务机关分别在部门网站上定期公布。具有税前扣除资格的组织可以取得财政部或者省级财政部门印制的捐赠票据，个人在捐赠时取得受赠人加盖印章的捐赠票据，就可以享受税前扣除。《公益慈善事业捐赠个人所得税政策公告》第 9 条第 2 款规定，个人不能及时取得捐赠票据的，可以凭借捐赠时的银行支付凭证原件申请税前扣除，同时应当提供复印件，在捐赠完成之日起 90 日内向代扣代缴义务人提供捐赠票据。

二、公益慈善捐赠扣除的国外立法例

（一）美国

美国《国内收入法典》规定现金、长期资本性财产、普通所得性质等

① 参见刘厚兵：《公益性捐赠支出税前扣除有关规定》，载《注册税务师》2011 年第 4 期。

财物捐赠都可以税前扣除。非货币性捐赠按照可获利的时间分为普通收益财产和资本收益财产:捐赠人若捐赠的是长期持有的资产,则按照资产的公允市场价格确定其价值;若捐赠的是短期持有的资产,则在捐赠日的公允市场价格和捐赠人获得此资产的成本中选取最小值确定其价值;若捐赠的是存货,则以调整之后的基值确定价值。① 美国税法规定志愿服务不可税前扣除,但个人从事志愿服务后产生的有关费用,主要是与志愿服务相关的衣食住行费用,符合以下条件的可以税前扣除:(1)个人必须向有税前扣除资格的公益性组织提供志愿服务;(2)产生的费用与所提供的志愿服务密切相关;(3)此项费用不能已被报销,而且不包含私人生活支出费用。股权捐赠的价值计量按照持有股权的时间适用不同的评估标准:若持有时间在 1 年及以下的,则按照普通收益财产的评估原则,在公允价值和获取成本中选择较小值;若是持有时间在 1 年以上的,按照资本收益财产的衡量标准,以捐赠日的公允市场价格确定其价值,并且针对股票有无成交价格、多地上市股票、集体竞价股票和限制转让股票的公允市场价格规定了详细的标准。对于具备成交价格的股权捐赠,以捐赠日最低成交价和最高成交价的平均数确定其价值;不具备成交价格的,选取距离捐赠日最近日期的两个平均价格加权计算;在多地上市交易的股票,采用主要上市地区的平均价格作为计价基础;采取集体竞价无成交价格的,根据非恶意集体竞价计算的平均价确定价值;对于限制转让的股权,参考类似股票的市场交易价格确定。②

美国税法以限额扣除为主、全额扣除为辅,根据受赠人性质不同而采取不同的扣除限额比例。《国内收入法典》规定享有扣除资格的慈善组织包括:(1)以宗教、公共教育、慈善、科学研究、文学发展、以防止虐待孩童和动物、促进体育竞技发展为目的基金、信托机构、公司;(2)各级政府

---

① 参见金荣学等:《中美高等教育捐赠税收制度比较》,载《教育研究》2013 年第 7 期。

② 参见黄凤羽、刘维彬:《个人非货币性资产捐赠的税收政策——美国借鉴与中国实践》,载《税务研究》2017 年第 10 期。

及组成部门；（3）宗教协会和团体组织；（4）非营利的具有公共目的的墓地公司；（5）退伍军人互助组织和协会。[①] 慈善组织先向所在地的州政府部门注册为公益组织，再向税务机关申请检验，检验合格即取得扣除资格，每年按时提交报表，若年度报表审核未通过就失去扣除资格。慈善组织被分为公共慈善组织和私人基金会，向不同的慈善组织捐赠的扣除限额比例不同。个人向公益慈善组织的捐赠现金或者一般财产，按照调整后毛所得的 50%扣除；捐赠资本利得财产，按照调整后毛所得的 30%扣除，超出以上扣除限额比例的部分可以向后结转 5 年。私人基金会又包括运作型基金会和资助型基金会，个人向运作型私人基金会捐赠时，按照调整后毛所得的 50%扣除；个人向资助型私人基金会捐赠，现金和一般财产捐赠都按照调整后毛所得的 30%扣除，捐赠资本利得财产，按照 20%扣除，超出部分可以递延 5 年扣除，结转的扣除先于当年发生的捐赠扣除。个人直接捐赠的，按照应纳税所得额的 10%扣除。

（二）日本

在日本，个人捐赠被分为一般捐赠和特殊捐赠，只有特殊捐赠才享受税前扣除优惠。特殊捐赠是指向中央政府和各级地方政府、大藏省指定机构和特殊公益促进法人的捐赠。日本《所得税法》的特定公共利益促进法人主要包括基金会、社会福利法人、综合开发机构和私立学校法人，取得扣除资格应当满足以下条件：（1）公益慈善组织在活动范围上不能参与宗教或者政治活动，不得与政治、宗教团体产生特定联系，取得的捐赠款只能用于慈善活动，而且公益慈善组织内部成员之间具有亲属关系的人应在总人数的 1/3 以下；（2）公益慈善组织支出的 80%或者其接受捐款的 70%应当用于特定的公益慈善活动；（3）公益慈善组织应当通过两项测试，一是公共利益测试，除政府资助项目外，应当有 1/5 以上的收入来自捐赠；二是禁止事项测试，主要包括不能有超过一半以上活动为组

---

① 参见赵海益、史玉峰：《我国个人公益性捐赠所得税优惠政策研究》，载《税务研究》2017 年第 10 期。

织内部成员服务，不能有超过一半以上活动为组织内部的交换和联系。符合条件的公益慈善组织应当向公益认定委员会申请，由公益认定委员会进行审查，最终由都道府县知事和内阁府予以法律确认，确定是否享有扣除资格。

日本《所得税法》还规定了个人捐赠扣除的限额、范围，只有个人捐赠达到10000日元才可以扣除，扣除部分为年收入的1/4与10000日元的差值，最高扣除额为应纳税所得额的25%。

（三）德国

德国个人所得税的扣除项目包括私人支出、工作成本、子女抚养费抵扣、其他扣除，公益慈善捐赠支出属于私人支出中的专项支出部分。个人向以公共目标为目的的教会和慈善组织的捐赠，可以按应纳税所得额的5%扣除；向以文化目标的科学性、慈善性为专门目的组织的捐赠，可以享受10%的税前扣除；向以宗教为目的、以社会公益为目的组织的慈善捐赠，可以享受全额扣除优惠；[①]向慈善、科学、文化事业和政治团体等受到特别支持的项目捐赠，在全额扣除的基础上可以再增加应纳税所得额5%的扣除额。捐赠额在25565欧元以上的，可以向后结转7年扣除。此外，个人对具有税收特惠的基金会捐赠，可以享受的最高扣除额为20450欧元，在基金会建立时以资产注入方式对基金会的捐赠，低于307000欧元的部分，可以向后结转7年扣除。

慈善组织获得扣除资格应当具备以下条件：第一，在德国境内成立且受《公司税法》规制的慈善组织才具有提出税收优惠的条件；第二，符合条件的慈善组织以社会公共目的、慈善目的或者与教会相关的目的从事活动；第三，慈善组织应当符合以下6项条件：（1）不以营利作为主要目标；（2）禁止转出利润；（3）不能向任何人支付报酬；（4）应当按照筹资合约规定的目的使用资金；（5）应当在有限时间内使用资金；（6）已经享受

① 参见赵海益、史玉峰：《我国个人公益性捐赠所得税优惠政策研究》，载《税务研究》2017年第10期。

税收优惠的成员或股东，在慈善组织解散时只能收回投资成本，不得高于投资成本而谋取利益。获得扣除资格的慈善组织，税务机关每 3 年评估一次，评估结果不符合条件的，不再享有资格。

三、公益慈善捐赠扣除的适用范围

（一）接受扣除的公益慈善领域

《个人所得税法》第 6 条第 3 款规定，“个人将其所得对教育、扶贫、济困等公益慈善事业进行捐赠，捐赠额未超过纳税人申报的应纳税所得额百分之三十的部分，可以从其应纳税所得额中扣除；国务院规定对公益慈善事业捐赠实行全额税前扣除的，从其规定。”质言之，《个人所得税法》明确了列举的接受扣除的公益慈善领域仅为教育、扶贫和济困，诸如公共基础设施、环境保护、重大传染病疫情等是否属于“等”的范围存在争议，实践中对于公共基础设施的捐赠不能得到扣除。相比而言，《慈善法》对接受扣除的公益慈善领域列举较为全面，包括促进科教文卫事业发展、污染防治、生态环境改善和保护等领域。

（二）接受扣除的最低限额

目前，我国个人捐赠的额度普遍较小，根据中华慈善总会网站的数据，我国个人捐赠总额中 50 元以下的捐赠占到 80%以上。若是较低数额的捐赠进行扣除，不仅捐赠人本身享受的扣除额不大，还增加了捐赠人和受赠人的人力成本和时间成本，以及税务机关为办理扣除业务的工作量，徒增第三次分配的成本。日本《所得税法》规定，个人捐赠只有达到 10000 日元才可以扣除，这一做法大大提升了税收征管效率。我国可以借鉴日本立法经验，设置公益慈善捐赠扣除的最低限额，捐赠只有超过此项限额的，才可以向税务机关申请扣除，以此降低捐赠票据管理成本，提高公益慈善组织、税务机关的工作效率，使资源集中于较大额度的捐赠行为，也可能因此产生较好的公益慈善捐赠激励效果。

（三）公益慈善组织的扣除资格

一般而言，各个国家只允许向符合条件的公益慈善组织捐赠才能享受扣除，向未经过认定的组织捐赠以及直接向受益者的捐赠不能被扣除，享有扣除资格的公益慈善组织的认定条件、程序及监督因各国对社会组织管理而存在较大差异。《个人所得税法》规定，纳税人只有向具有扣除资格的公益慈善组织捐赠的，才可以申请扣除，但目前我国具备扣除资格的公益慈善组织数量较少，截止 2018 年，仅 182 个公益慈善组织具备税前扣除资格。[①] 根据民政部《2018 年民政事业发展统计公报》显示，截至 2018 年末，我国社会组织总量达到 81.7 万，其中社会团体 36.6 万家，基金会 7034 个，[②]享有扣除资格的公益慈善组织只占其中一小部分，这与日益增长的公益慈善捐赠需求不相适应。目前，我国对公益慈善组织管理较为严格，获得扣除资格极其困难，须经财政、税务和民政等部门联合审核认定，但部门之间关系及其各自权力行使边界不清晰，亦缺少协调机制。此外，我国实践中按批次予以认定，公益慈善组织须向财政、税务和民政等部门提出申请并提交材料，流程烦琐，因而获得扣除资格的公益慈善组织数量有限。对此，我国应当对享有扣除资格的公益慈善组织采取“宽准入、严监管”的管理模式，明确财政、税务、民政等部门扣除资格认定的职责和流程，即由民政部门初步审核登记公益慈善组织的资格，经过审核即具有慈善公益性质，再由财政、税务等部门确认依法确认其资格。对于享有扣除资格的公益慈善组织应当予以严格监管，公益慈善组织应按时提交财务报表、活动情况报告，税务机关定期检查考核，严格核查资金流向、开具捐赠票据情况，考核不合格的取消扣除资格。

---

① 《关于 2017 年度第一批公益性社会团体捐赠税前扣除资格名单的公告》（财政部、国家税务总局、民政部公告 2018 年第 60 号）确认了 175 家，《关于 2017 年度第二批公益性社会团体捐赠税前扣除资格名单的公告》（财政部、国家税务总局、民政部公告 2019 年第 69 号）确认了 7 家，合计 182 家。

② 参见《2018 年民政事业发展统计公报》，载民政部网站：http://www.mca.gov.cn/article/sj/tjgb/。

此外,《个人所得税法实施条例》第 19 条规定,只有境内公益性社会组织和国家机关有资格接受捐赠,但《公益事业捐赠法》规定公益性质的非营利事业单位也有资格接受捐赠,二者规定不一致。公益性社会组织包括以公益为目的的基金会、慈善组织和群众团体,公益性非营利事业单位包括不以营利为目的的从事公益的科教文卫、医疗和文化体育机构。如果捐赠人向公益性的非营利事业单位捐赠,因其依据《个人所得税法实施条例》不属于享有扣除资格的受赠人,则不能申请扣除。我国应当统一《慈善法》《个人所得税法》关于公益慈善组织的限定,允许非营利事业单位获得扣除资格。

四、非货币性公益慈善捐赠及其估值

公益慈善捐赠除了货币性捐赠,还有实物捐赠、劳务捐赠、股权捐赠、债券捐赠、知识产权捐赠等非货币性捐赠,但《个人所得税法》《个人所得税法实施条例》均未对非货币性捐赠的价值评估作出规定。《公益慈善事业捐赠个人所得税政策公告》第 2 条规定,如果捐赠货币性资产,以实际捐赠金额为准;如果捐赠股权和房产以外的非货币性财产,则以财产的市场价格确定捐赠金额;如果捐赠房产的,按照个人持有房产的财产原值确定;如果捐赠股权的,按照个人持有股权的财产原值确定捐赠金额。

(一)实物捐赠及其估值

目前,货币性捐赠是我国主要的捐赠形式,但发生自然灾害、公共疫情和重大事故时,特定的救灾物资需求会增加,实物捐赠更具现实意义。对实物捐赠按照其市场价格确认捐赠金额,未区分在市场上交易流通的物品和不在市场上交易流通的物品,对于未在市场上交易的物品无法确定市场价格。对于房产捐赠而言,房产是一种可升值的财产,一律按照房产的财产原值确定捐赠金额,在房产升值的情况下,会使得认定的捐赠金额较低,扣除额减少;相反地,在房产贬值的情况下,捐赠人会选择捐赠房产以获得较高的扣除额,为纳税人提供了较大的税收筹划空间。

我国确定捐赠的实物价值可以采取以下做法：(1)区分已在市场上交易流通的物品和不在市场上交易流通的物品，分别采取不同的价值确定方法，对于前者应依据物品的市场价格确定捐赠金额；对于后者则应按照取得该物品的成本确定捐赠金额或者按照类似物品的市场价格确定捐赠金额，或者先由受赠人金钱购买获得捐赠物，间接为捐赠物进行价值评估，若是捐赠人对受赠人支付的价款有异议，可由财政部门、税务机关联合认定实物价值。(2)捐赠人以房产捐赠的，可以按照市场价格确定捐赠金额，房产过户登记之日是捐赠行为完成之日即价值评估的基准日，第三方评估机构综合考虑此基准日的房产市场价格、房屋折旧等因素做出评估，以合理确定捐赠金额。

(二)劳务捐赠及其估值

劳务捐赠包括志愿服务、做义工、帮扶社会困难群体，属于非货币性捐赠的一种形式，但包括我国在内的多数国家或地区都不允许劳务捐赠的本身价值可以扣除，因为劳务捐赠的价值计量难度大、成本高。但是，美国税法规定因劳务捐赠产生的费用可以视为公益慈善捐赠支出予以扣除。

根据民政部网站公布的《2018年民政事业发展统计公报》显示，截至2018年，我国志愿服务组织数量达到12.9万个，全年约1072万人提供志愿服务，时间总计达到2388.7万小时，涉及领域主要包括社会服务、救灾、社会援助及环境保护。① 志愿者捐赠自己的志愿服务和时间，具有公益性，但我国尚未对劳务捐赠给予扣除，不利于鼓励捐赠人以劳务形式进行捐赠。我国可以借鉴美国做法，捐赠人向享有扣除资格的公益慈善组织提供志愿服务，与服务直接相关的个人衣食住行等费用，若无公益慈善组织予以报销，便可申请扣除。与劳务捐赠无关的私人支出费用、返程汽油费用等不允许扣除。此外，对于劳务捐赠本身的价值，为了简便计算和

---

① 参见《2018年民政事业发展统计公报》，载民政部官网：http://www.mca.gov.cn/article/sj/tjgb/。

防止捐赠人提供虚假信息,可以根据捐赠人所提供劳务的时间、受赠人所在地的小时最低工资标准确定劳务的价值,由受赠人向捐赠人开具捐赠票据,捐赠人凭票申请扣除。

(三)股权捐赠及其估值

《公益慈善事业捐赠个人所得税政策公告》第2条第2款规定,个人捐赠股权的按照个人持有股权的财产原值确定捐赠金额,国家税务总局在2014年发布的《股权转让所得个人所得税管理办法(试行)》明确了各种情形下股权原值的确定方法。但是,对于上市交易的股票和未上市交易的股票统一采取按照财产原值的方式确定捐赠金额并不合理。上市交易股票的价值是由企业的财务状况、运营状况和发展前景决定的,可能升值或者贬值:若是发生股票贬值,按照财产原值确定捐赠金额在本质上是增加个人捐赠的扣除;若是发生股票升值,按照财产原值确定捐赠金额则降低个人捐赠的扣除。我国对上市交易的股票应当按照公允价值确定捐赠金额,以股权捐赠完成日作为评估基准日,但在某些情形下,可以对评估基准日作出调整,例如,捐赠人明知持有的股权因企业经营状况不佳,将面临较大贬值,却提前将其捐赠给公益慈善组织,鉴于此项捐赠非以慈善为目的,乃至具有恶意,应当将股权捐赠完成日向后推迟至公司股权价值变动之日。[①] 对于非上市交易的股票则可以由捐赠人提供捐赠时评估价格而确定捐赠金额,不能提供有效证据的,才按照取得股权的财产原值确定捐赠金额。

捐赠人以持有的股权进行捐赠,会使得公司股权结构乃至控制权发生变化,对企业运营造成不利影响,可能遭受其他股东的抵制。我国在实践中还存在向自己设立、控制的基金会捐赠股权,使之成为逃避税收和隐名控制的渠道。我国应当对股权公益信托捐赠予以扣除。所谓股权公益信托捐赠,是指由捐赠人将股权的控制权交于信托机构,股权的受益权归

---

① 参见葛伟军:《论股权捐赠的法律规制》,载《清华法学》2014年第2期。

指定的公益慈善组织，公益慈善组织可以获得股息、红利、股权转让所得和剩余财产分配所得，以间接方式实现公益捐赠的目的。股权公益信托本身运作成本低、灵活性强，可以满足受托人多种需求，管理也比较专业，应当被我国公益慈善捐赠扣除予以承认。我国应当进一步规范股权公益信托，明确股权受益权和控制权相分离的表决权信托模式，[①]即由捐赠人委托信托机构行使公司重大决策、经营的表决权，捐赠人指定的公益慈善组织作为受益人获得股权的股息和红利所得。公益慈善组织应当向信托机构开具捐赠票据，信托机构再将捐赠票据转交于捐赠人，捐赠人可以持票向税务机关申请扣除。

五、公益慈善捐赠扣除限额的确定

按照扣除限额，公益慈善扣除分为全额扣除和限额扣除，我国除了少部分情形采用全额扣除方式，普遍采用的是限额扣除方式。限额扣除是比例限额内的据实扣除，具体扣除额不仅与各类公益慈善捐赠的估值有关，还受公益慈善捐赠扣除限额的比例、基数以及递延抵扣等扣除限额的约束，《个人所得税法》的相关规定并不完善，亟待加以改进。

（一）扣除限额的比例

按照《个人所得税法》比例扣除的规定，不超过应纳税所得额的30%的部分可以得到税前扣除，30%的扣除限额比例与国外相比明显偏低，会影响个人捐赠的热情。

近年来，我国个人捐赠的总额不断增加，2018年内地接收捐赠总额共1338.33亿元，其中个人捐赠为360.47亿元，占捐赠总额的比重为26.9%，仅次于2008年汶川地震接收的捐赠总额，[②]个人捐赠处于近年来

① 参见田蓉、秦正：《我国股权捐赠模式之法律探索》，载《苏州大学学报》（哲学社会科学版）2012年第6期。

② 参见《2018年度中国慈善捐助报告》，资料来源：http://www.charityalliance.org.cn/givingchina/index.jhtml。

的较高水平且稳步增长，但公益慈善捐赠扣除限额的比例与我国日益增长的个人捐赠总额不相适应。工薪阶层的捐赠在个人捐赠中所占的比重大，适当提高个人捐赠的扣除限额比例，将会刺激个人捐赠，有利于慈善事业发展。对于高收入群体来说，我国个人所得税税率采用超额累进税率，扣除限额比例的适当提高也可以使之通过公益慈善捐赠的方式降低适用的税率，减少应交税额，提高公益慈善捐赠总额。因此，考虑我国财政补贴的价格弹性，将个人捐赠税前扣除限额比例提高到50%左右，可以更好发挥对公益慈善事业发展的引导作用。

（二）扣除限额的基数

我国个人所得税扣除限额的基数为应纳税所得额，应纳税所得额是扣除各种费用、生计成本、特许扣除和附加扣除以后的余额，余额本身基数小，捐赠人按照比例扣除，可以享受的税前扣除额度也少。有的国家或地区采取的是以综合所得总额的20%扣除，综合所得总额是未扣除各种成本、费用等支出前的数额，比应纳税所得额的范围更广，基数更大，以综合所得总额为基础计算的扣除限额更大，对捐赠人也更有利。我国慈善事业发展处于起步阶段，个人捐赠目前占比还较小，为了鼓励个人的捐赠行为，提高捐赠积极性，我国可以借鉴相关国家与地区的做法，以综合所得总额作为扣除限额的基数，从而扩大慈善捐赠的扣除限额。

（三）递延扣除

《企业所得税法》第9条规定，超过企业年度利润总额12%的部分可以向后结转3年扣除，《个人所得税法》未规定递延扣除制度，《个人所得税法实施条例》规定，在超过个人应纳税所得额30%的部分不能向后结转扣除。美国《国内收入法典》规定，对于价值高、不能拆分捐赠的捐赠物，在当年无法全部扣除的情况下，可以向后结转5年扣除。德国税法规定，个人捐赠额在25565欧元以上的，可以向后结转7年扣除；在基金会成立时，以资产注入方式对基金会的捐赠，低于307000欧元的部分可以向后结转7年扣除。禁止向后结转扣除增加了个人的捐赠成本，不利于鼓励个人的大额捐赠，也可能会与捐赠人的捐赠初衷相违背。此外，超出年度扣除限额的部分不能结转扣除，并不一定能保障财政收入，捐赠人可能采取分次跨年度捐赠加以规避。例如，陈发树曾经承诺捐赠市值 83 亿元的股权，但因捐赠价值超过了应纳税所得额 30% 的扣除限额，未办理捐赠手续。[①] 我国可以借鉴国外先进经验，允许个人捐赠额超过扣除限额的部分向后结转扣除，以鼓励捐赠人的大额捐赠，也支持公益慈善组织在物资紧缺情形中能够快速筹集到大量物资。但是，为了保证财政收入，我国应当设置一个递延期限上限。一般而言，递延期限上限与扣除限额比例成反比，扣除限额比例设置越高的，结转期限越短。当前，我国扣除限额比例为 30%，可以设置 5 年的递延期限，超过期限的不能再予以扣除。

① 参见葛伟军：《论股权捐赠的法律规制》，载《清华法学》2014 年第 2 期。

第三章　个人所得税的资本维度

第一节　股息红利所得重复征税

一、股息红利所得重复征税概述

（一）重复征税的类型化

重复征税是指对同一征税对象征收多种税收或多次征税，具体分为3种类型（表3-1）：（1）法律性重复征税，因不同国家或地区关于税收管辖权的规定发生交叉重叠而产生的，即两个及以上国家或地区的税法对同一纳税人、同一税源、同一税种，采取不同的征税原则而引起的重复征税；（2）税制性重复征税，基于法人拟制说，法人并非实际的经济主体，无独立的税收负担能力，因自然人股东与企业本质上是同一纳税人，对同一税源征收类似或不同税收，根本在于复合税制的普遍实行；（3）经济性重复征税，基于法人实在说，法人并非法律创造而是被法律发现的，其税收负担能力是独立的，企业与股东不能被认定为同一纳税主体，但二者为同一项收入缴纳了同一或类似税款。

表3-1　重复征税的类型

	主体	税源	税种
法律性重复征税	同一纳税主体	同一税源	同一税种
税制性重复征税	同一纳税主体	同一税源	类似或不同税种
经济性重复征税	不同纳税主体	同一税源	同一或类似税种

股息红利所得是指自然人股东向企业进行投资,因企业经营收益而分得的相应的股息、红利。企业经营收益分配前,已缴纳了企业所得税;分配后,自然人股东就此项所得缴税个人所得税,存在税制性重复征税。依据我国个人所得税制,参与上市公司股息红利分配的股东可以享受减征或免征个人所得税的待遇,以及个体工商户、独资企业和合伙企业等特定的经营性组织免收企业所得税,上述情形中企业所得税和个人所得税双重征税被消除,但对于绝大多数企业而言,股息红利仍普遍存在。

(二)股息红利所得是否重复征税的争议

企业层面的应税所得额包括向股东支付的股息,股东层面则就分配的股息红利缴纳个人所得税,此种是否构成重复征税,存在相互对立的观点。

1. 基于法人实在的不重复征税

1868 年,关于法人本质的争论首次出现,基尔克(Otto Gierke)为代表的法人实在说主张,法人同自然人一样,是客观存在且具有自己的主观能动意识,而非被法律所创造出来的主体。[①] 基于法人实在说,法人具有独立的经济利益,能够成为纳税人,与股东纳税人相互独立,对股息红利所得可以分别征收企业所得税、个人所得税而不构成重复征税。受法人实在说的影响,作为大陆法系国家的德国于 1891 年建立对企业和股东分别征税的所得税制,称之为古典所得税制。

2. 基于法人拟制的重复征税

以萨维尼(Friedrich Savigny)为代表的法人拟制说主张,法人是由自然人通过法律手段拟制而成的,法人资格是自然人根据自己的意识而人为赋予的。法人本身并无自己的意识,法人的行为是在自然人意识操纵下进行的,只有自然人才具有完全的行为能力。[②] 基于法人拟制说,法人仅是"纯粹的拟制物",是"观念上的整体",自然人的意志通过企业而产

① 参见江平:《民法学》,中国政法大学出版社 2000 年版,第 131—134 页。

② 参见龙卫球:《民法总论》,中国法制出版社 2001 年版,第 360 页。

生利益，企业是将利益传送给自然人的输送系统，因此针对企业利润的同一税源应当征收一次所得税，若分别征收则构成重复征税。受法人拟制说的影响，英美法系国家形成消除重复征税的所得税制设计，包括分离税率型、股利扣除型、股利免税型和归集抵免型等模式，并且逐渐成为主流学说。①

法人实在说为法人的民事行为提供了便利，有利于控制交易对于股东个人的风险，但在税收领域存在固有局限性：(1)法人实在说推崇纯粹的责任限制，模糊了股东与企业之间的紧密联系；(2)对法人产生起源的探寻未结合法人产生所需要的物质生活条件，即社会经济关系本质上是由生产力发展水平所决定的，这是法人的本质所在；(3)法人本身并非当然存在而由法律所发现的，是立法者根据需要选择性予以承认。因此，法人是拟制形成的，以法人拟制说为基础，股息红利所得征税构成典型的税制性重复征税。

（三）股息红利所得重复征税的负效应

1. 加重纳税人的税收负担

按照古典所得税制的观点，股息红利所得须在企业层面缴纳企业所得税，分配后在股东层面再缴纳个人所得税，实际税收负担沉重。我国对股息红利所得的个人所得税采取差别化征收规定，按照自然人股东持股期限长短不同，股息红利计入应纳税所得额的比例有所差别，但差别化征收的对象仅限于上市公司或挂牌公司，并未有效缓解大多数纳税人的税收负担。此外，虽然存在企业间股息免税的税收优惠政策，也仅限于对作为被投资者的上市公司持股时间超过12个月的投资收益。

2. 税负不公产生扭曲效应

重复征税所导致的税负不公，促使纳税人寻求更少负税的替代性经济行为，以获取更大的收益。股东在企业组织形式上更倾向于仅被要求

① 参见谢鸿飞：《论民法典法人性质的定位：法律历史社会学与法教义学分析》，载《中外法学》2015年第6期。

缴纳个人所得税。由于上市公司与非上市公司的差别化税收政策,股东基于对经济利益的追求,也更倾向于选择上市公司,税收政策的扭曲效应压缩了中小企业融资渠道,在一定程度上加重了中小企业融资难。质言之,税收非中性引发的一系列经济调整,将会对经济社会的可持续发展产生不利影响。

3. 降低资本市场活力

股息红利重复征税也会降低资本市场的活力。一方面,资本市场投资收益可以分为股息红利和资本利得。若是股息红利和资本利得的收入相同,由于股息红利在企业层面和股东层面环节分别缴纳税款,以致最终取得的分配利润净值明显低于资本利得,将会导致股东选择买卖股票获取资本利得而不是长期持有。另一方面,企业的融资方式主要有两种:一种是发行新股或追加投资的权益融资;另一种是发行债券或申请贷款的债务融资。由于债务融资的成本可以进行税前扣除,而权益融资被重复征税,以致企业将倾向于采用债务融资,而两种融资方式的差异将影响企业的资本组成结构,进而对资本市场的活力造成影响。

4. 削弱税制的国际竞争力

近年来,为了吸引国际投资,实现就业增加和经济增长,各国竞相降低企业所得税的税率,以提高自身税制的国际市场竞争力。例如,英国自2008 年将企业所得税税率由 30%减至 28%后,又分别在 2011 年、2012 年、2013 年、2014 年、2015 年、2017 年将税率降至 26%、24%、23%、21%、20%、19%,总体下降了 11 个百分点。2017 年美国特朗普政府的税收法案将联邦公司所得税的税率一次性降低了 14%。2008 年,我国也通过统一内外资企业所得税率,一次性将企业所得税率下调了 8 个百分点。但是,随着 OECD 成员国普遍下调企业所得税的税率,我国调整后的企业所得税税率仍相对较高。股息红利所得重复征税,在一定程度上削弱了我国税制的国际竞争力。

（四）我国股息红利所得征税的法制现状

个人所得税征收的初期，我国社会主义市场经济处于萌芽阶段，公众对于个人所得税的理解不深，并且个人收入结构较为单一，家庭的主要收入多为工资薪金所得，税收征管水平也较为落后，个人所得税分类计征模式能够充分发挥征管便捷、成本较低等优势。改革开放以来，我国经济社会发展飞跃式前进，但由于个人所得税的税制不健全及其调节机制不完善，难以发挥个人所得税稳定市场经济、调节贫富差距的功能，分类计征模式已不能适应经济社会发展的需要。为健全个人所得税制，我国采取了混合计征模式，其中股息红利所得征税也由"古典制"转变为了"修正的古典制"，通过部分股利扣除制对古典所得税制税负较重的问题予以修正。

1980 年我国第一部《个人所得税法》颁布，随着经济条件、社会背景、国际环境的变化而进行 7 次调整，但股息红利征收个人所得税的相关规定基本沿用至今。1980 年《个人所得税法》规定，利息股息红利所得适用 20%比例税率，《个人所得税法实施细则》第 4 条进一步明确，利息、股息、红利所得是指存款、贷款及各种债券的利息和投资的股息红利所得。1993 年修正的《个人所得税法》关于利息股息红利的相关规定并未发生实质性的变化，《个人所得税法实施细则》对于股息红利所得予以重新定义，即利息、股息、红利所得是指个人拥有债权、股权而取得的利息、股息、红利所得。此后《个人所得税法》或《个人所得税法实施细则》的历次修改中，关于利息、股息、红利所得的规定，仅条款位置发生变化，对股息红利所得重复征税问题未作明确回应。

2005 年 4 月，我国启动消除流通股和非流通股制度差异的股权分置改革，引发股市震荡。同年 6 月，财政部、国家税务总局出台《关于股息红利个人所得税有关政策的通知》（财税〔2005〕1102 号），规定自然人股东从上市公司取得的股息红利所得，暂减按 50%计入个人应纳税所得额。此项优惠政策旨在以税收手段促进市场投资，提升资本市场信心，保障股权分置改革的顺利进行，但在股息红利率偏低的市场背景下，资本市场对此的反应未达预期效果。

2012 年，财政部、国家税务总局、证监会三部门联合发布《关于实施上市公司股息红利差异化个人所得税政策有关问题的通知》（财税〔2012〕85 号），对上市公司分得的股息红利按持股时间长短实行差异化个人所得税征收，持股时间越长，所缴纳的税率越小，以更大的收益吸引自然人股东对股票更长时间的持有，具言之，持股时间在 1 个月内，金额计入应纳税所得额；1 个月到 1 年的，减按 50%计入；1 年以上的，减按 25%计入。此政策是针对我国资本市场的特殊情形作出的创新性改革，通过税收优惠政策对资本市场加以调控，抑制自然人股东的短期投资，降低企业债务融资比重，推动企业优化融资结构。

2015 年，财政部、国家税务总局、证监会三部门联合发布的《关于上市公司股息红利差异化个人所得税政策有关问题的通知》（财税〔2015〕101 号）规定，持股时间 1 年以上的自然人股东暂时免征个人所得税，持股时间为 1 个月内以及 1 个月到 1 年的，分别按全额或减按 50%计入应纳税所得额。

2020 年，《国务院关于深化北京市新一轮服务业扩大开放综合试点建设国家服务业扩大开放综合示范区工作方案的批复》（国函〔2020〕123 号）在北京试点公司型创业投资基金的税制创新。根据《个人所得税法》的规定，合伙企业仅由合伙人就分配所得缴纳个人所得税，因此合伙型创业投资基金可以避免股息红利重复征税问题。但是，我国对于公司征收所得税采取古典所得税制，在公司和自然人股东层面分别纳税，重复征税的累计税负担达 40%以上。因此，国务院批复对于公司型创业投资企业的企业所得税予以税收优惠政策试点，即符合条件的企业按年末的自然人股东持股比例免征企业所得税，个人所得税仍按照规定缴纳，创造性地缓解了公司型创业投资企业的经济性重复征税问题。

《个人所得税法》的历次改革以及相继出台的有关政策，在一定程度上对于消除股息红利所得重复征税发挥了缓解作用，但均未能彻底解决问题。股息红利所得的重复征税，一方面，降低了自然人股东以股息红利为获取投资收益方式的积极性；另一方面也减弱了企业的分红积极性，不利于资本市场的健康发展，对市场经济造成扭曲效应。

二、消除股息红利所得重复征税的模式

目前，国际上股息红利所得征税可以分为两大类，即以“法人实在说”为基础的古典所得税制和以“法人拟制说”为基础的一体化所得税制。所得税制建立之初，各国从增加财政收入出发，主要采取古典所得税制，但随着所得税在市场经济中地位愈发重要，古典所得税制存在重复征税的弊端亦逐渐显现。美国曾经是古典所得税制的典型代表，后逐渐开展两税合一的探索，例如对于个人股息收款人和公司股息收款人分别采取不同的方法以消除或减轻重复征税。① 特朗普上台以后，大力推行减税政策，2017 年《减税与就业法》被称为是 20 世纪 80 年代以来美国税收史上最大规模的减税，主要内容是减低企业所得税税率，提高个人所得税扣除标准，达到大幅度降低美国纳税人的税收负担、刺激制造业回流、扩大就业的目的。美国逐渐由传统的古典所得税制走向了修正的古典所得税制。一体化所得税制旨在消除股息红利所得重复征税，又分为两个层面七种模式。

（一）企业所得税解决模式

1. 合伙制

合伙制认为企业本质上是投资者之间的合伙行为，因此合伙人层面征收个人所得税，企业层面不予征收企业所得税。此模式优势在于彻底消除了重复征税问题，实现了税制的横向公平，投资者和企业的积极性较高，能够提升经济效率。但是，企业层面的税收完全取消，成为单一所得

① 参见魏志梅：《企业所得税与个人所得税一体化的国际比较与借鉴》，载《税务研究》2006 年第 9 期。

税制,严重影响财政收入。

2. 完全合并制

完全合并制以个人所得税分类计征模式为基础,若自然人股东对企业具有实际控制权,则自然人股东与持股企业的所有资产和负债抵销所得和内部交易后予以合并。此方法缺陷较为明显:(1)自然人股东对企业是否具有实际控制权,难以判断;(2)若是满足合并条件,股东与企业的资产、负债须完全合并,合并会计报表会高估企业集团的财务风险,若不满足合并条件,合并会计报表会低估企业集团的财务风险;(3)依托个人所得税分类计征模式,无法全面反映税收负担能力,不符合量能课税原则。

3. 股利扣除制

股利扣除制在自然人股东层面正常缴纳个人所得税,在企业层面,从应纳税所得额中扣除部分或全部股利,就扣除后的所得计算缴纳企业所得税。股利扣除制按照扣除股利的多少分为部分股利扣除制和完全股利扣除制两种:前者并不能完全消除重复征税;后者可以彻底消除重复征税,允许扣除的股利比例越低,越接近古典所得税制。

4. 差别税率制

差别税率制,又称分率制或双税率制,始创于德国。根据企业利润的不同类别而规定高低不同的企业所得税税率。为了减少重复征税问题,对分配利润征收相对较低的税率,而对保留利润征收相对较高的税率。但是,若是分配利润和保留利润征收的税率差距过大,会使企业所得税变成未分配利润税,影响企业是否进行利润分配的抉择;若是分配利润和保留利润征收的税率差距过小,基本上等同于修正的古典所得税制,无法有效消除重复征税问题。

(二)个人所得税解决模式

1. 归集抵免制

归集抵免制指企业利润正常缴纳企业所得税,利润分配给自然人股东后，在缴纳个人所得税时，已缴纳税款部分或全部从应纳税款中抵免。完全归集抵免制顾名思义是指将企业分配利润所缴纳的企业所得税款，全部抵免自然人股东应缴纳的个人所得税款，若是多出尚未抵免的，可以下期继续抵免或当期直接退税，此方法可彻底消除股息红利所得重复征税，但对市场经济条件、税制环境等要求较高。部分归集抵免是将企业已经缴纳的企业所得税在个人所得税缴纳阶段依法部分抵免，抵免幅度越大，纳税人缴纳的个人所得税越低，重复征税程度也就越轻缓。

2. 部分计征制

部分计征制是指在自然人股东层面，将自然人股东所分得的股息、红利按照一定比例征收个人所得税，而在企业层面，正常缴纳企业所得税。[①] 2015 年《关于股息红利个人所得税有关政策的通知》（财税〔2005〕102 号）规定，上市公司自然人股东的股息收入，暂时按照个人所得税应税税额的 50%征收所得税，即为部分计征制，可以部分消除双重征税。部分计征制虽然在一定程度上减轻了重复征税问题，但是计征比例的设定，极易引发股利税负过低等税制不公问题。

3. 股利抵免制

股利抵免制，在企业层面中正常缴纳企业所得税，在自然人股东层面对股息红利征收个人所得税但予以一定税收优惠。此方法虽能减轻重复征税，但无法兼顾税制公平。税制公平程度取决于税收优惠，在一定限度内，税收优惠越高，税制也就越公平；但超出这个限度，可能会出现过分优惠问题。例如，在芬兰，投资利润的年化收益率低于 8%且不高于 150 万欧元，其中的 3/4 实行免税；超过 150 万欧元的部分予以 20%免税，或年化收益率高于 8%的部分予以 1/4 免税。[②]

---

① 参见王逸：《公司所得税与个人所得税一体化选择》，载《税收征纳》2006 年第 6 期。

② See OECD, "The OECD Tax Database", http://www.oecd.org/fr/fiscalite/politiques-fiscales/tax-database/, February 12, 2021.

三、消除我国股息红利所得重复征税的模式选择

世界各国为了吸引国际投资,实现就业和经济增长,纷纷降低企业和自然人股东的所得税负担,我国税制国际竞争力亟待提升。借鉴所得税制改革的国际经验,我国应当采取归集抵免制以消除股息红利所得重复征税:(1)此模式仅在自然人股东层面进行综合抵免,企业所得税正常缴纳,有利于征收管理;(2)此模式具有可控性,可以根据经济状况、承受能力等因素及时进行调整,灵活度较高;(3)此模式有利于最大限度地消除股息红利所得重复征税问题。消除股息红利重复征税须统合企业所得税和个人所得税,并对整体税制结构、国际环境、经济发展状况予以综合权衡,是一个循序渐进的过程,部分归集抵免制可作为消除股息红利所得重复征税的过渡性选择,待实施条件成熟再推进完全归集抵免制。

(一)过渡性选择:部分归集抵免制

在部分归集抵免制模式中,用于分配的股息红利所缴纳的企业所得税,在自然人股东层面缴纳个人所得税时被允许部分抵免,而具体抵免幅度则由一国衡量本国资源配置效率、财政汲取能力、国际税收吸引力等综合因素而灵活地确定,不受企业本身利润是否分配或以何种方式分配的影响,有利于市场经济发展、促进资本的流通和税收公平。不同国家在不同时期、经济背景、发展阶段抵免额度都不相同,并且根据不同的企业类型而设置不同的抵免额度,符合经济权利义务对等的实质公平原则。

部分归集抵免制的计算复杂,对税收征管水平提出了较高的要求,税务机关需要全面掌握纳税人的繁杂信息,在大数据时代,信息化水平已大幅提高,对企业及其自然人股东的信息掌握程度显著增强,为部分归集抵免制度的实施提供了保障。此外,实行部分归集抵免制易引发国家间的税收歧视,例如,部分欧盟成员国因欧盟内部的资本劳动较为

活跃,税收歧视问题凸显,而纷纷放弃了此模式。为消除税收歧视,我国已经与世界上大多数经常交易的国家签署了一百多份税收协定,保障相应税收优惠待遇得以落实,这为部分归集抵免的适用创造了条件。

(二)长期性目标:完全归集抵免制

完全归集抵免制是将已经缴纳的企业所得税在股息红利所得缴纳个人所得税时从应纳税额中予以金额抵扣,若是缴纳的企业所得税款多于个人所得税可以抵扣的数额,则下期补扣或当期退税避免对未抵扣部分的重复性征收。完全归集抵免制模式彻底消除了股息红利所得重复征税问题,因此分配股息红利的比重由市场自由调节,避免税收对股息红利分配决策的不当影响。但是,实行完全归集抵免制须具备以下条件:(1)此模式会减少财政收入,只有一国发展到一定水平,财政才能够承受完全归集抵免制带来的负效应;(2)此模式要求相关国家对已分配利润和未分配利润均适用统一税率,以保证各国之间公平的税收待遇;(3)此模式对所得税制及会计核算提出较高的要求,需要对自然人股东所得精准计算并且确定抵免数额,需要现代化的征管手段予以保障。我国目前实行的是修正的古典所得税制,虽然消除了重复征税问题,但收入分配公平方面明显优于完全归集抵免制。为兼顾效率与公平,实行完全归集抵免制还应当根据经济社会发展情况调节企业所得税的税率,实现资源配置的优化,提高我国税制在国际经济市场上的竞争力。

“两税合一”是世界所得税改革的大趋势,完全归集抵免制虽然计算繁杂、执行成本较高,但其消除重复征税的功能已经得到各国普遍认同。从长远来看,随着科技的发展以及税制的不断健全,采用归集抵免制将是消除股息红利所得重复征税的最佳方式。

第二节　上市公司股票期权所得征税

一、上市公司股票期权所得征税概述

（一）股票期权所得征税的界定

随着公司经营权与所有权分离，员工与公司之间矛盾凸显，[①]旨在员工与公司之间实现利益捆绑的股票期权开始出现。股票期权是指公司依照法律规定的程序，给予本公司员工的特定权利，即员工在满足一定条件下，可在特定的时间内以特定的价格买卖一定数量的股票。当公司股票上涨，符合条件的员工以优于市场价格买卖公司股票，实现其股票期权的权利而获得一定的收益；当公司股票下跌或没有变动，符合条件的员工也可以选择不行使此项权利。股票期权的买方为符合条件的上市公司员工，其享有行使权利与不行使权利的选择权，但公司授予员工股票期权时，会设置转让、出售等方面的权利约束，以保证员工不会短时间内出售股票期权，而是关注如何提升公司股价，从而提高公司的竞争力，因此股票期权并非是一种不受约束可以自由行使的权利。

股票期权的创设目的是对员工的一种长期激励，实现员工与公司利益的长期捆绑，这是股票期权的创设意义。[②] 股票期权本质上是一种特殊的薪酬制度，目的在于缓和员工与公司之间的利益冲突，使之利益趋同以降低运营成本与激励成本，并促进员工工作积极性、提高公司竞争力。股票期权因其制度优势在发达国家受到广泛适用，在美国，上市公司在不同程度上以股票期权来增强公司的竞争力，在我国，高新技术公司也较早

---

① 参见周仁俊、高开娟：《大股东控制权对股权激励效果的影响》，载《会计研究》2012 年第 5 期。

② 参见张佩钰：《我国股票期权激励制度的法律问题研究》，载《法学杂志》2012 年第 2 期。

引入股票期权,成为留住科技人才的重要途径之一。

股票期权所得征税是指对纳税人所获得股票期权的收益予以征税。一般而言,我国股票期权的交易类型分为公开交易型与非公开交易型,两者就交易过程而言具有同一性,但在税收征收方式上存在明显差别。①

(二)股票期权所得征税的目的

1. 财政目的

股票期权所得征税符合一国财政目的,相较于个人的其他收入,股票期权所得属于高额收入,属于持续稳定的财富来源。另外,股票期权本质上也是个人通过劳动获取收入,应当征收个人所得税。

2. 收入分配目的

上市公司员工行使股票期权,一般优于市场价格买卖股票,存在巨大的升值空间,实现股票期权的员工易获得巨大的收益。为避免因为收入差距造成的社会矛盾激化,对股票期权所得予以征税尤为重要。

(三)我国股票期权所得征税的立法

1998 年,国家税务总局发布《关于个人认购股票等有价证券而从雇主取得折扣或补贴收入有关征收个人所得税问题的通知》(财税〔1998〕9 号),规定雇员实际支付的股票等有价证券的认购价格低于当期发行价格或市场价格的数额,属于该个人因受雇而取得的工资、薪金所得,应在雇员实际认购股票等有价证券时,计算缴纳个人所得税。

2005 年财政部、国家税务总局发布《关于个人股票期权所得征收个人所得税问题的通知》(财税〔2005〕35 号)以及 2006 年国家税务总局发布《关于个人股票期权所得缴纳个人所得税有关问题的补充通知》(国税函〔2006〕902 号)对股票期权所得的性质予以确定,并规定了一系列征收规则。2009 年财政部、国家税务总局发布《关于股票增值权所得和限制性股票所得征收个人所得税有关问题的通知》(财税〔2009〕5 号)规定,

① 参见汤洁茵:《基于人力资本投资的股票期权课税制度改革》,载《甘肃政法学院学报》2010 年第 6 期。

对于个人从上市公司(含境内、外上市公司)取得的股票增值权所得和限制性股票所得,比照《关于个人股票期权所得征收个人所得税问题的通知》《关于个人股票期权所得缴纳个人所得税有关问题的补充通知》的有关规定,计算征收个人所得税。

为了积极应对市场的变化,鼓励股票期权的发展,2009 年财政部、国家税务总局发布《上市公司高管人员股票期权所得缴纳个人所得税有关问题》(财税〔2009〕40 号)规定,高管行权困难时,可以享有不超过 6 个月的宽限期,予以分期缴纳相应税款。2016 年财政部、国家税务总局发布《关于完善股权激励和技术入股有关所得税政策的通知》(财税〔2016〕101 号)再次对上市公司股票期权、限制性股票和股权奖励适当延长纳税期限。2018 年,为贯彻落实修改后的《个人所得税法》,财政部和国家税务总局又发布《关于个人所得税法修改后有关优惠政策衔接问题的通知》(财税〔2018〕164 号),规定在 2021 年 12 月 31 日前,居民个人取得符合条件的上市公司股票期权不并入当年综合所得,全额单独适用综合所得税率表计算纳税,2022 年 1 月 1 日之后的股权激励政策另行明确。

二、上市公司股票期权所得征税的国外立法例

(一)美国

美国商业制度较为发达,是世界上最早实行股票期权的国家,也形成较为完善的股票期权征税制度。美国公司十分重视股票期权对员工的激励作用,大范围地采用激励型股票期权,其授予对象主要是上市公司高管、核心技术人员。

根据美国《国内收入法典》第 426 条规定,股票期权分为激励型股票期权与非激励型股票期权。① 依据美国《国内收入法典》,激励型股票期

① 参见聂皖生:《股票期权计划:理论、方案与实务》,上海交通大学出版社 2007 年版,第 167—168 页。

权应当符合以下条件:(1)股票期权计划必须得到董事会的书面批准;(2)公司应当制作书面计划,列明授予期权资格候选人的名单及授予股票的数量;(3)行权价格不能低于期权授予日公司股票的公平市场价格;(4)股票期权的被授予人必须是公司员工;(5)经董事会批准的期权计划必须在10年之内授予被授权人;(6)如果受益人拥有公司母公司或子公司10年以上的股权,期权必须在授予日后5年内行权,且行权价格不得低于授予日公司股票价值的110%;(7)期权计划所授予的期权,应在员工终止与公司的雇佣关系后的3个月内行权;(8)股票期权不得转让,只能由期权持有人在有效期内行权,但可以通过遗嘱、法定继承进行转让。股票期权授予较为灵活,但不符合有关规定的股票期权不能依法享有激励型股票期权的税收优惠。非激励型股票期权的设置条件则比较宽松,基本上不存在限制条件,授予价格、对象、行权日等都较为自由,并且未建立相应的监控环节。①

美国对于不同类型的股票期权设置了差异化税收优惠政策。给予激励型股票期权较大的税收优惠,除了递延纳税优惠以外,员工持有股票时间越长享受更低的税率。符合条件的员工行使激励型股票期权,对于股票的行权日市场价格与行权价格之间的差额按资本利得收入缴纳个人所得税,而非按照普通收入征税,并且可延迟至股票出售时与资本增值收益共同纳税。出售股票的时间距离赠与日超过2年,并且距离行权日超过1年的,将行权日股票的市场价格与股票的出售价格之间的差额纳入资本利得征税。② 激励型股票期权所得的税收优惠的目的在于,发挥了股票期权长期激励的制度优势,鼓励员工长期持有本公司的股票,确保员工队伍的稳定性,避免不必要的经营损失。对于非激励型股票期权,其应纳税额计算为员工行权日股票的市场价值减去行权实际价格所得的差额,按普通所得税征税,且适用税率与持股时间相关,最高税率35%,持股时

① 参见刘哲:《美国股票期权企业所得税政策分析》,载《涉外税务》2009年第7期。

② 参见许海峰:《股票期权》,人民法院出版社2005年版,第210页。

间达到一定期限，最低可以按照15%的税率征收资本利得税。①

（二）法国

法国早在19世纪就进行了员工股份制的尝试，但由于经验不足、理论缺陷，未被广泛地推行。直到20世纪70年代，为了适应市场经济的发展，提升本国公司在全球范围内的竞争力，法国正式颁布了员工持股计划的相关法规。

在法国，任何公司员工都具有认购或购买本公司股票期权的权利，但行使此权利须满足一定的工作年限条件，一般为工作半年以上，相应的资格条件还须由股东大会予以确认。② 法国股票期权制度的最大特点是未区分股票期权的种类，但设定了相应的禁售期以保障股票期权达到激励员工的目的，并且防止公司高管假借股票期权之名而行恶意逃避税款之实。在市场经济中，资本的流通是提升股价最有效的方法，禁售期限制了资本的流通，以致被授予股票期权的员工不能得到实际利益，难以有效增加公司员工的积极性。③ 员工持有公司的股票期权采取记名式，受禁售期限制，未满5年不得轻易出售，但存在解雇、退休、结婚等例外情况。④

法国对不同阶段的股票期权行权适用不同的征税方式，以保证税收负担的合理性：(1)禁售期届满时出售股票的，持有员工可以免除缴纳股票的市场价值减去行权实际价格差额的税收；(2)禁售期未满而出售股票的，持有员工不享受免除缴纳股票的市场价值减去行权实际价格差额的税收待遇；(3)禁售期届满后长期持有的，按持有期限分别确定税率，超过2年以上，征收税率一般为27%，未满2年的，则需要适用41%的税率。⑤

---

① 参见潘丽：《探讨股权激励中个人所得税政策的完善》，载《中国证券期货》2013年第7期。

② 参见王强、黄河愿：《ESOP对企业全员激励作用——员工持股计划（ESOP）实现企业完善的股权激励》，南海出版公司2004年版，第83页。

③ 参见邹龙：《经理股票期权理论与实践》，陕西人民出版社2005年版，第5—6页。

④ 参见邹龙：《经理股票期权理论与实践》，陕西人民出版社2005年版，第6页。

⑤ 参见王新红：《员工持股法律问题研究》，载《时代法学》2003年第2期。

此外，员工以自己的工资收入购买本公司的股票，可以减免个人所得税，但减免数额以每年最高3000法郎为限。

（三）英国

英国的股票期权规定十分详尽，每种股票期权设定了相应的实施条件，以防止股票期权激励措施滥用，但也造成监管成本过高。不同的股票期权享受不同的税收政策，繁杂的税收制度阻滞了股票期权计划推进，不利于简化税收改革的目的。①

英国股票期权分为四类：（1）公司性股票期权适用于本公司员工，一般设定限售期以实现其激励目的。（2）储蓄性股票期权也适用于本公司员工，但需要公司与银行机构签订相关协议，公司将员工部分工资款存入指定的银行账户，在行权条件达成之时，员工可以选择两种方式实现股票期权，一是银行还本付息，二是继续持有此部分股票期权。此类股票期权除退休、疾病、死亡等特殊情况外，在行权条件未达成时一般不能出售。（3）虚拟性股票期权适用于公司管理层，属于向公司管理层发放的现金奖励。（4）企业管理性股票期权，实行主体主要为中小企业，门槛较低、税收优惠幅度较大，员工可以免交个人所得税，但仍须缴纳资本增值税。企业实施股票期权所发生的成本可以在税前利润中予以扣除。②

股票期权按是否被税务机关批准，又分为经批准的股票期权与未经批准的股票期权，两者征税环节、优惠政策等不相同：员工被授予经批准的股票期权时，不缴纳税款，行权若符合一定期限条件（一般为3—8年）也不需要缴纳税款，但出售时按市场价值减去行权实际价格的差额计税，税率为个人所得边际税率，但每年每人享有7900英镑的免税额度；员工被授予未经批准的股票期权时，一般不予征税，但行权时按市场价值减去

① 参见汤姆·托里：《员工股票期权获利策略》，张新译，电子工业出版社2009年版，第69—70页。

② 参见银红武：《境外上市外资股股权激励法律冲突问题研究》，载《湖南商学院学报》2011年第3期。

行权实际价格的差额计为工薪所得，缴纳个人所得税，出售时则与经批准的股票期权一致。

三、上市公司股票期权所得的分类征税

依据授予时是否存在限制条件，我国股票期权分为限制性股票期权与非限制性股票期权，这无法体现股票期权激励性与否，难以有效鼓励员工长期持有本公司的股票。[①] 股票期权的实施包括授予、行权、持有、转让等环节，我国股票期权所得征税采取拆分征收，即根据股票期权所处阶段不同，设置不同的征税方式，继而规定不同的征税规则：(1)非限制性股票期权的限制条件较少且激励性较弱，因此授予价格一般与市场价格差距不大。员工为避免股票期权贬值，一般会在短时间内将手中股票期权予以出售，以避免不必要的损失，因此几乎不会产生长期激励的作用，在授予阶段按照工资薪金所得予以征税；(2)限制性股票期权则仅在行权阶段征税，员工在行权前后的角色发生变化，由雇佣者转变为公司的自然人股东，对于公司的股价涨跌更加敏感。[②] 我国股票期权所得征税主要存在以下问题：(1)未合理区分限制性和非限制性股票期权，不能反映股票期权的激励作用；(2)购买股票期权的费用不计入成本，而是直接进行收益计算，容易造成收支失衡；(3)缺乏递延纳税规则等税收优惠，造成股票期权的税负过高，不利于股票期权制度的长久发展。合理设置股票期权的类别成为制度有效实施的基础，我国应当依据股票期权是否以实现长期激励为目的，划分为激励型股票期权与非激励型股票期权，并且基于税收成本与风险之间的平衡，合理确定股票期权所得的征税环节。

---

① 参见刘哲：《美国股票期权企业所得税政策分析》，载《涉外税务》2009 年第 7 期。

② 参见辛连珠等：《完善改进股权激励企业所得税政策》，载《中国税务》2016 年第 12 期。

（一）激励型股票期权征税及其环节

激励型股票期权是税收优惠政策的主要对象，应当设置严格标准，相当于限制性股票期权：[①]（1）授予对象的限制，即股票期权应当具有一定人身性，只有本公司的员工才可以被授予。一般而言，独立董事拥有上市公司已发行的1%以下股份不会降低其独立性或影响较低，因此上市公司可以此比例设定独立董事股票期权激励的限额。[②]（2）行权价格与等待期的限制。股票期权重要目的之一是实现公司与员工之间的利益捆绑，通过激励员工促进公司良性发展。过高或过低的行权价格都不利于促进员工的积极性，应当对行权价格予以限制。等待期的长短也直接影响员工是否可以及时的获得股票期权的利益，[③]我国股票期权设定一定行权限制期，一般为5—10年，并在此期限之上设定相应的行权等待期限。例如，限制期为5年的股票期权，等待期可以设置为1—2年；限制期为8年的股票期权，等待期为3—4年；限制期为10年的股票期权，等待期为5—6年。期限届满之后，员工继续持有本公司的股票期权，可以根据持有期限长短给予一定优惠，增加股票期权的激励性，避免公司高管利用股票期权减持套现。（3）规范性标准的限制。股票期权应当具有合法性与合规性，合法性主要是指股票期权的实施必须遵循信息披露、审议、公告、批准等法定程序，合规性则是要求股票期权的授予对象限制、有效期限设定等符合要求。此外，公司治理结构也应当规范，缺乏完善的治理结构，将影响激励型股票期权设定目的的实现。[④]

鉴于激励对象的收益在授权日与行权日均未真正实现，我国的征税时间节点应当推迟至股票出售，以发挥股票期权的激励作用，缓解员工过

① 参见高金平：《股权激励个人所得税政策解析》，载《注册税务师》2017年第2期。

② 参见李雯：《我国股票期权适用范围问题研究》，载《中国外资》2013年第5期。

③ 参见刘丽、夏宏伟：《股权激励税收政策研析》，载《税务研究》2015年第10期。

④ 参见曾繁英：《股票期权税收政策：缺失与完善》，载《税务研究》2007年第4期。

重的纳税压力。根据实质课税原则,当发生出售转让行为时,转让价格与行权价格之间的差额当作为收益予以征收税款。

(二)非激励型股票期权征税及其环节

非激励型股票期权的优势在于设定条件自由,适用范围更广,操作更灵活,因此对其不设定严格的限制。对于非激励型股票期权在授予环节可以不予征税,在行权环节按照劳动所得适用超额累进税率征税。行权环节的征税可以视情况递延至出售转让环节,并设定一定期限的禁售期,对于持有超过期限的非激励型股票期权,可以按照出售时股价减去行权时股价的差额作为财产转让所得征收个人所得税。

四、上市公司股票期权征税的税收优惠

税收优惠与税收扣除存在较大差异。葛克昌认为,税收扣除背后体现的是量能课税原则,这一原则适用的目的在于扣除征税对象获得收益的成本,体现出"有负担能力者始得课税,有负担能力者平等课税"的税法理念。与税收扣除不同,税收优惠是量能课税原则的例外,其主要目的是保障经济发展,促进社会公共利益的实现,以"牺牲量能课税原则,达到公益要求"作为其税法理念,并配合比例原则为其制度约束。[①] 为了促进员工长期持有本公司股票期权的积极性,我国对股票期权征税可以采取减免税负、递延纳税等措施,明确股票期权的成本计算,避免加重公司的经营成本,采取高效的监管方式,防止出现恶意逃避税等问题。

(一)递延纳税

在行权阶段征税,员工作为股票持有人不仅要承担支付股票期权的行权价格,还须立即承担相应的税负,[②]持有人若是资金紧缺,易在短期

---

① 参见葛克昌:《量能原则与所得税法》,载《中原财经法学》1996 年第 1 期。

② 参见叶旭全:《股票期权制理论与实务指南》,企业管理出版社 2000 年版,第 78 页。

内将行权后的股票出售，无法实现股票期权的激励目的。因此，多数国家都采取了递延纳税的税收优惠。我国可以设定股票期权递延纳税制度，即员工对激励性股票期权行权后所获得的收益，暂不缴纳税款，可以递延至出售转让时缴纳。激励型股票期权的激励目的大于收益目的，递延纳税的设置有助于进一步实现此类股票期权激励目的的实现；对于非激励型股票期权，因其限制较小，且不具有激励作用，因此可以不适用递延纳税制度。

（二）长期持有的优惠税率

征税节点的合理设置并设定相应税率结构，有助于实现股票期权激励的长期性目标。① 我国可以根据有效期、等待期与持股时间分别设置5%—25%之间的优惠税率，以持有时间长短为例，不超过2年的，按照25%的税率予以征收；不超过3年的，按照20%的税率予以征收；不超过5年的，按照15%的税率予以征收；10年以上的，按照5%的税率予以征收，具体设置可根据实际情况予以调整，未达到规定的持有期限，则股票期权的收益可以比照一般劳动所得予以征税。②

第三节　企业重组中个人所得税征收

一、企业重组中个人所得税征收概述

（一）企业重组及其类型

企业重组（Corporate Restructuring）是一种极为复杂的经济现象，作为资源优化配置的过程，包含微观与宏观两个层面：在微观层面上，企业重组是企业对自身的资产、负债、成本、产品以及自身的管理架构进行调

---

① 参见刘芳：《论完善股权激励的个人所得税政策》，载《财会月刊》2012年第25期。

② 参见杨华、陈晓升：《上市公司股权激励理论、法规与实务》，中国经济出版社2009年版，第121页。

整，优化内部的资源及其资本结构，以使企业的生产、管理效率等得到提升；在宏观层面上，企业重组是对横向企业之间、纵向企业之间的资源配置，将不同企业、不同产业、不同地域的资源进行再调整与再组合，使经济资源得到充分利用，以促进企业之间的精细化合作，提升企业在国内或国际市场的竞争力。财政部、国家税务总局发布的《关于企业重组业务企业所得税处理若干问题的通知》（财税〔2009〕59号）指出，企业重组是指企业在日常经营活动以外发生的法律结构或经济结构重大改变的交易。[①] 企业重组包括法律形式的改变、债务重组、资产收购、公司分立、债转股等。

1. 企业法律形式改变

企业法律形式的改变是指企业注册名称、企业注册登记地址以及企业组织形式的简单改变。公司组织形式发生重大改变，并不属于此种类型，所谓重大改变包括但不限于由法人变为合伙企业或个人独资企业等非法人组织，或将登记注册地由境内转变为境外等。在企业重组交易的过程中，如果出现了企业法律形式发生改变的情况，则须根据情况的不同而采取不同的税务处理。

2. 债务重组

2003年国家税务总局《企业债务重组业务所得税处理办法》（现已失效）第2条规定，债务重组是指债权人（企业）与债务人（企业）之间发生的涉及债务条件修改的所有事项。《关于企业重组业务企业所得税处理若干问题的通知》第1条第2款规定，债务重组是指在债务人发生财务困难的情况下，债权人按照其与债务人达成的书面协议或者法院裁定书，就其债务人的债务作出让步的事项。债务重组的交易方式包括：（1）清偿债务。债权人同意或者法院裁决下，债务人按照一定清偿比例对债务进行清偿，但债务清偿的方式不局限于现金清偿，还包括转让无形资产、不

① “重组”（Restructuring）与“并购”（Mergers and Acquisitions，M&A）存在区别，并购是兼并和收购的简称，是重组的一种重要的类型。

动产、动产以及债务人所持有的股权等清偿方式;(2)债转股。经债权人和债务人协商,公司的债权人取消部分或全部债务以换取债务公司的股权,这将导致公司原有的股权结构产生变化;[①](3)修改其他债务条件,包括减少债务本金、延长还款期限、免除利息等,以减轻债务人当期债务负担。在实务中,根据企业的实际情况,债务重组通常会采用以上一种或两种的方式进行组合。

3. 股权收购

股权收购是收购方购买目标公司股权的行为,按所支付的对价可以分为 3 种类型:(1)以收购方企业或其控股企业的股权、股份作为支付的形式,收购公司以自己的股权作为对价交易(图 3-1),和以控股子公司的股份作为对价交易(图 3-2),所产生的最终的结果是不一样的;(2)以收购方企业的现金、银行存款、应收款项、收购方企业或其控股企业股权和股份以外的有价证券、存货、固定资产、其他资产以及承担债务等作为支付的形式;(3)上述两种形式的结合。

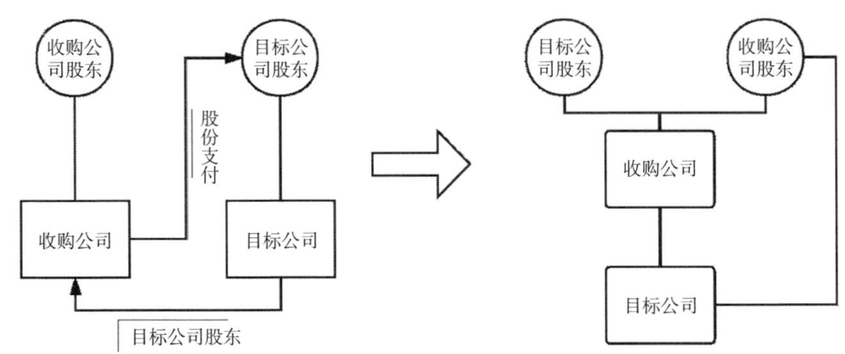

图 3-1　以收购公司股份作为对价的交易架构

---

① 《商业银行法》第 43 条规定,商业银行在我国境内不得从事信托投资和证券经营业务,不得向非自用不动产投资或者向非银行金融机构和企业投资,但国家另有规定的除外。因此,处理银行“债转股”,需要通过金融资产管理公司进行,即银行债权转让给金融资产管理公司,由金融资产管理公司持有债务人的股权。

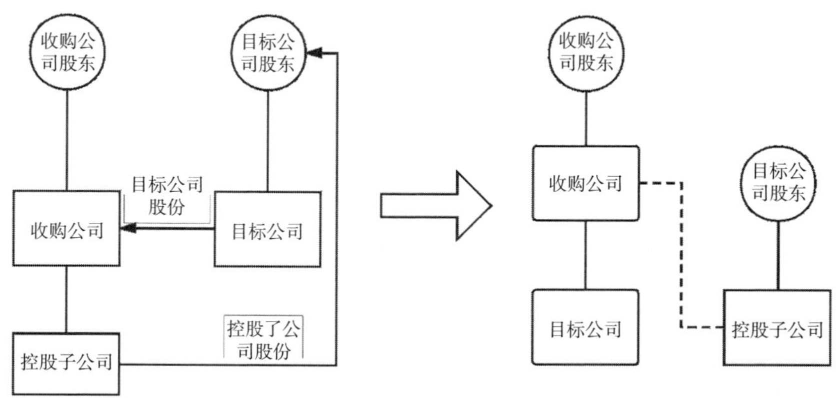

图 3-2　以控股子公司股份作为对价的交易架构

4. 资产收购

资产收购是指收购公司购买目标公司实质性经营资产的企业重组交易。就经济意义而言,资产收购与股权收购并无不同,但收购企业与目标企业之间关系存在显著差异:资产收购是发生在收购企业与目标企业的管理层之间的交易,目标企业仍保持企业形式,但不进行实质性生产经营活动;而股权收购是发生在收购企业与目标企业股东之间的交易,目标企业继续保持原有的企业形式从事经营活动,又被称为"控股合并"。①

5. 合并

税法中合并与《公司法》第 172 条中关于公司合并的规定相同,公司合并可以采取吸收合并或者新设合并:一个公司吸收其他公司为吸收合并,被吸收的公司解散;两个以上公司合并设立一个新的公司为新设合并,合并各方解散。母子公司之间的合并属于企业合并的特殊形态。

6. 分立

分立是指被分立企业将部分或全部资产分离转让给分立企业,被分

① 参见王利娜、郭宏:《资产收购与股权收购税务处理相关问题探析》,载《涉外税务》2011 年第 5 期。

立企业股东换取分立企业的股权或非股权支付。企业分立后对经营资源进行重新分配,保持企业在市场中良好的竞争力。

(二)企业重组中个人所得税征收的环节

所得是否具有"可税性",不仅须符合"法律上的可税性",还应符合"经济上的可税性",[①]唯此,征税行为对公民财产权益的"侵害"才具有正当性基础。我国企业重组可以分为多种类型,每种重组类型下又存在多种交易模式,相互交叉而形成复杂的交易架构,其中企业重组交易过程中股权转让和非货币性资产投资两个环节是个人所得税征收的重点。

1. 股权转让环节

"民商事交易一旦发生,交易性质就客观存在,交易定性是借助税法的原理和原则,对客观存在的交易性质进行认定的动态过程"。[②] 企业重组中的股权转让交易本质上是对原有股权的一种处置行为,其特殊性在于交易方式包括但不限于现金、有价证券、实物或是新股权等形式。在此过程中产生的"所得"应缴纳个人所得税。

2. 非货币性资产投资环节

在传统的民商法学理论中,股东一旦完成出资取得相应的股权后,便丧失对出资财产的所有权,股东所出资的财产便成为法人独立财产,由此可见,股东不论以货币性资产出资还是以非货币性资产出资,在本质上都是对其财产的处置。[③] 相较于货币性资产的出资,非货币性出资的特殊之处在于,非货币性资产的"价格"是浮动的。由于非货币性资产投资行为在本质上是股东处置自身财产的法律行为,应对其"所得"部分征收个人所得税。

在股权转让和非货币性资产投资环节能否进行个人所得税的征收均

---

① 参见张守文:《财税法疏议》,北京大学出版社 2005 年版,第 138—139 页。

② 滕祥志:《税法的交易定性理论》,载《法学家》2012 年第 1 期。

③ 参见陈少英、赵菁:《非货币性资产出资所得税纳税期限探究》,载《会计之友》2019 年第 5 期。

取决于产生的利得或增值是否为“所得”，而“所得”的界定存在源泉理论、净资产增加理论以及市场所得理论等诸多学说。①《个人所得税法实施条例》第 8 条规定，个人所得的形式包括现金、实物、有价证券和其他形式的经济利益。一般而言，收益性、公益性和营利性是判定应税所得的三个重要要素。② 申言之，“所得”概念的逻辑起点是“资产增益”和“收益已经实现”，不论在股权转让环节还是非货币性资产投资环节，只要产生所得，均是存在“资产增益”，但“资产增益”何时实现，则是确定应纳税所得额时间点的重要依据。

（四）企业重组中个人所得税征收的税法原则

税法原则体现税法的精神，对税收立法、执法等全领域具有尤为重要的指导作用。企业重组中从税法原则角度切入个人所得税征收，有助于清晰地认识立法者的初衷。

1. 税收中性原则

税收中性原则要求，税收立法、执法等不得干预市场经济运行，减少税收制度对市场行为的扭曲。税收中性原则被视为对经济效率的保障，主张充分发挥市场对经济要素的配置作用，防止税收行为的不当干预，实现经济效率最优。③ 当然，任何国家的税法都不可能达到绝对意义上的完全中性。在理想状态下，企业重组应当是一种纯市场行为，市场主体进行重组决策并不需要将个人所得税征收纳入考量的范围。美国企业重组所得税制的最初立法目的并不是鼓励重组交易，而是减少企业重组中税收待遇的不确定性对重组交易市场行为的消极影响，④减少企业重组中的税收行为与企业重组决策的市场行为之间的摩擦。

① 参见段晓红、李羿锦：《非货币性资产投资所得税规则反思——以所得构成要件为分析工具》，载《财会月刊》2019 年第 17 期。

② 参见张守文：《财税法疏议》，北京大学出版社 2005 年版，第 141—144 页。

③ 参见林德木：《企业重组所得税制度研究》，中国税务出版社 2016 年版，第 52 页。

④ See Steven A. Bank. Federalizing the Tax-Free Merger, “Toward an End to the Anachronistic Reliance on State Corporation Laws”, *North Carolina Law Review* 77, 1999, p.1323.

2. 税收公平原则

在个人所得税法中,税收公平原则以量能课税原则为其内核。一般而言,量能课税原则要求国家征收个人所得税时,应当考虑纳税人的负担和承受能力,保持纳税人的负担与其经济状况相适应,使负担能力相同的纳税人之间的负担水平保持均衡。① 我国企业重组所得税制理应受到税收公平原则的检视,同等对待纳税能力相同的重组企业、被重组企业及其股东。②

3. 利益持续性原则

利益持续性原则(Continuity Doctrine)起源于美国 Cortland 案和 Pinellas 案,对于企业重组课税理论与实践,也具有举足轻重的作用。利益持续性原则的首要目的是为了防止纳税人滥用免税并购的规定,后来逐渐被纳入到并购所得征税的制度设计之中。利益持续性原则体现在两个方面:(1)企业营业的持续性原则(Continuity of Business Enterprise, CBE),即并购后目标企业的历史性营业资产的重大部分的持续运行;(2)股东利益的持续性原则(Continuity of Shareholder Interest, COI),即目标企业的历史股东可继续享有对并购前目标企业资产或收益的所有者权益,同其他历史股东继续保持并购前的相互关系。③

4. 收入实现原则

"对于个人所得课税,是采取收付实现原则,必须实际有现金或相当于现金之实物流入时才纳入所得课税",④《个人所得税法》主要遵循"收付实现制"。⑤ 收付实现制与收入实现原则具有相同的内涵,即必须存在

---

① 参见施正文:《税法要论》,中国税务出版社 2007 年版,第 35 页。

② 参见林德木:《企业重组所得税制度研究》,中国税务出版社 2016 年版,第 56 页。

③ 参见张春燕:《并购交易所得税法律制度研究——基于对利益持续原则的考量》,法律出版社 2015 年版,第 9 页。

④ 陈清秀:《税法各论》,法律出版社 2016 年版,第 42 页。

⑤ 参见张春燕:《美国联邦所得税体系中的收入实现原则研究》,载漆多俊主编:《经济法论丛》第 1 期,法律出版社 2018 年版,第 124 页。

“现金流”,因此在企业重组过程中,只有纳税人获得现金、有价证券、实物等资产流入时,纳税义务才产生。

(五)我国企业重组中个人所得税征收的立法

1. 股权转让的个人所得税征收

在债务重组、资产收购、企业合并、分立等企业重组过程中,只要以股权作为支付对价进行交易,就会因股权转让行为而引发的纳税义务。我国企业重组交易中因股权转让所产生的个人所得税征收,分散于各个规范性文件中(表3-5)。

表3-5 股权转让的个人所得税征收文件

序号	税收政策文件	核心内容
1	财税〔1998〕61号	个人转让上市公司的股票暂免征收个人所得税。
2	财税〔2009〕167号	个人转让“限售股”的,按财产转让所得缴纳个人所得税。
3	财税〔2010〕70号	上市公司企业合并、分立,个人持有的原被合并、被分立公司限售股所转换的合并方公司股份,也被称为限售股。
4	国家税务总局公告2011年第41号	因终止经营行为取得的股权转让收入需要按“财产转让所得”缴纳个人所得税。
5	国家税务总局公告2014年第67号	确认了股权转让所得的计税基础,明确了股权转让中个人所得税的征收管理。
6	国家税务总局公告2015年第48号	明确了企业重组中自然人股东不享受特殊性税务处理待遇,仍然依照个人所得税进行税收征缴。
7	财税〔2016〕101号	对非上市公司对员工的股权激励计划的股权奖励,符合规定的可以在递延至转让股权时确认应纳的个人所得税。
8	国税函〔2005〕130号	对四川省地方税务局的批复:股权转让行为只要完成,后续的收回股权等相应的行为属于另外一次股权转让行为。
9	国税函〔2006〕866号	对四川省地方税务局的批复:股权转让成功后所产生的违约金按照“财产转让所得”缴纳个人所得税。

除个人转让上市公司股票暂时免征个人所得税外，其他股权转让行为产生的所得归属于“财产转让所得”，均以20%的税率计算个人所得税。目前，对股权转让所得的计税，主要依据是《股权转让所得个人所得税管理办法（试行）》规定的应纳税所得额计算方式，应纳税所得额=股权转让收入-（股权原值+合理费用）。在企业重组中，除非上市公司对员工授予股票期权的股权奖励，否则自然人的股权转让所得不享受递延纳税的优惠待遇，直接依照《个人所得税法》规定进行征收。国家税务总局在《关于纳税人收回转让的股权征收个人所得税问题的批复》（国税函〔2005〕130号）与《关于个人股权转让过程中取得违约金收入征收个人所得税问题的批复》（国税函〔2006〕866号）中指出，①股权转让行为只要完成即为一种终局形态，且每一次股权转让交易有且只有一次终局形态，不可改变。国家税务总局还将股权转让交易中因股权转让所产生的违约金视为股权转让交易所产生的孳息，划入了股权转让所得的范围当中。

2. 以非货币性资产投资的个人所得税征收

2015年财政部、国家税务总局《关于个人非货币性资产投资有关个人所得税政策的通知》（财税〔2015〕41号）第5条第2款规定，非货币性资产投资包括以非货币性资产出资设立新的企业，以及以非货币性资产出资参与企业增资扩股、定向增发股票、股权置换、重组改制等投资行为。“非货币性资产投资业务一定会使资本市场中的资产增加以及被投资企业所有者权益增加”。② 对于企业重组中非货币性资产投资交易所涉及到的个人所得税征收法律规定，分散于各规范性文件（表3-6）。

---

① 《关于纳税人收回转让的股权征收个人所得税问题的批复》（国税函〔2005〕130号）与《关于个人股权转让过程中取得违约金收入征收个人所得税问题的批复》（国税函〔2006〕866号）虽然均是国家税务总局对四川省地方税务局的批复，不产生普遍的约束力，但其中政策导向值得关注。

② 辛连珠：《非货币性资产投资税收问题分析》，载《中国税务》2016年第3期。

表 3-6 非货币性资产投资的个人所得税征收文件

序号	税收政策文件	核心内容
1	财税〔2015〕41 号	个人以非货币性资产投资的,可以在 5 年内分期缴纳个人所得税;非货币性资产投资的转让收入实现被确定在取得被投资企业股权时。
2	国家税务总局公告 2015 年第 20 号	细化了非货币性资产投资中个人所得税征收管理中关于原值、合理税费等相关问题的确认。
3	财税〔2016〕101 号	企业或个人以技术成果换取投资企业的股权时,可选择适用递延纳税待遇。
4	国税函〔2011〕89 号	对江苏省地方税务局的个案批复:个人以原股权评估增值后参与目标公司定向增发的股票,属于股权转让,按“财产所得”征收个人所得税。

相较于单纯的股权转让行为,非货币性资产投资的个人所得税征收法律规范相对宽松,并且采取了相对谨慎的态度。2013 年国务院《关于印发中国(上海)自由贸易试验区总体方案的通知》(国发〔2013〕38 号)规定:“对注册在上海自由贸易试验区中的个人以非货币性资产对外投资产生的增值可在五年内分期缴纳。”财政部、国家税务总局《关于个人非货币性资产投资有关个人所得税政策的通知》(财税〔2015〕41 号)将上述通知主要政策推广至全国。

非货币性资产投资与股权转让之间在实践中存在重要联系。在股权收购型的企业重组中,收购公司向目标公司的股东支付其所持有的股权或增发的股权作为获得目标公司的股东所持有的目标股权的对价,被视为是目标公司的股东以持有的目标股权作为“资产”向收购公司转投资。单纯的股权转让行为并未涉及到投资行为,因此不属于非货币性资产投资,但图 3-3 的股权转让为非货币性资产投资的交易架构,是企业重组中收购企业以增发的股权作为对价支付给自然人,用以换取自然人持有的非货币性资产的交易架构,本质上属于一种投资行为;图 3-4 的股权转让属于非货币性资产交换的交易架构,在本质上是一种典型的股权互易。

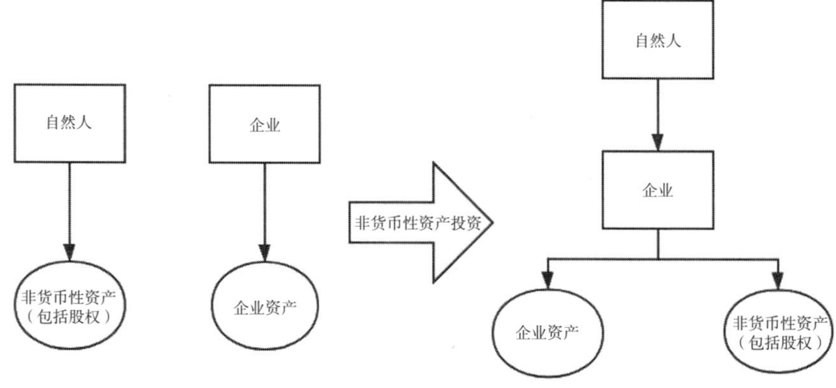

图 3-3　非货币性资产投资交易架构

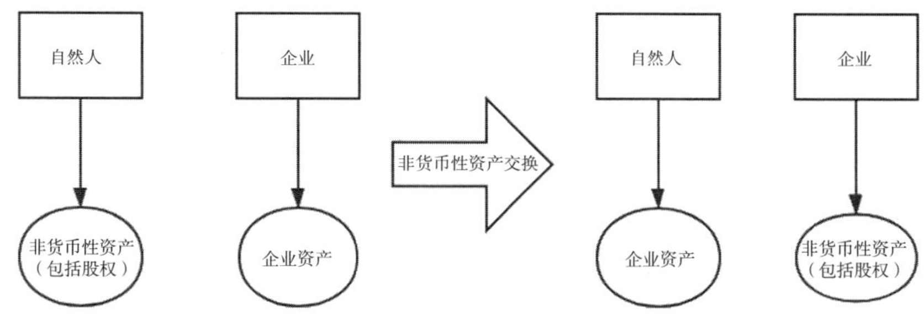

图 3-4　非货币性资产交换交易架构

3. 特殊性税务处理的法律规定

特殊性税务处理，又称“免税重组”，本质上是一种纳税递延，并不是真正的免税。这种延迟纳税义务时间的税收待遇是所得税缴纳在时间上的一种宽松措施，其产生的时间利益也是税收优惠之一。企业重组中递延纳税的税收待遇是对利益持续性原则的遵从，①因为企业重组仅是企业对外投资的优化调整，在满足特殊性税务处理的条件下，股东并未退出投资，只是变换为另外一种形式继续投资。2018 年，财政部税政司和国家税务总局政策法规司专门整理了《企业重组改制税收政策文件

① 参见周晓光：《企业重组中的递延纳税与反避税》，载《税务研究》2015 年第 4 期。

汇编》(表 3-7)。

表 3-7　企业重组中企业所得税税务处理的法律规定

序号	税收政策文件	核心内容
1	财税〔2009〕59 号	规定了特殊性税务处理的适用条件,法人股东非现金支付方式可以递延纳税。
2	国家税务总局公告 2010 年第 4 号	对特殊性税务处理的征收管理进行了规定,并提出了“一致性税务处理原则”。
3	财税〔2014〕109 号	对企业重组中的收购比例由 75%降低至 50%。
4	财税〔2014〕116 号	企业非货币性资产投资可以五年分期纳税,满足特殊性税务处理的条件时可以选择适用,并且国家税务总局公告 2015 年第 33 号规定一经选择适用不可改变。
5	国家税务总局公告 2015 年第 40 号	细化了财税〔2014〕109 号文件第三条中关于 100%控股的居民企业之间股权或资产划转的问题。
6	国家税务总局公告 2015 年第 48 号	细化了特殊性税务处理的征收管理。

财政部、国家税务总局《关于企业重组业务企业所得税处理若干问题的通知》(财税〔2009〕59 号)规定了特殊性税务处理的相关内容,若企业重组交易同时符合合理商业目的、资产或股权符合相应的比例、营业企业继续、适格股权对价、限制并购后出售股权等,①法人股东便可以享受递延纳税的税收优惠待遇。《关于企业重组业务企业所得税征收管理若干问题的公告》(国家税务总局公告 2015 年第 48 号)则明确了自然人股东不能适用特殊性税务处理。

二、企业重组中个人所得税与企业所得税的协调

企业重组中涉及的所得税包括个人所得税和企业所得税,但由于我国两种所得税缺乏统一体系,②产生了自然人股东与法人股东在企业重

① 参见林德木:《企业重组所得税制度研究》,中国税务出版社 2016 年版,第 105—113 页。

② 参见周兰翔:《我国企业重组税收制度的缺陷与完善——以企业所得税和个人所得税协同为视角》,载《求索》2015 年第 1 期。

组中所得征税的差异化税务处理以及合伙企业在企业重组中的税收待遇等系列问题。

（一）企业重组中自然人股东的税收待遇

《关于企业重组业务企业所得税征收管理若干问题的公告》明确将企业重组中目标公司的自然人股东排除在特殊性税务处理之外，自然人股东须当期确认应纳税所得额，适用财产转让所得的20%税率计算应纳税额。当自然人股东未收到足额的现金对价时，当期确认应纳税额的处理无疑增加自然人股东的税务负担。

在满足特殊性税务处理条件下，法人股东通过股权转让所取得的股权收入所得采取替代计税基础规则，即目标公司法人股东在企业重组中的所得被递延到法人股东处置其持有的收购公司股份时才予以确认。收购公司在递延纳税期间若发生了经营亏损，可直接抵减所得税的税基，应纳税额随之减少。① 自然人股东由于不享受纳税递延待遇，不但承担经营风险所造成的股权公允价值的贬值，还要承担股权公允价值低于原值所缴纳的个人所得税损失。例如，若是收购公司在法人股东递延纳税期间资不抵债，股权的公允价值变为零，法人股东因享受递延纳税待遇而不再缴纳企业重组的企业所得税，但自然人股东在企业重组时已经足额缴纳了个人所得税，还要自然人股东承担损失的资本。虽然自然人股东在投资时应当充分评估风险而谨慎投资，但此种风险应当仅为市场风险所带来的资本损失，而不应附加税收损失。

《关于非货币性资产投资企业所得税政策问题的通知》（财税〔2014〕116号）第1条规定，居民企业以非货币性资产对外投资确认的非货币性资产转让所得，可在不超过5年期限内，分期均匀计入相应年度的应纳税所得额，按规定计算缴纳企业所得税。《关于个人非货币性资产投资有关个人所得税政策的通知》第3条规定，纳税人一次性缴税有困难的，可

① 参见李辉：《企业重组个人所得税政策：理论审视与改革完善》，载《税务研究》2017年4期。

合理确定分期缴纳计划并报主管税务机关备案后,自发生上述应税行为之日起不超过5个公历年度内分期缴纳个人所得税。自然人的非货币性资产投资可以在5年内分期缴纳个人所得税,但其递延纳税待遇的对象不是应纳税所得额,而是应纳税额。在5年分期缴纳期间内,即使公司发生经营亏损,应纳税额也不会发生改变,仍须按照企业重组时确定的应纳税额缴纳个人所得税,仅享受纳税义务履行时间延后的税收待遇,简言之,此种税收待遇可以理解为享受了5年无息借款的优惠。因此,企业重组中自然人股东与法人股东的税收待遇差异还反映为非货币性资产(股权)税收待遇的不同。

《关于个人非货币性资产投资有关个人所得税政策的通知》第4条规定,自然人以非货币性资产投资交易过程中取得现金补价的,现金部分应优先用于纳税;现金不足以缴纳的部分,可分期缴纳。申言之,如果非货币性资产投资的投资方为企业,企业可以享受到5年分期确认纳税所得或者递延纳税的税收待遇,即使存在现金流入,也以流入的现金金额作为税基来计算当期的应纳税所得额;如果非货币性资产投资的投资方为自然人,虽然也享受5年分期缴纳税款的税收待遇,但若存在现金流入,就须以流入的现金优先用于弥补之前交易发生之时当期确认的应纳税额,个人因税款分期而享受的货币迟延交付所产生的价值就会减少。①

"在客观条件及征管水平有限的情况下,现有的并购重组个人所得税政策很大程度是基于税收效率原则的安排",②税收效率原则成为企业重组中个人所得税征收与企业所得税征收存在区别的解释基础,但在法律意义上,自然人股东与法人股东在同一企业重组中具有相同的民事权利能力和民事行为能力,应当享有同等的税务待遇,这是税收中性原则和

① 参见孙利、张志忠:《非货币性资产投资所得税政策的困惑及对策》,载《税务研究》2016年第6期。

② 马小朋:《个案视角下并购重组中个人所得税政策改进初探》,载《税务研究》2020年第7期。

税收公平原则的体现。[①] 参照我国企业重组中企业所得税征收的特殊性税务处理的做法,出台企业重组业务中个人所得税征收的税收处理规定十分必要。自然人股东在企业重组中存在资产增值,即就增值部分当期确认应纳税额,但因自然人股东并未实际取得资产增资所带来的实际收益,可能无法承担相应的税收负担。对于符合条件的自然人股东"纸面所得"当期不应确认收入,而是予以递延纳税,待之后股权实际处置时再确认所得。个人以非货币性资产投资过程中取得的现金及其他非股权形式的对价,应当基于收入与纳税相配比的原则进行纳税,根据股权外支付金额占总交易金额的比例确定其在非货币性资产增值时的应纳税额,不应将企业重组中取得现金补价或现金收入优先用于缴纳未清缴的税款。[②]

(二)企业重组中合伙企业的税收待遇

我国企业大致分为公司、独资企业、合伙企业三种企业类型。[③]《企业所得税法》第 1 条规定个人独资企业、合伙企业不适用本法,合伙企业因此无法适用针对企业所得税的特殊性税务处理。但是,财政部、国家税务总局《关于个人非货币性资产投资有关个人所得税政策的通知》规定,对于个人以非货币性资产投资产生的所得适用"财产转让所得"的税目并可以在一次性纳税困难的情况下在 5 年内分期缴纳个人所得税,这一规定并不适用于合伙企业,以致合伙人无法享受 5 年内分期缴纳所得税的纳税待遇。因此,合伙企业在参与企业重组交易过程当中,不但无法享受到法人类型的特殊性税务处理的税收待遇,也无法享受到自然人股东类型的 5 年分期纳税的税收待遇。随着企业重组日趋活跃,自然人、合伙

---

① 参见李辉:《企业重组个人所得税政策:理论审视与改革完善》,载《税务研究》2017 年第 4 期。

② 参见刘丽等:《部分 OECD 成员国非货币资产投资个人所得税立法实践及借鉴》,载《国际税收》2016 年第 8 期。

③ 参见徐强胜:《企业形态法定主义研究》,载《法制与社会发展》2010 第 1 期。

企业越来越多地参与其中，我国应当避免税收待遇的差异化对投资者选择企业组织形态的影响。①

我国对合伙企业征收所得税的法律规则应当确立穿透原则，实现税收负担的公平分配并落实税收中性原则，确保合伙企业参与企业重组能够同自然人股东享受同样的企业重组税收待遇。② 在合伙企业参与企业重组时，所获得的现金等股权支付对价应当征收所得税，按照合伙协议中所约定的合伙收益的分配比例，分别确定各个合伙人应纳税所得额，对法人类型的合伙人按照《企业所得税法》进行征缴，对自然人合伙人按照《个人所得税法》中财产转让所得的税目进行征缴；若所获取的对价是股权的，则可以参照自然人股东的税收优惠待遇，待所得收益实现时，按照穿透原则分别确定各合伙人应纳税所得额。

三、企业重组中个人所得税的计税机制

对于企业重组中存在资产增益应当征收个人所得税，但此资产增益须是已经实现而非停留在"纸面"上的增益，所以关于财产转让所得个人所得税征收的计税基础问题转变为对于所得确认的时间问题。此外，企业重组中个人所得税征收还存在合理费用扣除标准过于严苛的问题。

（一）企业重组中个人财产转让所得确认的时点

在企业重组中，对于个人财产转让所得的确认时点存在不合理前置，即企业重组中的所得仅以资产增值为条件，未强调所得已实现且对所得完全支配的条件，这在一定程度上源自我国税法上所得概念的模糊性。《关于个人非货币性资产投资有关个人所得税政策的通知》第 2 条第 2 款规定，个人以非货币性资产投资应于非货币性资产转让、取得被投资企

① 参见叶金育：《税法整体化研究：一个法际整合的视角》，北京大学出版社 2016 年版，第 223 页。

② 参见叶姗：《合伙企业课征所得税规则之创制》，载《华东政法大学学报》2019 年第 1 期。

业股权时,确认非货币性资产转让收入的实现。这混淆了交易行为发生与所得收入实现的时间点,即在交易行为发生时,收入仅是一种财产评估的账面价值,属于未实现的所得,虽然这种账面价值的收入在一定程度上反映了纳税人资产情况以及经济能力,但对于这种账面价值的收入,“任何国家原则上不得将其列为课税对象”。① 对于交易形式上满足所得的定义,但实质上未增加纳税人的税收负担能力的收入,应当采取经济的实质主义,即“对事实呈现的多种‘外观’或‘形式’,应从经济的‘实体’或‘实质’去解释税法事实”。② 申言之,“只有经过实质性交易产生的资产净增加才具有可税性”。③

非货币性资产投资取得目标公司股权的交易不是真正的资产交易,仅是股东原有的非货币性资产在目标公司中所体现出来的权利形式,股东此时获得的目标公司的股权与原有的非货币性资产未发生真正分离。换言之,股东原有的非货币性资产的价值会受到市场波动影响,对其征收个人所得税的前提是须发生实质性的交易行为,即将实时的公允价值在此时点确定下来,使股东原有的非货币性资产价值变成一个固定值,而这个固定的数值便是真实的收入,确定固定数值的时点才是收入真正实现的时点。在股权收购型企业重组中,收购公司收购目标公司的股权,可以视为是目标公司的股东以目标公司股权向收购公司进行出资,目标公司的股东所取得的收购公司股权仍受市场波动的影响而未确定股权价值,因此无法将此种变动的账面财产价值视为现实收入并予以确认。《企业所得税法实施条例》第 56 条第 3 款规定,企业持有各项资产期间资产增值或者减值,除国务院财政、税务主管部门规定可以确认损益外,不得调整该资产的计税基础,因此“计税基础反映的并非资产的市场价格,而是

---

① 金子宏:《日本税法》,战宪斌等译,法律出版社 2004 年版,第 121 页。

② 闫海主编:《课税事实认定的法理构建与制度创新》,辽宁大学出版社 2018 年版,第 26 页。

③ 段晓红、李羿锦:《非货币性资产投资所得税规则反思——以所得构成要件为分析工具》,载《财会月刊》2019 年第 17 期。

纳税人已经缴纳所得税的资产价值”。[①] 将个人所得实现的时间从收入确定实现时提前至公允价值账面增值时，不仅违反税收法定原则，也是对量能课税原则的背离。在企业重组完成后，股东投入的资本仅是从一个企业移转到另外一个企业，股东权益由新企业所承继并在资本市场中存续，无须确认重组交易所得。当股东所投入的资本从资本市场中撤出时，所得实现才应对其予以征税。企业重组的目的在于改善企业结构提高竞争力，无论以重组方式抑或内部改革调整企业结构，均应保持税收待遇的一致性。

企业重组若是存在对赌协议，个人财产转让所得的确认时点不合理前置问题将会更加突出。“对赌协议属于期权的一种形式，是股权交易的双方在达成协议时，对于目标公司价值估值达不成一致的情况下，对目标公司未来不确定事项的一种约定。”[②]对赌协议可分为“正向对赌”和“反向对赌”两种：正向对赌是指当目标公司股东赢得对赌时，收购公司向目标公司股东支付更多的对价；反向对赌是指当目标公司股东未赢得对赌时，目标公司股东需要补偿给收购公司一定的对价。根据《股权转让所得个人所得税管理办法（试行）》，正向对赌中收购公司向目标公司自然人股东支付更多的对价，须就增加的对价缴纳个人所得税，若取得现金补偿，则优先进行欠税的补缴；反向对赌中目标公司的自然人股东补偿收购公司后，对于多缴纳的税款或被税务机关多确认的欠税处理缺乏明确规定。

国家税务总局《关于纳税人收回转让的股权征收个人所得税问题的批复》（国税函〔2005〕130 号）规定，第一次股权转让完成后，后续对于股权收回的情况属于另外一次交易。反向对赌中目标公司的自然人股东输掉对赌协议后购买收购公司手中的股权，根据批复须对回购收购公司股权的交易再次征收个人所得税。关于对赌协议中目标公司的自然人股东

① 周晓光：《企业重组中的递延纳税与反避税》，载《税务研究》2015 年第 4 期。

② 高金平：《对赌协议或有对价之所得税探析》，载《中国注册会计师》2018 年第 10 期。

对收购公司补偿款的法律性质认定，合同要素调整说最具合理性，即对赌协议是对合同对价重新调整的补充协议，只有确定了最终的交易对价，才是对计税基础最终确认。申言之，在企业重组中税务机关提前确认个人所得税纳税时点违反实质课税原则。在正向对赌中，对于增加的现金对价奖励，我国应当按照财产转让所得计算个人所得税；但在反向对赌中，我国可以将回购情形分为两种：(1)按持股比例进行股份回购，被回购股份的股东所取得的收入应视为股息红利所得，可以直接按照股息红利所得征收个人所得税；(2)不按照持股比例进行单独回购，可以视为被回购股份的股东出售股份，若回购行为使被回购股份股东的股东权益发生实质性改变，造成股东利益无法持续且不能满足特殊性税务重组的条件的情况，须确认被回购股东的所得；若被回购的股份未造成股东权益的实质性改变，股东利益仍具连续性且满足特殊性税务处理的条件，可以享受递延纳税的待遇。对赌协议的约定合理且不具有逃避税可能性的，可以将所得确认的时点递延到对赌协议完成之时。为了防止税务机关判断企业重组的目的存在偏差，我国可以要求存在不符合特殊性税务处理条件可能性的股东预缴个人所得税，待对赌协议最终完成时再次判定其是否满足特殊性税务处理条件，满足条件的，按照特殊性税务处理进行操作；不满足条件的，确认纳税所得，按照“多退少补”原则征收个人所得税。

(二)企业重组中合理费用的扣除标准

个人转让股权的应纳税所得额的计算公式为：应纳税所得额=股权转让收入-(股权原值+合理费用)，国家税务总局对合理费用进行了限缩性的解释，认为合理费用仅是股权转让时按规定所支付的税费。企业重组中的股权转让相较于简单交易的股权转让更为复杂，一般会产生律师费、评估费及鉴定费等相关费用，企业重组中为股权转让所发生的上述必要费用，未从应纳税所得额中予以扣除有违量能课税原则。①

① 参见葛克昌：《所得税与宪法》，北京大学出版社2004年版，第62页。

合理费用的扣除，对于衡量纳税人真实的税收负担能力尤为重要。陈清秀指出，个人所得税法中的费用是指，“从事以获得收入为目的之经济活动所支出的经费”：[①]（1）合理费用的支出必须与收入之间具有因果关系，因果关系的界定以一般人的通常理解为标准；（2）合理费用的支出须是“必要的”，即费用的支出应当具有合理正当的目的；（3）合理费用支出的手段应当基于纳税人的自主选择权，不应过度干涉纳税人对于费用支出的意愿，以贯彻净额所得课税原则。[②]

① 陈清秀：《税法各论》，法律出版社 2016 年版，第 104 页。

② 参见陈清秀：《税法各论》，法律出版社 2016 年版，第 111 页。

第四章　个人所得税的征收管理

第一节　个人所得税汇算清缴

一、个人所得税汇算清缴概述

(一)个人所得税汇算清缴的概念

随着个人所得税由分类计征转向综合计征以及混合计征模式,个人所得税汇算清缴应运而生,并作为自然人纳税的重要环节而受到普遍关注。

个人所得税汇算清缴主要针对混合计征、综合计征模式,2018 年《个人所得税法》修正之前的分类计征模式,仅要求达到申报要求的纳税人向有关税务机关进行个人所得税申报,并不属于汇算清缴,2020 年我国第一次进行年度个人所得税汇算清缴。《2019 年度个人所得税综合所得年度汇算办税指引》指出,"通俗来说,年度汇算就是,居民个人将一个纳税年度内取得的工资薪金、劳务报酬、稿酬、特许权使用费等四项所得(以下称'综合所得')合并后按年计算全年最终应纳的个人所得税,再减除纳税年度已预缴的税款后,计算应退或者应补税额,向税务机关办理申报并进行税款结算的行为。"概言之,个人所得税汇算清缴具有纳税申报、纳税核算和补退税等功能。此外,刘剑文、熊伟指出,纳税申报是纳税人依照税法的规定来确定自己的具体纳税内容,并以申报表的形式提交税务机关的行为;①金子宏则将纳税申报视为"自我课赋",强调纳税人向税务机关纳税申报的

① 参见刘剑文、熊伟:《税法基础理论》,北京大学出版社 2004 年版,第 345 页。

同时,也会缴纳税款。①

概言之,个人所得税汇算清缴要求纳税人向税务机关申报个人所得税,并且在计算年度扣除项目和已预扣预缴税额的基础上,进行税款的最终退补结算,以实现个人所得税的完税状态。

(二)个人所得税汇算清缴的法律性质

关于个人所得税汇算清缴的法律性质,主要存在协力义务说和私人的公法行为说两种学说。

1. 协力义务说

为了体现量能课税原则、实现税负公平,德国《租税通则》第 90 条第 1 项规定了纳税人的协力义务。具言之,应税所得涉及纳税人收入等诸多个人信息,单凭税务机关不能完全获得纳税人的真实纳税信息。纳税人对于自己的纳税信息掌握最为全面、准确,故而需要其协助才能实现税收征管的顺利开展。葛克昌认为,协力义务是从属于纳税义务的附随性义务,由于与纳税有关的法律事实主要存在于纳税人的支配范围内,税务机关难以获得全面、准确的纳税信息,为了使得纳税过程更为公平合理,所以纳税人需要承担申报协力义务。② 陈清秀认为,纳税人或者第三人被询问检查,应当完整地、真实地陈述重要的纳税事实,并且负有举证的协力义务,因应税事实大部分与纳税人的生活相连接,其最了解各种情况,也最接近税收相关的证据资料,因此由其协助税务机关查明事实最为合理。③ 黄士洲认为,在纳税协同主义之下,④特别是税收非源扣缴,纳税

---

① 参见金子宏:《日本税法》,战宪斌等译,法律出版社 2004 年版,第 417 页。

② 参见葛克昌:《税法基本问题——财政宪法篇》,元照出版公司 2005 年版,第 317 页。

③ 参见陈清秀:《税捐稽征程序》,载《植根法学杂志》1996 年第 6 期。

④ 纳税协同主义是指,在当今课税过程中,大部分的课税事实多发生于纳税义务人管领范围内,稽征机关在有限的人力及时限之下,获取正确的课税资料有其困难度。为了兼顾纳税义务人税捐主体地位,税法除赋予稽征机关职权调查课税事实之职权外,尚需纳税义务人的协力义务。此种透过职权调查与协力义务以查明课税事实的机制,被称为纳税协同主义。参见黄士洲:《征纳协同主义下税捐调查协力义务的交互影响关系——兼论制造费用超耗剔除的规定与实务》,载《月旦法学杂志》2005 年第 2 期。

人就其掌握的应税重要性事实与证据，有真实且完整的提供义务。①

依据协力义务说，在个人所得税征收中，税务机关处于应纳税额确定的主体地位，纳税人仅被赋予了一定的法定义务以协助税务机关的职权行为。虽然纳税人从事纳税申报等个人所得税汇算清缴的部分工作，但纳税申报的结果只是税务机关确定应纳税额的参考，并没有确定纳税义务的功能。换言之，纳税人在税收征管中处于辅助地位，具有协助征管的义务。

2. 私人的公法行为说

私人的公法行为是指具有公法上法律效果但由私人实施的行为。②在国家和纳税人税收债权债务平等关系的基础上③，个人所得税汇算清缴的首要环节是由纳税人依照相关的税法规定，将自己确认的应纳税额、预扣预缴税款、税收减免和费用扣除等，以申报表形式提交税务机关。纳税若无多报、少报或者怠于申报的特殊情形，税务机关可以此申报表来确认其纳税义务，进而转化为可以具体实行的纳税义务。④

关于纳税申报是否属于法律行为尚未达成一致：刘剑文、熊伟认为，纳税申报是具备法效意思的表意行为，所以是法律行为；⑤陈敏认为，纳税申报只具有确认纳税义务的程序性作用，不能影响纳税义务的产生，纳税人只是将自己对于个人所得应税的认识和判断通报税务机关而已，纳税申报因此仅属准法律行为之范畴，而属于法律行为的是关于税收减免和费用扣除等纳税申报行为中的个别事项。⑥ 但是，无论纳税申报是法

---

① 参见黄士洲：《征纳协同主义下税捐调查协力义务的交互影响关系——兼论制造费用超耗剔除的规定与实务》，载《月旦法学杂志》2005年第2期。

② 参见刘剑文、熊伟：《税法基础理论》，北京大学出版社2004年版，第348页。

③ 参见北野弘久：《税法学原论》(第4版)，陈刚、杨建广译，中国检察出版社2001年版，第102页。

④ 参见刘剑文、熊伟：《税法基础理论》，北京大学出版社2004年版，第348页。

⑤ 参见陈敏：《租税稽征程序之协力义务》，载《政大法学评论》1988年第1期。

⑥ 参见刘剑文、熊伟：《税法基础理论》，北京大学出版社2004年版，第349—350页。

律行为、还是准法律行为,此项行为都使得纳税人在个人所得税汇算清缴中处于核心地位。纳税人的纳税申报若符合规范要求,税务机关就不再介入,纳税申报因而取得公法的确定力,纳税人和税务机关在此基础上既相互协助,又各尽其责。[①] 此外,纳税人还可以在税法确定范围内,依照自己的意愿选择方便的时间、地点、方式进行汇算清缴工作。

基于私人的公法行为说的个人所得税汇算清缴使得纳税人亲自参与到税收征收过程中,保障了纳税人权利,也成为促进税负公平、提高纳税意识的必要途径之一。我国确立了个人所得税混合计征模式,要求纳税人进行个人所得税汇算清缴,计算出应纳税额、扣除项目和减免,并向税务机关申报,最后再补缴所欠税款或予以退税,已经改变既往纳税人在税收征收中的配合性义务,确立了纳税人的主体地位,与协力义务说的纳税人辅助地位截然不同,协力义务不能够涵摄汇算清缴的整个过程。私人的公法行为说更符合当前个人所得税法中征纳双方之间权利义务关系,也符合税收债权债务关系的精神要义。

(三)我国个人所得税汇算清缴的立法

我国个人所得税的税收收入从 1980 年的 16 万元增长到了 2021 年的 13993 亿元,[②]已经成为我国主要税种之一。随着个人所得税的税收收入逐年增长,其筹集财政收入、调节收入分配的重要性也逐渐显现。2018 年修正《个人所得税法》采取混合计征模式,但与之密切相关的汇算清缴规定较少,并且表述太过笼统,缺乏可实操性,主要体现为:(1)第 10 条第 1 款办理纳税申报的纳税人范围规定;(2)第 11 条第 1 款办理汇算清缴时间规定,并且授权国务院税务主管部门制定预扣预缴办法;(3)第 12 条分类所得的汇算清缴和扣缴规定;(4)第 14 条第 2 款汇算清缴的退税规定。

---

① 参见刘剑文主编:《税收征管法》,武汉大学出版社 2003 年版,第 151 页。

② 参见《2021 年财政收支情况》,资料来源:http://gks.mof.gov.cn/tongjishuju/202201/t20220128_3785692.htm。

2018 年《个人所得税法》修订后,《个人所得税法实施条例》随之修改,进一步细化有关规定,其中汇算清缴的规定主要体现为:(1)第 25 条综合所得汇算清缴的情形以及退税的办理,并且授权国务院税务主管部门制定汇算清缴的具体办法;(2)第 29 条汇算清缴委托办理规定;(3)第 31 条汇算清缴错误纠正规定;(4)第 32 条外币形式所得汇算清缴规定。虽然《个人所得税法实施条例》是对于《个人所得税法》的细化规定,使个人所得税汇算清缴做到有具体的规范可依,但仍存在再次授权制定具体办法的规定,增加了税法的复杂性。

《税收征收管理法》在 2015 年修订时,我国尚处于个人所得税分类计征模式,但对于当下个人所得税汇算清缴具有较强的适用性,主要体现为:(1)第 25 条第 1 款纳税人如实申报义务规定;(2)第 26 条纳税人申报方式规定;第 27 条纳税人延期申报规定;第 62 条、第 64 条第 2 款纳税人未按规定或未申报法律责任规定。《税收征收管理法实施细则》对《税收征收管理法》有关规定予以细化。

除了以上两部法律及其实施条例、实施细则以外,国家税务总局《个人所得税扣缴申报管理办法(试行)》(国家税务总局公告 2018 年第 61 号)明确了个人所得税扣缴、申报过程中应纳税所得额的计算、费用扣除以及税率适用等具体问题的处理办法。国家税务总局《关于个人所得税自行纳税申报有关问题的公告》(国家税务总局公告 2018 年第 62 号)重申了需要进行汇算清缴的情形,并对其具体时间、资料作出规定。财政部、国家税务总局《关于个人取得有关收入适用个人所得税应税所得项目的公告》(财政部、税务总局公告 2019 年第 94 号)又对需要进行汇算清缴的情形、减免税额及专项附加扣除作了细化。国家税务总局《关于办理 2019 年度个人所得税综合所得汇算清缴事项的公告》则对第一次个人所得税汇算清缴所涉及的具体政策予以全面规定。为了确保纳税人及时、准确地进行汇算清缴工作,国家税务总局还发布个人所得税综合所得年度汇算办税指引,以阐明个人所得税年度汇算清缴的具体条件、时间、地点、准备材料、流程、退补税及后续事宜中可能出现的问题,用于指导纳税人办理汇算清缴工作。

近年来,国家税务总局不断完善个人所得税汇算清缴制度,例如,增加主要收入来源地主管税务机关作为纳税申报机关;建立"首违不罚"制度和年度汇算补退税关联,帮助纳税人及时进行纳税申报;提示更正有误的填报项目,关闭手机软件的"删除"年度扣缴记录功能,设置个人所得税 APP 撤销退税申请次数上限等以优化纳税填报,指导下一次年度汇算清缴工作。

二、个人所得税汇算清缴的国外立法例

(一)美国

美国个人所得税征收属于典型的综合计征模式,采取年中预扣预缴、年度汇算清缴的方式。每年年初,雇主会将上一年度的工资单和报税所用的信息表发送或邮寄给其员工。[①] 国内收入局为纳税人提供了单身、夫妻、户主和夫妻单独等多种可选择的申报方式,每种申报方式对应不同的扣除额、免税额。纳税人需要计算出上一年度的调整后所有收入,并在此基础上选择标准扣除或逐项扣除,最后计算出应纳税额,如实填写纳税申报表,再电子发送或邮寄给国内收入局,在 4 月 15 日前完成申报。

无论纳税人年中是否存在预扣预缴,均须真实填写纳税申报表并报送税务机关。税务机关还可以通过雇主、银行、保险公司等来掌握纳税的涉税信息,将其汇总于纳税人的社会保障账户,用于与纳税申报表核对,并将发现问题的纳税申报表单独审核。每年会有 1% 至 2% 的纳税申报表被抽取进行稽查,一般而言,高收入纳税人被抽取的概率更高。[②] 严密的税务稽查保证了纳税人对于纳税申报的高参与率,2015 年自行纳税申

① 参见董为众:《美国个人所得税年度汇算清缴简介》,载《国际税收》2020 年第 3 期。

② 参见梁俊娇、张毅生:《美国个人所得税的申报、征收和稽核制度》,载《中国税务》2002 年第 1 期。

报的纳税人占总人口的比重超过了 63%。①

由于美国所得税制较为复杂，会计师、纳税申报公司等提供纳税申报服务的机构众多，为纳税人提供专业的纳税申报服务，也有 Turbo Tax、Tax ACT 等软件供纳税人自主申报使用。税务机关针对年长或低收入纳税人，通过免费所得税服务、老年人税务咨询服务和国内收入局在线免费申报三种方式提供纳税申报支持。②

（二）英国

个人所得税在英国发展最为长久，也较为完善。英国个人所得税征收采取自行申报和就源扣缴并重的机制，就源扣缴利息所得、工资所得和薪金所得，其他类型所得则由纳税人自主申报并缴纳税款。在每纳税年度末，税务稽查员会向纳税人发送书面的自行申报表，由纳税人选择合适种类的申报表，在一定期限内填写收入、支出、宽免等项目，最终完成申报。若是纳税人只有储蓄、工资薪金所得，则有的年份需要申报，有的年份不需要申报。③

英国税务机关充分运用信息技术将纳税人的收入、支出等信息纳入计算机系统，使基层税务机关能够及时获得系统检测到的纳税人欠税、利息、罚款等信息。为了保证纳税人自觉进行个人所得税汇算清缴，英国税法还规定了明确的税务处罚，并且限制基层税务工作人员修改纳税人违法记录的权限。为了避免纳税人因不熟悉税法相关规定而遭受不必要的损失，英国将纳税服务作为税务机关的重要工作内容之一，此外专门成立了英国低收入者税制改革委员会（Low Incomes Tax Reform Group，LITRG），以减轻低收入群体咨询纳税相关问题的经济负担。④

---

① 参见梁季：《美国联邦个人所得税：分析、借鉴与思考》，载《河北大学学报》（哲学社会科学版）2019 年第 1 期。

② 参见董为众：《美国个人所得税年度汇算清缴简介》，载《国际税收》2020 年第 3 期。

③ 参见陈炜：《英国个人所得税征收模式的实践经验与启示》，载《涉外税务》2013 年第 1 期。

④ 参见叶美萍：《各国纳税服务工作的经验与思考》，载《现代经济探讨》2012 年第 2 期。

（三）日本

日本的个人所得税属于混合计征模式，应税所得分为10类，其中利息所得、股息所得、工薪所得和退休所得采取就源预扣预缴，其他所得则由纳税人在汇总自己的收入后，每年3月15日前自行提交纳税申报表，并且缴纳剩余税额或申请退税。①

日本建立了较为健全的税务代理制度，以方便纳税人完成纳税申报，并且《税理士法》规定了税务代理人的代理条件及其代理的业务，确保税务代理健康发展。日本还首创了蓝色申报制度、白色申报制度，即纳税遵从意识较强、账册健全并能正确申报的纳税人，可以用蓝色申报表，享有额外优惠政策；账簿不健全、不能准确申报的纳税人，使用白色申报表，受到税务机关的严格监管。日本的税务稽查也相当严密，对于利用不当手段逃避缴纳税款的纳税人，除了附加征税外，还有可能面临刑罚。②

三、个人所得税汇算清缴的申报措施

目前，我国已经形成了较为体系化的个人所得税汇算清缴法律制度，且较为顺利地进行了税制改革后的个人所得税汇算清缴工作，但也存在一些突出问题。

（一）纳税申报服务

2018年修正《个人所得税法》将工资薪金所得等4项所得纳入综合所得，每月预扣预缴、年末由纳税人计算年度应纳税所得额后，依据各自情形进行补退税。由于我国个人所得税长期采取分类计征模式，纳税人缺乏了解、掌握税法的主动性，对税法知之甚少。个人所得税应税所得在发放时已预扣预缴税款，汇算清缴计算应纳税所得额又须在纳税人所有

---

① 参见张耀文、张路乔：《日本个人所得税自行纳税申报制度特色与借鉴》，载《财政科学》2019年第6期。

② 参见胡怡建等编著：《个人所得税税制国际比较》，中国税务出版社2017年版，第308页。

应税所得基础上扣除基本费用6万元、专项扣除、专项附加扣除和其他扣除等，可能适用与预扣所得税不同的税率，造成了个人所得税的汇算清缴操作繁杂，亟待各方提供纳税申报服务。

1. 税务机关的申报服务

在我国，传统税法理论和实践往往将纳税人仅作为税法的主要义务方，忽视税务机关的服务职责，重视税收任务的完成与否，轻视税收调节国民收入、促进税负公平的作用，与服务型政府建设的要求存在较大差距。我国税务机关应当加强个人所得税纳税申报服务：（1）税务机关应当积极解答纳税人对于个人所得税汇算清缴存在的疑问，降低纳税遵从成本，减少因程序繁杂、效率低下而产生的心理抵触；（2）税务机关可以在原有税务大厅咨询岗、12366服务热线等基础上，增加专门面向老年人、低收入群体的免费纳税服务，包括纳税政策解释、申报表代填、问题解答等；（3）税务机关应当将纳税服务作为考核工作人员绩效的重要指标，鼓励纳税人以自身经历对工作人员的工作效率、服务态度等作出评价，推出对税务机关的服务满意度的网页端匿名测评，促使税务机关的申报服务落到实处，提高纳税人的纳税体验满意度。

2. 税务代理服务

税务代理制度为纳税人提供了准确申报纳税的保障，税务代理服务在一定程度上降低了纳税人汇算清缴的时间成本，避免纳税人因申报错误而承担的法律责任，有利于提高纳税人的税收遵从积极性，同时也提高了税务机关对纳税申报的审核效率。

汇算清缴制度复杂，加之税法专业性较强，税务中介代理服务需求量日益激增。我国税务代理始于20世纪80年代，但一直未被给予足够的重视，至今仍未具有较高位阶的相关立法，导致制度建设严重滞后于实践。国家税务总局出台诸多有关税务代理、税务师的部门规章，包括1996年《注册税务师资格制度暂行规定》、2001年《税务代理业务规程（试行）》、2005年《注册税务师管理暂行办法》、2006年《关于注册税务师行业建立公告制度的通知》等，但存在层级较低、内容零散、相关术语不尽统一等一系列问题。① 2014年《国务院关于取消和调整一批行政审批项目等事项的决定》(国发〔2014〕27号)，取消了注册税务师等11项由部门规章设立的职业资格许可，使得税务代理的立法需求更加迫切。

为有效服务纳税人的个人所得税汇算清缴，我国应当借鉴日本《税理士法》、美国税务服务法律制度等经验，建立、健全税务代理法律制度：(1)应当将律师、注册会计师、税务师等具有专业税法知识的人员纳入从业范围，严格把控税务代理人员的从业资格；(2)对于违反诚信代理，帮助纳税人虚假申报、隐瞒收入等逃避税的，应当重新核定其税务代理从业资格，保障行业规范；(3)借鉴律师、注册会计师行业服务标准，根据服务内容，制定税务代理人员的合理收费标准；(4)加强职业自律监管，由职业共同体协同拟定执业规范，约束从业人员行为，并维护其合法权益，由税务机关对相关行业协会进行监管，对从业人员的代理行为进行监督。

(二)纳税申报信息

随着现代信息技术的广泛应用，金税工程四期正式启动实施，我国正向“以数治税”迈进。《个人所得税法》第15条规定了相关机构应当向税务机关提供所掌握的纳税人涉税信息义务，《税收征收管理法》第6条也规定了涉税信息共享机制，但目前个人所得税涉税信息共享机制不够健全，全面掌握纳税人信息尚存困难，尤其对于拥有多种灰色的隐性收入来源的纳税人，在其未主动申报有关收入的情况下，税务机关缺乏足够的征管能力。

税务机关应当充分利用与银行、保险、证券、公安、卫生、教育等机构的信息共享，将纳税人在其他机构更新的涉税信息及时纳入个人纳税信息系统，逐步实现电子票证等信息的共享。同时，有关扣除费用的票证应当及时上传至税务系统，实现实时扣除，落实实质税收公平，也减轻纳税

① 周游:《注税行业之发展模式与立法框架——以〈税收征收管理法修正案〉(征求意见稿)第九十条展开》，载《注册税务师》2014年第3期。

人的综合所得资料、票证的留存义务。

四、个人所得税汇算清缴的预扣缴

个人所得税混合计征模式要求纳税人以年为单位汇算清缴，但税收承担筹集财政收入的功能，实施行政管理、提供公务服务等均需要税收的支持，不可能在年终才征缴税款，而是年中就确保财政收入入库，预扣预缴成为个人所得税的适宜选择。

（一）预扣缴方式的优化

依据2018年修正《个人所得税法》第11条规定，我国个人所得税的预扣预缴采取按月或按次的方式，但费用扣除难以符合量能课税原则，部分本应扣除的费用计入了应纳税所得额，增加了纳税人的税负压力。单一的预扣预缴方式虽然可以保障财政收入及时缴纳入库，降低税收流失可能性，但实际上剥夺了纳税人按自己意愿缴纳预扣税款的选择权，由于纳税人的综合所得税款按累进税制预缴，即扣缴义务人需要将本年度一月份到上一月的所有综合所得加总，在扣除符合条件的费用后，才能按适用税率计算出本月所应预扣预缴税款，大幅度增加了扣缴义务人执行预扣缴程序的繁杂程度。此外，由于纳税人短期内未能及时取得全部符合扣除条件的费用票证，而不能实现完全扣除，导致预扣预缴税款比实际应缴税款较多，增加了纳税人暂时性的经济压力。

为了降低预扣预缴税款与汇算清缴之间的差额，使得量能课税原则不仅体现于最终的汇算清缴阶段，也贯穿于年中预扣预缴，可以将我国个人综合所得预缴税款拓宽为按月预缴、按季预缴或者按上年度最终的应纳税额分次预缴三种方式，在减轻扣缴义务人工作量的同时，也能给予纳税人以充分的选择权，凸显其在个人所得税汇算清缴过程中的中心地位。

（二）扣缴手续费的调整

《个人所得税法》第17条规定，“对扣缴义务人按照所扣缴的税款，付给百分之二的手续费”，即扣缴义务人因其履行法定义务而取得一定利益。理性人固有的逐利性导致扣缴义务人为获得更多的利益而倾向于多扣除税款，一些单位为了多收取手续费用，不列明免税收入项目，将扣除税款后的收入直接转入纳税人账户但未进行必要说明，损害了纳税人对多缴纳税款的知情权，造成个人所得税缴纳的税负不公平。

鉴于我国纳税人数众多，税法水平参差不齐，不能要求每个纳税人自行预缴个人所得税，况且预扣预缴的方式也极大地提高了税收征管效率，因此扣缴义务人进行预扣预缴仍具有必要性。我国应当继续由扣缴义务人履行扣缴义务，但其手续费用改为按预扣预缴次数支付，解除其与所预扣税款数额的利益关系，确保扣缴义务人履行义务的中立性，实现个人所得税的税收公平，降低纳税人的抵触心理。

五、个人所得税汇算清缴的退税机制

《个人所得税法》第 14 条第 2 款规定，“纳税人办理汇算清缴退税或者扣缴义务人为纳税人办理汇算清缴退税的，税务机关审核后，按照国库管理的有关规定办理退税”，即税务机关享有退税申请的审核权，并按国库管理规定办理，但相关表述过于笼统，需要进一步细化。

（一）退税的前置条件

依据《个人所得税法实施条例》第 25 条第 1 款第 4 项、《关于个人所得税自行纳税申报有关问题的公告》第 1 条第 1 款第 4 项，汇算清缴成为退税的前置条件。此正向列举的规定虽在一定程度上可以保障税收不会流失，但不合理地限制了纳税人的退税权，造成“征税容易退税难”的片面现象，不利于提高纳税人汇算清缴的积极性。况且，我国个人所得税主要采取预扣预缴方式，若因扣缴义务人计算错误或规则适用有误导致多缴纳税款，纳税人被迫进行汇算清缴，实质上是“惩罚”无过错的纳税人。我国应当细化退税情形，对于因扣缴义务人或者纳税人错误而发生的多扣缴税款，不要求其进行汇算清缴，仅须对错误部分予以更正即可获得退税。如果涉税基础信息错误造成的适用条款不当而形成的多扣缴税款，则先由纳税人更正信息，再视更正后的信息是否符合汇算清缴条件而区别处理。

（二）退税的路径

《个人所得税法实施条例》第 25 条第 2 款规定，“纳税人申请退税，应当提供其在中国境内开设的银行账户，并在汇算清缴地就地办理税款退库。”退税账户应当为纳税人本人的国内银行账户的要求，在一定程度上体现税法的严谨性，确保退税的安全，但却与税收治理能力现代化相违背。单一的退税账户要求，不符合退税便捷性、及时性的趋势，在支付宝、微信等手机支付 APP 应用量激增且业已实现实名认证的条件下，完全可以拓宽纳税人退税账户的形式，以提高汇算清缴的效率。我国税法应当允许退税至纳税人已经实名制的个人电子账户，退税用于支付本人次年度预扣税款，或者退回至本人所属以外的他人税收账户等。多元的退税方式给予纳税人更多的选择权，而且因电子账户具有实时到账功能，亦可实现及时、便捷地退税，让纳税人体验到更为快捷的个人所得税退税服务，增强其参与个人所得税汇算清缴的积极性。

第二节　个人所得税税收自愿披露

一、税收自愿披露概述

（一）税收自愿披露的概念

由于税收行为的特殊性，加之税收稽查的成本过高，税务机关或多或少存在执法资源不足的现象，逃漏税在世界各国均存在。为了给纳税人提供补缴税款的机会，同时节约税务机关的执法资源，各国税务机关广泛地采取类似“自首”的税收征管措施，即税收自愿披露。税收自愿披露是指，存在逃漏税等违反税法行为的纳税人，在税务机关未追究其法律责任前，主动向税务机关坦白逃漏税、披露隐匿资产等违法情况，并且自愿履行纳税义务的行为。

税收赦免是与税收自愿披露较为类似的制度,是指未履行纳税义务的纳税人只要满足了赦免方案的要求,免除纳税人的刑事或行政处罚,甚至特殊情况下还可以免除其全部或部分税款。税收赦免是一国税收制度人性化的重要体现,许多税制较为完善的国家都有相关实践。税收自愿披露和税收赦免核心都是给纳税人一个改过机会,激励纳税人回归诚信纳税系统,但两者存在以下区别:(1)免除责任的范围不同,税收赦免在特殊情况下可以对所欠税款进行赦免,但税收自愿披露一般不会免除应纳税款;(2)适用的期限不同,税收赦免一般是一次性的,而自愿披露可以是一次性的,也可以是永久性的;(3)适用的对象不同,税收赦免可以对已被税务机关掌握了违法事实的纳税人进行,但自愿披露适用的对象通常只限于未被税务机关发现的违法纳税人。总之,税收自愿披露的适用范围较窄,既具有税收赦免的宽宥、激励功能,又对宽泛的赦免进行了合理限缩。①

(二)税收自愿披露的税收遵从理论

阿林厄姆(Allingham)和桑德姆(Sandmo)在借鉴贝克尔(Becker)犯罪经济学理论和阿罗(Arrow)风险和不确定性理论的基础上,于1972年提出了税收遵从概念,并进行开拓性研究。②《2002年—2006年中国税收征收管理战略规划纲要》(国税函〔2003〕267号)首次在我国官方文件引入"税收遵从"的概念,"引导纳税人依法自觉纳税,提高纳税遵从意识"。税收遵从可以分为三种类型:(1)防卫性遵从,即纳税人因畏惧税务机关严格执法和税法严重处罚规定,不得不进行的税收遵从行为;(2)制度性遵从,即纳税人因税法周延规定和税务机关周密执法,不自觉的税收遵从行为;(3)忠诚性遵从,即纳税人高度认可纳税义务和税法规范,

---

① 参见邓力平、李林木:《对税收赦免问题的几点看法》,载《税务研究》2004年第1期。

② See Allingham, M. G & Sandmo, "A Income Tax Evasion: A Theoretical Analysis", *Journal of Public Economics* 1, 1972.

积极主动的履行纳税义务。税收不遵从也可以分为三种类型:(1)情感性税收不遵从,即纳税人对政府行为、财政支出不满或对税收公平和税收服务不认可,而有意识地逃避纳税义务;(2)自私性税收不遵从,即纳税人因一己私利而故意逃漏税的行为;(3)无知性税收不遵从,即纳税人因对税法规定的纳税义务及其履行缺乏了解,未及时履行纳税义务。① 概言之,税收遵从不仅指纳税人不逃漏税,如实履行纳税义务,还应当包括对纳税义务的高度认同和履行纳税义务的主动性。②

税法需要具有威慑力,就必须对故意不遵从者设定惩戒制度,例如纳税人的逃漏税行为一经查实便予以行政、刑事处罚等。但是,违反税法行为的发现概率及其处罚力度受到执法资源的数量和成本的制约,不能在根本上实现税收遵从。只有建立有效的税收遵从激励机制,让纳税人自觉遵守税法、自觉履行纳税义务,才能够降低税收征收成本,提高纳税效率。③ 税收自愿披露是税收遵从激励的重要组成部分,通过给予未履行纳税义务的纳税人一次改过自新的机会,提高纳税人的税收遵从度,可以有效地起到恩威并施的效果,从而实现税务征管成本降低、财政收入及时足额入库的目的。

(三)我国税收自愿披露的立法与实践

1992 年《税收征收管理法》及其 1995 年修正、2001 年修订、2013 年修正、2015 年修正,均未对税收自愿披露予以规定。但是,2016 年国家税务总局《税务行政处罚裁量权行使规则》第 11 条规定,“法律、法规、规章规定可以给予行政处罚,当事人首次违反且情节轻微,并在税务机关发现前主动改正的或者在税务机关责令限期改正的期限内改正的,不予行政处罚”,以及第 14 条第 1 项“违法行为轻微并及时纠正,没有造成危害后

① 参见马国强:《纳税人行为方式研究》,载《涉外税务》2000 年第 4 期。

② 参见匡浩宇:《论税收遵从度对我国税收征管工作的启示》,载《当代经济》2018 年第 8 期。

③ See Dominika Langenmayr. “Voluntary disclosure of evaded taxes-Increasing revenue, or increasing incentives to evade?” *Journal of Public Economics* 151, 2017.

果的"不予行政处罚,第 15 条第 1 项"主动消除或者减轻违法行为危害后果的"可以从轻或者减轻行政处罚。上述规定具有部分税收自愿披露的特征,但其上位法依据不是《税收征收管理法》,而是《行政处罚法》,甚至只是对《行政处罚法》第 32 条第 1 款第 1 项、第 33 条第 1 款的简单重复,未体现税收征收管理的特殊性,亦缺乏操作性。

税收征收管理实践中的自查自纠,与税收自愿披露相近似。税务自查自纠最早可追溯至 1985 年开始的税收财务物价大检查。历时 13 年的"财税大检查"要求纳税人自查和税务机关的重点检查相结合,并且确立"自查从宽、被查从严、实事求是、宽严适度"的处罚原则。虽然"财税大检查"后来被取消,但税务自查自纠及其处罚原则在我国税收征收管理实践中被采用。[①] 例如,2004 年《国家税务总局关于加强外籍人员个人所得税征管工作的通知》(国税发〔2004〕27 号)提出,"2004 年 6 月底前,外籍人员或扣缴义务人主动申报以前年度未缴税款的,除依法补缴税款外,按日加收滞纳税款 0.5‰的滞纳金,但不予处罚";又如,2018 年《国家税务总局关于进一步规范影视行业税收秩序有关工作的通知》(税总发〔2018〕153 号)提出,"从 2018 年 10 月 10 日起,各地税务机关通知本地区的影视制作公司、经纪公司、演艺公司、明星工作室等企业及影视行业高收入从业人员,对 2016 年以来的申报纳税情况进行自查自纠。凡在 2018 年 12 月底前认真自查自纠、主动补缴税款的影视企业及从业人员,免予行政处罚,不予罚款。"由此可见,税务自查自纠具有临时性税务自愿披露制度的特征,但自查自纠法律依据不足,其后果设定存在一定随意性。

海关是我国税收征管机关之一,海关在多年税收征管实践中逐渐形成了具有永久性自愿披露特征的海关主动披露制度。为提高监管效能、推动企业守法自律管理,海关探索建立了"守法容错"的激励机制。2014

① 参见陈司谨、吴拥军:《纳税人自查修正行为法律责任研究》,载《税务与经济》2015 年第 5 期。

年之前就开始“企业自律管理”的试点，2014 年《海关全面深化改革总体方案》中进一步明确提出，“建立‘主动披露’制度，企业主动报告违规问题或差错的，可从轻、减轻或免予处罚”，自此被正式命名为“主动披露”。2015 年，为支持和促进福建、广东、天津自由贸易试验区建设，海关总署《关于支持和促进中国（广东）自由贸易试验区建设发展的若干措施》明确规定，“试行企业‘主动披露’制度。对企业主动报告海关未发现的违规情事，可依法视情从轻、减轻或不予行政处罚，引导企业守法诚信、规范经营，营造守法便利、违法惩戒的良好环境。”2016 年《海关稽查条例》修订，第 26 条增设第 2 款，“与进出口货物直接有关的企业、单位主动向海关报告其违反海关监管规定的行为，并接受海关处理的，应当从轻或者减轻行政处罚。”同步制定的《〈海关稽查条例〉实施办法》设主动披露专章，对海关主动披露的适用情形及例外、主动披露提交的证明材料及主动披露的法律后果予以规定。

总之，在我国税收征管实践已经形成具有临时性税收自愿披露的税务自查自纠和具有永久性税收自愿披露的海关主动披露制度，亟待在《税收征收管理法》中确立并详细地规定税收自愿披露。2015 年《税收征管法修订草案（征求意见稿）》对税收自愿披露予以规定，第 99 条第 2 款修正申报规定，“纳税人、扣缴义务人自法律、行政法规规定或者税务机关依照法律、行政法规的规定确定的申报缴纳税款期限届满之日起至税务检查前办理修正申报，并缴纳税款的，处补缴税款百分之二十以下的罚款”，较之第 1 款①，申报修正后的罚款被减少。此外，第 124 条第 2 款也规定，“对主动纠正税收违法行为或者配合税务机关查处税收违法行为的，可以视情节从轻、减轻、免予行政处罚或者减免征收税收利息”。由此可见，征求意见稿部分确立税收自愿披露，但规范设计存在较多缺失，

① 《税收征收管理法修订草案（征求意见稿）》第 99 条第 1 款规定：“纳税人、扣缴义务人因过失违反税收法律、行政法规，造成未缴或者少缴税款的，税务机关除按照本法第八十六条的规定追缴其未缴或者少缴的税款外，并处未缴或者少缴税款百分之五十以下的罚款。”

应当进一步完善。

二、税收自愿披露的国外立法例

（一）美国

税收自愿披露是美国国内收入局刑事调查部门的长期做法，在其决定建议刑事起诉时，纳税人是否存在及时、准确和完整地自愿披露是重要的考虑因素。纳税人通过指定程序，向税务机关提供真实、完整和及时的披露，并与税务机关合作确定正确的纳税义务，全额支付所欠的税款、利息和罚金，就会产生自愿披露。其中，披露的及时是指以下情形发生之前：（1）民事检查和刑事调查启动，或者通知纳税人启动；（2）举报人、媒体或其他机构等第三方提醒税务机关对特定纳税人的违法行为予以注意；（3）在依据查令、大陪审团传票等的刑事执法行动中，获得与纳税人的特定违法行为直接相关的信息。

《美国国内收入局工作手册》第 9 部分第 5 章第 11 节以肯定和否定示例的方式，对税收自愿披露的要求予以说明：（1）在规定时效内，若是申报信函包括纳税人完整、准确的修正信息，同时承诺的补缴款项符合实际情况，构成自愿披露，但申报信函只表达了纳税人的披露意愿而无身份信息，则不构成自愿披露；（2）鉴于合规行动与纳税人的具体责任无直接关系，合规行动宣布开始但未对纳税人进行调查之前，纳税人对其逃漏税信息进行披露，符合税收自愿披露的要求；（3）纳税人在收到不具有调查意图的是否申报询问通知后，对其未申报行为进行披露符合税收自愿披露的要求；（4）纳税人若已被大陪审团进行调查，不论本人是否知情，相关逃漏税信息的披露不属于税收自愿披露；（5）国内收入局未对纳税人发起调查，但已从第三方获知纳税人的逃漏税行为，则纳税人的逃漏税信息披露不能构成税收自愿披露。

2009 年、2011 年、2012 年和 2014 年，美国先后对纳税人的境外所得和资产推出了一系列临时性税收自愿披露项目，至 2014 年 6 月累计收回高达65亿美元的欠缴税款、滞纳金和罚款。其中,美国在2014年还推出简易披露遵从程序,即参与简易披露遵从程序的纳税人,若不是美国公民,仅须缴纳其拖欠的税款和利息;若是美国公民,须额外缴纳海外资产总额5%的轻微离岸罚款。①

(二)德国

在德国,逃漏税自动报缴免罚相当于税收自愿披露。1919年德国《帝国租税通则》第374条首次对税收刑罚免罚的一般规定进行明确,1977年德国《租税通则》第370条规定了逃漏税罪,第371条则规定了逃漏税罪的自首情形。依据《租税通则》第371条规定,德国逃漏税自动报缴免罚须具备两个积极条件:(1)申报逃漏税不法行为,即对未超过时效的逃漏税涉及的应纳税事实予以披露;(2)对逃漏税违法后果的补救,即在税务机关规定期限内缴清所欠税款及利息,且无权要求返还。申言之,免罚的目的在于使纳税人对税收债权造成的损害恢复原状,同时使违法纳税人有机会回归诚实纳税体系。一旦税务机关掌握了纳税人的逃漏税证据,纳税人的自动报缴就失去了节约征收成本的作用,其报缴亦非出于自愿,此时应当排除逃漏税自动报缴免罚的适用。换言之,逃漏税自动报缴免罚的消极要件是指,纳税人自动报缴之前,知道或应当知道其逃漏税行为已被税务机关发现,包括以下情形:(1)纳税人或其代理人已被通知将对其进行调查;(2)税务工作人员已到场对其调查或已开始执行处罚。此外,针对重大过失的逃漏税,若纳税人或其代理人在接到刑罚或处罚程序通知前,更正或补充不正确、不完整的说明、补报未申报的部分,则不予核定处罚。

2011年,德国《洗钱防治法》对《租税通则》第371条予以修正,规定逃漏税金额超过5万欧元的,自动报缴不能当然免罚,纳税人须在税务机关规定期限内缴纳所欠税款,并且向国库上缴所欠税款5%的罚款,税务

① 参见梁若莲:《我国实施税收自愿披露项目正当其时》,载《国际税收》2016年第8期。

机关才对其逃漏税行为不予追究。2014年,德国的逃漏税金额降到2.5万欧元,但罚款比例提升为10%—20%。2015年修改后《租税通则》进一步明确规定,纳税人在指定期限内缴纳所逃漏税金额未超过10万欧元的,加收逃漏税金额10%的罚款;逃漏税金额超过10万欧元但未超过100万欧元的,加收逃漏税金额15%的罚款;逃漏税金额超过100万欧元的,加收逃漏税金额20%的罚款。换言之,纳税人在缴纳相应逃漏税款后,尚须补缴罚款,方免予追究其他法律责任。①

(三)澳大利亚

澳大利亚《税收管理法》对逃漏税行为的处罚措施较为严厉,可以处以未缴税款90%的罚款和10年的监禁。为缓和严苛的税收处罚措施,澳大利亚规定了永久性自愿披露制度,即纳税人自愿披露其逃漏税行为的,可以减免其遭受的处罚,但减免力度会依据纳税人自愿披露的时间节点来确定。具言之,若是纳税人在税务机关发出自愿披露通知后进行披露,税务机关的罚款将减少20%;若是纳税人在税务机关发出自愿披露通知前进行披露,税务机关的罚款将减少80%,未缴税款低于1000澳元的,则会免于处罚。

澳大利亚还针对离岸资产先后实施了两次临时性的"离岸自愿披露项目"和"今日披露离岸所得项目"。

离岸自愿披露项目针对的是纳税人的境外资产及所得,鼓励纳税人在2010年6月20日前披露其离岸账户或离岸避税情况,但存在以下情形的,不得参与披露:(1)已被澳大利亚税务局审计调查;(2)已收到澳大利亚税务局提供与其遗漏离岸收入相关信息的通知;(3)通过其他犯罪活动取得的海外收入;(4)利用非法收入得到的海外收入;(5)曾经自己或鼓励他人从事逃税活动;(6)因税收违法已经被澳大利亚税务局、联邦警察局或刑事委员会调查或被通缉。离岸自愿披露项目提供给纳税人的

① 参见陈清秀:《自动报缴免罚制度的比较研究》,载《财经法学》2019年第2期。

激励政策主要包括：（1）2002 年及以前没有纳税的纳税人无须缴纳滞纳金；2003—2004 年按最低的比例计算滞纳金；2005 年及以后的正常征收。（2）纳税人所申报的收入不足 2 万澳元的，免除滞纳金；超过 2 万澳元的，征收该年未申报收入的 10%作为滞纳金。（3）参与离岸自愿披露行动的纳税人可以匿名向澳大利亚税务局寻求帮助，从而了解到纳税人的情形是否构成犯罪，以帮助其免受刑事起诉。

今日披露离岸所得项目的实施时间是 2014 年 3 月 27 日—12 月 19 日。除了离岸自愿披露行动所规定的 6 个限制条件之外，已参加过离岸自愿披露项目但未能遵守其相关义务的纳税人，不能参与今日披露离岸所得项目。在今日披露离岸所得项目中，纳税人的滞纳金不能被减免。对于罚款的免除、刑事诉讼和额外信息的提供等规定，与离岸自愿披露行动项目基本一致。

三、我国税收自愿披露的法制构建

（一）适用范围

税收自愿披露可以分为永久性税收自愿披露和临时性税收自愿披露，《税收征收管理法》应当对永久性税收自愿披露予以明确规定。基于税收公平原则，永久性税收自愿披露可以广泛地适用于货物劳务税、所得税、财产和行为税等所有税种。但是，永久性税收自愿披露的适用应当设定消极要件，纳税人的逃漏税违法行为若已被税务机关发现，则不适用永久性税收自愿披露。

临时性税收自愿披露是指，税务机关在特殊时期对特定税收违法行为予以一定从轻或减轻处罚的承诺。临时性税收自愿披露具有一定灵活性，《税收征收管理法》不宜予以较为详细地规定，但应当明确临时性税收自愿披露实施的法律依据、部门权限，以及要求税务机关发布的临时性税收自愿披露方案应当对适用税种、期限等予以明确规定。一般而言，为增加纳税人的紧迫感，临时性税收自愿披露的期限不宜过长，以 2 个月到

3个月为宜。

（二）前期沟通

税收自愿披露的核心是纳税人的自愿选择，为提高纳税人参与税收自愿披露的积极性，应当加强税务机关与纳税人前期沟通的规定。税务机关不仅面向一般主体展开税收自愿披露的宣传与引导，提高公众关注度，还应当与潜在税收自愿披露纳税人进行有针对性的前期沟通。申言之，具有税收自愿披露意愿的纳税人可以匿名对税务机关进行初步咨询，以了解税收自愿披露流程、不合规所涉及的风险以及自愿披露的法律后果。为了更好地保护纳税人权益，前期沟通应是非正式的、无约束力的。税务机关可以在官方网站上设置税收自愿披露专栏，并提供电话、邮箱等方便纳税人问询，对于匿名纳税人提出的较为复杂的法律问题可以提供具有法律约束力的解答。此外，一些纳税人可能面临经济困难，税务机关可以在税收自愿披露的前期沟通中与其协商，根据纳税人的经济状况，达成所欠税款、利息以及滞纳金的分期缴纳协议。

（三）披露内容

税收自愿披露要求纳税人对自己的涉税事实进行如实申报，对以前年度未申报或未如实申报的信息应当予以补充和修正，以及按照要求披露诸如海外金融账户、资产、离岸架构等涉税信息。纳税人的税收自愿披露的内容应当达到完整、准确、详细的要求。若是纳税人的税收信息披露未达到要求，则不能享受税收自愿披露的激励待遇。

（四）法律后果

对于税收违法犯罪行为的处罚以报应和功利为依据，税收自愿披露作为税收遵从的激励手段，具有明显的功利性，即通过对税收违法行为法律后果的减免引导纳税人诚信纳税。在法律责任方面，具体可以包括：(1)税收债务及其补偿责任。税收自愿披露法制具有聚集财政收入的功能，同时若因此减免纳税人所欠税款及其利息，相当于对违法纳税人的无息贷款乃至无偿资助，对其他诚实纳税人并不公平。因此，原则上纳税人应当依据税收自愿披露，补缴所欠税款，同时应当缴纳因为延迟纳税而发生的税收利息。但是，启动一些临时性税收自愿披露可能具有税制不公平等特殊原因，应当允许以特别立法形式对有关纳税人所欠税款及其利息的偿还责任予以减免。（2）行政责任的减让。依据《税收征收管理法》《行政处罚法》《行政强制法》的有关规定，税收违法行为涉及的行政责任包括滞纳金等行政执行罚和罚款等行政秩序罚。鉴于行政执行罚具有督促缴纳所欠税款的功能，不宜予以减免，但行政罚款可以根据税收自愿披露予以减轻和免除。（3）刑事责任的减让。依据罪刑法定原则、罪责相适应原则的要求，对于存在税收犯罪行为的纳税人，应当依据《刑法》第67条有关自首规定予以刑事责任减免。同时，依据《宪法》第67条第1款第18项①、第80条②的规定，对于参与特定临时性税收自愿披露的纳税人，予以刑事责任特赦。③

第三节　个人所得税纳税信用管理

一、个人所得税纳税信用管理概述

（一）个人所得税纳税信用的三重意义

信用是指，“信任、遵守诺言、以偿还为条件的价值运动的特殊形式”④。信用不仅具有典型的道德意义，还具有经济意义。信用反映的是

---

① 《宪法》第67条第1款第1项规定：“全国人民代表大会常务委员会行使下列职权：……（十八）决定特赦……”。

② 《宪法》第80条规定：“中华人民共和国主席根据全国人民代表大会的决定和全国人民代表大会常务委员会的决定，公布法律，任免国务院总理、副总理、国务委员、各部部长、各委员会主任、审计长、秘书长，授予国家的勋章和荣誉称号，发布特赦令，宣布进入紧急状态，宣布战争状态，发布动员令。”

③ 参见邓力平、李林木：《对税收赦免问题的几点看法》，载《税务研究》2004年第1期。

④ 夏征农、陈至立主编：《辞海》（第6版），上海辞书出版社2009年版，第2557页。

市场经济中不完全合约背景下的契约精神,[①]即交易费用、不确定性以及第三方的不可确认决定了任何合约都不可能是完善的,[②]对合约相对方能如约行为的期待正是信用的价值。期待的程度与信用的高低直接相关,信用成为合约相对方能否吸引他人与之订立契约的关键因素。由信用的道德意义与经济意义可以推导出信用的法律意义,因为不论法律对道德的追求抑或对经济的保护,均要求从法律层面对信用予以规范,即对违背约定、破坏交易等违反信用行为的责任追究。因此,纳税信用也应当具备道德、经济、法律三重意义,而不是予以片面道德化[③]。在《个人所得税法》实施中,个人瞒报收入、不主动纳税申报等失信问题已经造成愈发严重的税收流失问题,习惯性地谴责纳税人的道德水平低下,甚至归咎于市场经济下的道德滑坡,仅是从道德层面对纳税信用的狭隘理解。

对于个人所得税而言,纳税信用具有更为具体的三重意义:(1)个人所得税在某种程度上可以视为公民享受公共产品而对国家负担的对价,个人所得税的纳税信用则是国家对公民支付对价的期待,这种对价的期待要求公民诚信纳税,自然带有道德性。(2)个人所得税纳税信用的经济意义是将信用作为一种经济性激励工具,从正反两方面促使信用期待转化为诚信履行。基于经济理性的经济意义是个人所得税纳税信用的核心,建立在人性趋利避害之上的经济逻辑比纯粹的法律规制更具有可行性。作为理性人,纳税人自觉选择对自身最有利的方式行动,以实现自身利益的最大化。纳税对于纳税人而言是经济利益的直接损失,纳税人会判断纳税行为的收益、不纳税行为的风险等,并予以成本—收益分析。由于公共产品的性质特别是搭便车的存在,纳税人难以将享受公共产品视

① 参见孙哲:《从税收信用属性谈中国和谐税收信用体系构建》,载《大连海事大学学报》(社会科学版)2011 年第 5 期。

② 参见程民选:《信用的经济学分析》,中国社会科学出版社 2010 年版,第 27 页。

③ 参见梁俊娇、葛淑芸:《论构建我国纳税信用体系》,载《中央财经大学学报》2006 年第 2 期。

为纳税的收益，或者纳税的收益并不十分明显，并不体现为直接的经济利益。反之，不纳税或少纳税等失信行为的直接收益就是税款的免缴或少缴，其风险是被发现后遭受各种惩罚。我国应当以纳税人的纳税诚信行为与失信行为的“成本—收益”分析为基础，通过纳税信用制度建设发挥信用的积极引导作用和消极指引作用：就积极引导而言，可以将纳税信用作为优良资产，增加诚信纳税的收益，让良好的纳税信用成为纳税人具有更优竞争力的资本，以此引导纳税人主动纳税；就消极指引而言，是发挥信用惩戒作用，对失信行为给予负面评价，并给予相应的惩罚措施，以此增加失信纳税的成本。（3）个人所得税纳税信用的法律意义既包括为道德目标的追求设置最低标准，又包括经济意义在法律制度中的内化，即将经济意义所要求的工具手段规范化。

总之，个人所得税纳税信用的三重意义具有内在的关联性，是既有嵌套又有层次的整体。我国应当根据纳税信用的三重意义，以纳税人的经济理性为核心，通过纳税信用制度建设，推动纳税人的诚信纳税，进而最终导向信用的道德性，完成从外在约束到内在自我约束的过渡，通过手段与目的双层结构，构建现代个人所得税纳税信用制度。

个人所得税纳税信用制度建设又具有自身特点。2018 年《个人所得税法》修改，虽然一般扣除额的提高和专项附加扣除项目的增设可以带来个人所得税收入与纳税人数量大幅度下降，但数量仍较为庞大，①并且个人的收入来源广泛、经济行为复杂隐蔽，特别是数字经济进一步推动个人收入多元化和复杂化，税收征收难度较高，需要对个人所得税纳税信用

① 财政部相关负责人介绍，“仅以基本减除费用标准提高到每月 5000 元这一项因素来测算，修法后个人所得税的纳税人占城镇就业人员的比例将由现在的 44% 下降至 15%。”参见《个税制度从分类迈向综合与分类相结合：解读第七次个人所得税法修改》，载国家税务总局网站：http://www.chinatax.gov.cn/n840303/c3724582/content.html。以当年（2018 年）城镇就业人员 43419 万人计算，个人所得税缴纳人数应当在 6513 万。参见《2018 年度人力资源和社会保障事业发展统计公报》，载人力资源和社会保障部网站：http://www.mohrss.gov.cn/SYrlzyhshbzb/zwgk/szrs/tjgb/201906/W020190611539807339450.pdf。

制度予以“量身定制”。个人所得税纳税信用制度应当以实现诚信纳税的道德意义为目标，通过对采集的信用信息进行信用评价，进而实现法律调节纳税人的“成本—收益”的作用，即守信激励和失信惩戒。

（二）我国个人所得税纳税信用管理的立法

2014 年，国务院发布的《社会信用体系建设规划纲要（2014—2020 年）》是我国社会信用体系建设的里程碑。同年，国家税务总局发布了《纳税信用管理办法（试行）》及《纳税信用评价指标和评价方式（试行）》，初步建立起我国纳税信用制度。但是《纳税信用管理办法（试行）》第 3 条第 1 款规定，“本办法适用于已办理税务登记，从事生产、经营并适用查账征收的企业纳税人（以下简称纳税人）”，第 2、3 款规定，“扣缴义务人、自然人纳税信用管理办法由国家税务总局另行规定。个体工商户和其他类型纳税人的纳税信用管理办法由省税务机关制定。”换言之，纳税信用制度草创阶段指向的是企业纳税信用，并不包括个人纳税信用。《个人所得税法》前 6 次修正均未提及纳税信用，2018 年第 7 次修正则增设第 15 条，其中第 3 款规定，“有关部门依法将纳税人、扣缴义务人遵守本法的情况纳入信用信息系统，并实施联合激励或者惩戒”。但遗憾的是，《个人所得税法实施条例》对此未予以具体化规定。2019 年，国家发展改革委办公厅、国家税务总局办公厅联合下发《关于加强个人所得税纳税信用建设的通知》（发改办财金规〔2019〕860 号），个人所得税纳税信用制度建设开始起步。总之，我国个人所得税纳税信用制度起步晚、法律层级低、具体规定少，是我国个人所得税法治建设和《税收征收管理法》修改亟待加强的重点领域。

2021 年中共中央办公厅、国务院办公厅印发《关于进一步深化税收征管改革的意见》提出精准实施税务监管，“建立健全以‘信用+风险’为基础的新型监管机制。健全守信激励和失信惩戒制度，充分发挥纳税信用在社会信用体系中的基础性作用”。我国个人所得税的纳税信用制度应当突破道德意义的局限，发挥其经济意义，增强其法律意义，建立健全以个人纳税人为主体的纳税信用信息采集、评价、守信激励和失信惩戒制度。

二、个人所得税的信用信息采集

（一）纳税信用信息与涉税信息的区分

纳税信用信息与涉税信息是一对经常被混用的概念。2015 年《税收征管法修订草案（征求意见稿）》专设“信息披露”一章对涉税信息内容予以较为完整的表述。草案第 30 条“纳税人及与纳税相关的第三方应当按照规定提交涉税信息”是一般性规定，第 31—35 条则具体列举了涉税信息，包括经济行为中符合条件的纳税人的身份信息和给付信息、金融机构用户的身份信息和账户信息、平台交易者的登记注册信息、政府部门掌握的市场主体和个人的身份、财产、收支等信息。2018 年修正《个人所得税法》第 15 条第 1 款对于个人所得税涉税信息规定更为明确：公安、人民银行、金融监督管理等相关部门协助税务机关确认的纳税人的身份、金融账户信息，以及教育、卫生、医疗保障、民政、人力资源社会保障、住房城乡建设、公安、人民银行、金融监督管理等相关部门向税务机关提供的纳税人专项附加扣除信息。总之，个人所得税的涉税信息是指与特定自然人纳税人及其纳税义务有关的信息。①

纳税信用信息不同于涉税信息，二者在规范依据、内容、使用目的上存在差异：（1）在规范依据上，各个规范性文件对涉税信息和信用信息均予以明确区分。（2）在内容上，《个人所得税法》第 15 条第 3 款对个人所得税纳税信用信息作了模糊表述，“纳税人、扣缴义务人遵守本法的情况”，即纳税人纳税过程中守法情况的信息。《纳税信用管理办法（试行）》虽然不适用个人所得税纳税人，但有关规定值得借鉴。依据《纳税信用管理办法（试行）》第 10 条的规定，纳税信用信息包括纳税人信用历

① 参见闫海：《论纳税人信息权、税务信息管理权及其平衡术》，载《中国政法大学学报》2019 年第 6 期。

史信息、税务内部信息和外部信息。历史信息包括基本信息和评价年度之前的纳税信用记录，以及相关部门评定的优良信用记录和不良信用记录。税务内部信息包括经常性指标信息和非经常性指标信息，前者是指涉税申报信息、税（费）款缴纳信息、发票与税控器具信息、登记与账簿信息等纳税人在评价年度内经常产生的指标信息；后者是指税务检查信息等纳税人在评价年度内不经常产生的指标信息。外部信息包括外部参考信息和外部评价信息，前者包括评价年度相关部门评定的优良信用记录和不良信用记录；后者指从相关部门取得的影响纳税人纳税信用评价的指标信息。纳税人信用历史信息中的基本信息与涉税信息有所交叉，基本信息以外的信息都是反映纳税人在纳税过程中守信情况的信息。（3）在使用目的上，《纳税信用评价指标和评价方式（试行）》被用于反映纳税人本年度纳税的诚信程度，进而基于不同诚信程度给予不同纳税人不同的待遇。

（二）纳税信用信息的共享机制

个人所得税纳税人信用的历史信息和税务内部信息掌握在税务机关，税务机关应当结合个人所得税的特点，通过自身税务系统以及纳税人申报进行采集。但是，外部信息则需要有关部门予以提供，这是目前信用信息采集的难点。其原因在于，个人所得税信用信息采集上存在着严重的部门壁垒，信用信息共享存在制度缺位。《个人所得税法》第 15 条虽然确定了将个人所得税纳税信用信息接入信用信息系统，但对信息提供主体、信用信息范围、信息提供的职责和程序等没有详细说明，在《个人所得税法实施条例》中也没有进一步的解释。所谓的信用信息系统一般是指由国家发展改革委、中国人民银行指导，国家公共信用信息中心主办的“信用中国”平台。不过，此系统的信用信息收集效果并不理想，其主要原因是相关部门报送信用信息不全，偏重于企业信用信息，平台上个人信用信息只包括涉金融领域非法集资名单、涉金融领域其他严重违法名单、限飞限乘名单、拖欠农民工工资黑名单、失信被执行人名单、违法失信上市公司相关责任主体、严重违法超限超载运输失信当事人等。

近年来，随着税务机关的涉税信息管理权的逐步扩张，涉税信息的共享机制不断健全：(1)信息管税成为《税收征收管理法》修改的重点，2015年《税收征管法修订草案(征求意见稿)》专设“信息披露”一章，明确第三方向税务机关提交涉税信息的义务，明确银行和其他金融机构的信息报送义务，强化政府职能部门的信息提交协作制度；(2)我国在2013年签署、2015年批准《多边税收征管互助公约》，为配合公约的实施，税务机关和相关部门出台关于涉税信息查询、报送、尽职调查等多个文件，并且在2018年首次启动金融账户涉税信息交换；①(3)随着金税工程建设深入，税务、工商、社保、统计、银行等部门之间系统已经打通，个人所得税、社会保险、公积金、银行账户等实现数据共享。

由此，加强个人所得税信用信息的采集：(1)应当通过税收立法明确个人所得税纳税信用信息的范围；(2)《税收征收管理法》应当明确纳税信用信息是政府职能部门信息协作职责之一，并通过规范性文件或部门间备忘录的形式，为不同部门之间信用信息互通确立明确具体、具备可操作性的规范；(3)充分发挥已有数据共享平台和技术的功能，为纳税信用信息采集提供技术支撑。

三、个人所得税的纳税信用评价

个人所得税的纳税信用评价是指依据采集的个人所得税纳税信用信息对纳税人信用状况的评估，是发挥纳税信用制度功能的重要环节。一旦纳税信用评价做出，并非一成不变，应当依据纳税人信用状况予以动态调整：既包括税务机关根据纳税人实际信用状况变动的周期性调整，也包括失信纳税人通过补救措施自我改正的修复性调整，以及对纳税人错误评价采取的救济性调整。

① 参见闫海：《论纳税人信息权、税务信息管理权及其平衡术》，载《中国政法大学学报》2019年第6期。

（一）个人所得税纳税信用的分级评价

个人所得税的纳税信用评价应当是一个量化的、差异性的评价：一方面，信用状况的量化需要依据具体指标而有针对性地进行，从而得到一个可视化的“成绩”；另一方面，信用状况的差异性要求对不同信用状况的纳税人给出不同的评价，即对评价结果予以信用分级，以方便对评价结果的统一使用。纳税信用评价制度构建的最初也是最核心的问题就是评价指标及其权重的确定。

个人所得税纳税人信用评价指标体系设计存在两种方案：第一种是另起炉灶，即单独为个人纳税人制定与企业纳税人不同的信用评价指标体系；另一种是依托现有企业纳税人的信用评价指标体系，根据个人纳税人的特点进行修改，进而建立包括企业和个人纳税人的整体信用评价体系。① 相比之下，第二种方式的成本较低，是更为可行的方案。《纳税信用管理办法（试行）》设“纳税信用评价”专章对企业的纳税信用评价予以规定，《纳税信用评价指标和评价方式（试行）》据此对指标的内容和标准予以明确规定。依据《纳税信用管理办法（试行）》第 15 条的规定，纳税信用评价包括年度评价指标得分和直接判级两种方式，后者是指对于有严重失信行为的纳税人判定为 D 级，其他则依据第 18 条的规定，按得分不同分别为 A、B、C、D 四级。《国家税务总局关于纳税信用评价有关事项的公告》（国家税务总局公告 2018 年第 8 号）将新设立企业、评价年度内无生产经营业务收入的企业及适用企业所得税核定征收办法的企业纳入纳税信用评价范围，并增设 M 级与之对应，进而将我国企业纳税信用评价为 A、B、M、C、D 五级。概言之，企业纳税人的纳税信用评价制度运行数年，取得了一定成效，对个人所得税纳税信用评价制度的构建具有参考意义。

不过，个人所得税纳税信用评价也具有自身特点。2018 年修正《个

---

① 参见李悦：《自然人纳税信用管理的法治构造》，载《征信》2019 年第 10 期。

人所得税法》加大了个人所得税自主申报的力度，要求纳税人具有更高的自觉性，同时个人所得税纳税主体的庞大数量和收入来源的隐蔽性要求申报内容的准确性。个人所得税纳税信用评价与企业纳税信用评价的具体指标存在差异。个人所得税纳税没有出口退(免)税资格认定、进料加工手续、税控器具等问题，但存在与子女教育、继续教育、大病医疗、住房贷款利息、住房租金、赡养老人等专项附加扣除相关的诚信问题。因此，我国个人所得税纳税信用评价可以借鉴企业纳税信用评价中较为成熟的做法，并结合个人所得税的特点予以调整。

（二）个人所得税纳税信用评价的动态调整

个人所得税纳税信用评价是税务监管的重要依据，对纳税人的切身利益会产生严重影响。因此，个人所得税纳税评价需要及时予以动态调整，这也是实现动态正义的必由之路。[①] 动态调整主要包括周期性调整、修复性调整和救济性调整等三种情形。

1. 周期性调整

纳税人的信用状况随着纳税行为的诚信程度处于变动状态，要求对其信用评价也相应变动。我国纳税信用评价为年度评价，因此每个月应当根据采集的信用信息予以动态调整，年度评价结果原则上不对次年产生影响。但对于 D 级纳税人，可以参考《国家税务总局关于纳税信用管理有关事项的公告》规定予以特别规定，即对于因评价指标得分评为 D 级的纳税人，次年评价时加扣 11 分；对于因直接判级评为 D 级的纳税人，维持 D 级评价保留 2 年，第 3 年纳税信用不得评价为 A 级。

2. 修复性调整

纳税信用评价不是对失信纳税人的一次性永久否定，[②]应当给予“改

① 参见闫晴：《纳税信用动态调整的税制困境与理想构造》，载熊伟主编：《税法解释与判例评注》(第 8 卷)，法律出版社 2017 年版，第 236—248 页。

② 参见李悦：《自然人纳税信用管理的法治构造》，载《征信》2019 年第 10 期。

过自新”的机会，况且纳税人权利保护、税收效率、征纳秩序优化也要求设置信用修复制度。[①] 因此，对纳税人的信用评价应当根据其信用修复情况予以动态调整。个人所得税纳税信用的修复可以参考《国家税务总局关于纳税信用修复有关事项的公告》（国家税务总局公告 2019 年第 37 号）的规定，允许纳税人通过补办税收事项、补缴税款、滞纳金和罚款以及履行相应法律义务等方式进行信用修复，税务机关据此对纳税评价予以动态调整。此外，公告还对申请主体、修复事项、处理程序以及处理期限等实体性标准和程序性事项作了具体规定，可以予以借鉴。

3. 救济性调整

救济性调整应当包括两个层次的救济：一是参照《纳税信用管理办法（试行）》第 2 条的规定，即纳税人对纳税信用评价结果有异议的，可以向作出评价的税务机关申请复评，依据复评结果予以动态调整。我国应当对纳税人申请复评中的陈述、申辩、听证程序予以进一步规定；二是对复议结果仍有异议的，应当赋予纳税人提起诉讼的权利。目前，我国对于行政评级的性质并未在立法上予以明确，大多并不将其视作一项典型的行政行为加以对待。因此，在立法上应当将纳税信用评价认定为一种独立的行政确认行为，[②]从规范层面确认纳税人对纳税信用评价的诉讼救济权。

四、个人所得税的守信激励和失信惩戒

守信激励与失信惩戒是以经济意义为核心构建个人所得税纳税信用制度的必然要求，但个人所得税纳税信用缺失激励制度，且个人所得税纳税惩戒制度存在合法性存疑的问题。对此，应当反思现行的激励与惩戒制度，结合个人所得税纳税人的特点，探索个人所得税的守信激励与失信

---

① 参见胡元聪、闫晴：《纳税信用修复制度的理论解析与优化路径》，载《现代法学》2018 年第 1 期。

② 参见王瑞雪：《论行政评级及其法律控制》，载《法商研究》2018 年第 3 期。

惩戒制度。

（一）经济意义视角下的个人所得税守信激励

依据纳税信用的经济意义，应当提高诚信纳税的收益，即通过守信激励引导纳税人诚信纳税。2019 年《关于加强个人所得税纳税信用建设的通知》（发改办财金规〔2019〕860 号）虽然提出，“对个人所得税守信纳税人提供更多便利和机会。”但是，目前守信激励制度仍然存在以下问题：（1）对守信激励的不重视，与失信惩戒相比具体规范严重失衡，针对个人所得税纳税信用的激励制度缺失。从全国范围来看，根据统计，截止 2020 年全国性联合惩戒备忘录共 51 个，其中联合激励合作备忘录只有 5 个，[①]并且以上备忘录均无针对个人所得税纳税信用激励的规范措施。（2）激励措施表述模糊、利益吸引力较弱。诸如，对个人所得税纳税信用记录持续优良的纳税人，相关部门依法提供绿色通道、容缺受理等服务便利，或者行政管理部门在颁发荣誉证书、嘉奖和表彰时将其作为参考因素等，此类软性激励缺乏实质性内容，停留于同等条件下的优先而已，[②]激励效果难免不佳。（3）缺乏针对个人所得税纳税人的特别关注。与企业纳税人不同，开具发票或增加其用量等税收激励措施与个人社会生活关联性低，对个人所得税纳税人的经济意义有限，存在激励乏力的问题。在构建个人所得税纳税信用激励时，应当引入与个人社会生活密切相关的激励措施。个人所得税的纳税信用信息采集要求其他部门向税务机关输入信用信息，而个人所得税的守信激励应当是税务机关向其他部门输出信用信息。质言之，应当建立纳税信用和社会信用体系的双向共享机制，积极探索将个人所得税守信情况纳入自然人诚信积分体系管理。

《关于加强个人所得税纳税信用建设的通知》（发改办财金规〔2019〕

---

① 参见贾茵：《失信联合惩戒制度的法理分析与合宪性建议》，载《行政法学研究》2020 年第 3 期。

② 参见潘泽强：《完善我国纳税信用法律制度研究》，载《经济研究参考》2018 年第 29 期。

860号)虽然将申报信用承诺作为个人所得税纳税信用管理机制之一,但其具有一定激励功能。2018年修改后的《个人所得税法》更为强调纳税人的主动性,通过申报信用承诺引导纳税人自觉纳税申报,具有重要的现实意义。因此,应当将信用承诺制度与守信激励联系起来,对诚信纳税申报的纳税人予以激励,激励又促使纳税人诚信申报,在承诺制度与守信激励之间形成双向正反馈效应。日本"蓝色纳税申报制度"与之近似,纳税人因信用等级不同而分别实行蓝色纳税申报和白色纳税申报,前者对于信用等级高的纳税人适用;后者对于主动纳税意识较差、财务管理混乱、做假账或故意不申报、少申报的纳税人适用。适用蓝色纳税申报的纳税人在税收征管上可以享受到优惠政策,其受到税务机关检查的概率也会降低。[①] 我国可以将申报信用承诺作为守信激励的重要手段,提醒和引导纳税人重视自身纳税信用。

(二)个人所得税失信惩戒的合法性审视与补足

所谓失信惩戒,是指在根据法律规定对失信当事人实施制裁的基础上,在当事人随后的经济和社会活动中再次施以约束或惩戒的行为。[②] 通过失信惩戒提高纳税失信行为的成本,是从纳税信用的经济意义得出的当然手段。依据《关于加强个人所得税纳税信用建设的通知》(发改办财金规〔2019〕860号),要求对个人所得税严重失信当事人实施惩戒。失信惩戒涉及多个部门,我国一般采取备忘录形式,比如《关于对重大税收违法案件当事人实施联合惩戒措施的合作备忘录(2016年版)》(发改财金〔2016〕2798号)(以下简称《备忘录》)就规定了28种惩戒措施及操作程序。

虽然惩戒"是由多重行政行为叠加而成的制度整体,在不同的行政

① 参见刘松林:《发达国家个人所得税征管经验及借鉴》,载《经济参考研究》2016年第64期。

② 参见沈毅龙:《论失信的行政联合惩戒及其法律控制》,载《法学家》2019第4期。

事项中可能呈现出不同形式的行政行为，其法律授权亦因之而有所不同”，①但仍须于法有据，符合最低限度的权限合法性及形式合法性要求。②《备忘录》中列举联合惩戒措施的法律及其政策依据存在较大差异，③其中有些措施的合法性不乏争议。《备忘录》第19项限制从事互联网信息服务、第22项对失信注册执业人员等实施市场和行业禁入，应当属于《行政处罚法》第9条第4项规定的“限制开展生产经营活动、责令停产停业、责令关闭、限制从业。”但是，《备忘录》明确相关措施的依据仅是《国务院关于建立完善守信联合激励和失信联合惩戒制度加快推进社会诚信建设的指导意见》（国发〔2016〕33号），明显与《行政处罚法》第16条，“除法律、法规、规章外，其他规范性文件不得设定行政处罚”，发生冲突。此外，《备忘录》第5项“禁止部分高消费行为”的依据是《最高人民法院关于限制被执行人高消费的若干规定》（法释〔2010〕8号），其能否适用于个人所得税的失信纳税人也存在较大争议。④

个人所得税的失信惩戒有效实施应当重点解决其合法性问题，合法性的缺失反映的是制度供给的缺失，⑤凸显我国在信用体系建设初级阶段的制度严重缺失的现实。⑥ 因此合法性补足应从法律制度供给入手。虽然从《行政处罚法》入手是最直接的方式，但也存在问题：一方面，2021

---

① 沈毅龙：《论失信的行政联合惩戒及其法律控制》，载《法学家》2019第4期。

② 参见王锡锌、黄智杰：《论失信约束制度的法治约束》，载《中国法律评论》2021年第1期。

③ 规范依据为法律的，例如《备忘录》第（九）项：对公布的重大税收违法案件当事人，在一定期限内依法禁止参加政府采购活动。其规范依据是《政府采购法》第22条、《招标投标法》第26条。规范依据为行政法规的，例如第（十七）项：税务总局在门户网站公布重大税收违法案件信息的同时，通过主要新闻网站向社会公布。其规范依据是《政府信息公开条例》第9条。此外还有大量规范依据为部门规章的惩戒措施。

④ 参见胡朝阳：《社会失信行为的法律规制——基于外部性内在化的法经济学分析》，载《法商研究》2012年第6期。

⑤ 参见李烁：《论失信联合惩戒的合法性及其补强——以〈对失信被执行人实施联合惩戒的合作备忘录〉为样本的分析》，载《中国法律评论》2021年第1期。

⑥ 参见卢盛羽：《失信惩戒机制的建设思路探讨》，载《甘肃金融》2016第7期。

年《行政处罚法》刚完成修订，短期内再次修改的可能性不大；另一方面，失信惩戒措施并不都是行政处罚，若将失信惩戒措施统一列入《行政处罚法》有违行政法的比例原则，若仅将行政处罚类惩戒列入《行政处罚法》会造成失信惩戒体系的割裂，使得统合概念上的"信用惩戒"消弭。[①] 因此，通过制定《社会信用法》赋予惩戒措施合法性是较为合理的选择。

总之，个人所得税的守信激励和失信惩戒紧密联系是纳税信用经济意义的重要体现，需要通过法制建设强化其法律意义，进而实现个人所得税纳税信用制度的功能。

---

① 参见梁尧：《行政法视域下的信用惩戒若干基本理论问题——兼论我国〈行政处罚法〉增设"信用惩戒条款"的可行性》，载《征信》2021 第 4 期。

第五章　个人所得税的反避税

第一节　个人所得税一般反避税条款

一、个人所得税一般反避税条款概述

（一）个人所得税一般反避税条款的概念

避税存在广义与狭义之分，广义上的避税包括正当避税[①]和不正当避税，而狭义上的避税仅指不正当避税，即违背税法立法意图的安排。[②]在英美法系国家，美国拉德克利夫委员会认为，避税是指纳税人通过人为安排其事务而降低纳税义务的行为，加拿大卡特委员会认为，避税是指利用法律漏洞，以合法手段减少税收义务。[③] 在大陆法系国家，Barske 认为，避税是对民法契约形式和契约内容形成自由可能性的滥用，[④]刘剑文、丁一认为，避税是指纳税人滥用法律形成的可能性，通过法律所未预定的异常行为安排达成与通常行为方式同一的经济目的，谋求不正当减轻税负的行为。[⑤] 总之，不论英美法系国家抑或大陆法系国家，避税的核心要素是纳税人滥用税法形成自由或税法漏洞，而与税法立法意旨相背离。个人所得税避税是纳税人利用个人所得税法的漏洞，预先人为地安排

---

① 正当避税又称之为税收筹划或节税。

② 参见刘剑文、丁一：《避税之法理新探（上）》，载《涉外税务》2003 年第 8 期。

③ 参见陈少英：《税法基本理论专题研究》，北京大学出版社 2009 年版，第 118 页。

④ 参见王宗涛：《一般反避税条款研究》，法律出版社 2016 年版，第 27 页。

⑤ 参见刘剑文、丁一：《避税之法理新探（上）》，载《涉外税务》2003 年第 8 期。

形式合法而实质违反税收立法意图的事务,以逃避或减少税收义务。避税严重违背了量能课税原则,造成税负不公,需要通过反避税对其进行规制。

基于税收法定原则,税收立法应当尽可能具有确定性、可预测性,但有限的法律规范与无限的法律调整事实之间存在矛盾,要求税收立法存在涵盖更宽泛调整对象的不确定性概念或者一般性条款。① 一般反避税条款存在广义与狭义之分:广义上一般反避税条款是一系列规则的总和,即一套制度;狭义上一般反避税条款是指税法以抽象定义方式涵盖可能出现的各种避税行为,用于否认各种避税行为的条款,②是相对于特别反避税条款而言的。一般反避税条款对反避税的共性问题作出一般性、原则性规定,试图通过对避税构成要件的描述,涵盖违反立法意图的所有避税安排。③ 一方面,一般反避税条款通过使用概括性的措辞,为税务机关和司法机关认定避税行为提供了法律依据,保障了国家的税收利益;另一方面,一般反避税条款采用简明扼要的立法用语,明确违反税法立法意图的所有避税安排通常应具备的构成要件,促使处于同一经济地位的纳税人承担相同的纳税义务,实现税收公平。但是,一般反避税条款的局限性也不容忽视,不确定法律概念降低纳税人对从事的经济交易行为是否构成避税安排的可预测性,税务机关自由裁量权过大,在一定程度对纳税人的合法税收利益造成损害。

一般反避税条款属于一般防范性规定,对于规制各税种之避税安排具有普遍适用性。换言之,若纳税人实施避税安排以逃避或减少缴纳企业所得税或者个人所得税,均会受到一般反避税条款的规制,也即一般反避税条款在所得税层面可衍生为企业所得税一般反避税条款和个人所得税一般反避税条款。二者的反避税立法体例大致有两种:一是"税收基

① 参见魏德士:《法理学》,丁晓春、吴越译,法律出版社 2005 年版,第 84—85 页。

② 参见俞敏:《税收规避法律规制研究》,复旦大学出版社 2012 年版,第 87 页。

③ 参见叶守光:《中国企业避税问题风险控制与管理实务》,中国税务出版社 2012 年版,第 286—287 页。

本法+税种法”的综合模式，即在税收基本法中设置一般反避税条款，各税种法根据其特征选择一般反避税条款或（和）特别反避税条款；二是“税种法”单一模式，即在各税种法中具体规定一般反避税条款或（和）特别反避税条款。[①]

企业所得税一般反避税条款和个人所得税一般反避税条款是一般反避税条款在所得税领域的两大重要分支，但因企业所得税与个人所得税作为所得税的两个不同的重要税种，在纳税人、应税所得等方面存在较大不同，故避税的判断标准、举证责任分配等规则并不完全一致。例如，相较于企业所得而言，个人所得收入随着市场经济的快速发展，逐渐趋向于来源多元化、隐蔽化与分散化，形式与名目多样化，导致税务机关收集与管理个人涉税信息较为困难，征管难度进一步加大。[②]纳税人以逃避或减轻纳税义务为目的而从事违背个人所得税法立法目的或意旨的避税安排，税收征管机关有权对其进行反避税调查。个人所得税特别反避税条款和个人所得税一般反避税条款是个人所得税反避税条款法律体系的重要组成部分，相较于前者而言，后者针对性较弱，系在个人所得税法中适用于各类避税安排的一般原则性规定。具言之，个人所得税一般反避税条款，是在个人所得税领域就反避税的共性问题所作出的一般性规定，其试图通过对个人所得税避税要素的描述来涵盖违反个人所得税法立法意旨的所有避税安排，以期实现税负的公平负担。

（二）个人所得税一般反避税条款的法律性质

关于一般反避税条款的法律性质，Tipke 认为，可区分为通说和少数说两种不同的观点：通说认为系法律补充，少数说认为系法律解释。[③] 因

① 参见余鹏峰：《反避税视角下的〈个人所得税法〉修改》，载《税务研究》2018 年第 2 期。

② 参见杜莉、徐晔主编：《中国税制》（第 5 版），复旦大学出版社 2015 年版，第 257 页。

③ 参见葛克昌：《避税调整之宪法界限》，载熊伟主编《税法解释与判例评注》（第 4 卷），法律出版社 2013 年版，第 69 页。

为对税法是否禁止类推存在不同见解，一般反避税条款法律性质的通说又分为宣示性条款说和创设性条款说。①

宣示性条款说认为，一般反避税条款并不具有反避税的税法漏洞填补功能，也不具有授权性质，仅具有宣示性质。税法的不容规避性决定反避税并不依赖于个人所得税法是否规定特别反避税条款或一般反避税条款。② 避税违背了量能课税原则，影响社会分配秩序与市场公平竞争环境，严重侵蚀国家税基。面对个人所得税避税产生的不利影响，对其予以规制是基于量能课税原则的基本法理主张，也是基于税法的本质属性——不容规避性，因此对避税安排实施反避税成为法治国家立法、司法与行政机关的宪法任务。税法漏洞产生于法律内涵与文义之间的差异，法律适用者应当利用法律补充，对符合法律的内涵与目的的应税要件进行类推适用。③ 葛克昌认为，将一般反避税条款认定为禁止权利滥用的宣示性条款，虽然宣示性条款会使用不确定的法律概念，但仍具有合宪性，税法允许类推适用。④ 依据宣示性条款说，个人所得税法规定一般反避税条款，是表明国家依法对各种避税安排予以规制，也提醒纳税人尽管税收筹划权属于其基本权利，但滥用税收筹划权可能面临税务机关反避税的法律风险。葛克昌指出，一般反避税条款的法律价值主要是宣示对纳税人滥用税收筹划权的规制，以实现对其预期利益和信赖利益的保障。若不在立法中设置个人所得税一般反避税条款，当税务机关对纳税人实施的避税安排进行反避税时，会导致纳税人不

① 参见葛克昌：《避税调整之宪法界限》，载熊伟主编《税法解释与判例评注》（第4卷），法律出版社2013年版，第70页。

② 参见王宗涛：《我国一般反避税条款：法律性质及其立法建构》，载《税务研究》2014年第8期。

③ 参见葛克昌：《脱法避税与法律补充》，载刘剑文主编《财税法论丛》（第10卷），法律出版社2009年版，第98页。

④ 参见葛克昌：《脱法避税与法律补充》，载刘剑文主编《财税法论丛》（第10卷），法律出版社2009年版，第107页。

知所措。[①] 从根本上来说,这与税收法定主义的实质精神相契合。

创设性条款说认为税法禁止类推适用或者是至少禁止不利于纳税人的类推适用,[②]一般反避税条款的设立因此对于打击避税行为具有重要的意义。少数说认为法律解释的界限超出了可能之文义,立法意图可借由法律解释得到贯彻。[③] 陈清秀认为法律文义构成税法上法律解释的最外部界限。[④] 此外,立法意图的识别本身就极具争议性,除了已在立法文本明确的意图,隐身于条文背后的立法意图若在税法条文中未得到完全反映,则不得不靠外部资料进行确定,但这些资料并未公开,或者即使公开了,也可能已经陈旧或过时,因此立法机关的意图存在不确定性或模糊性。

随着市场经济的不断发展,避税安排类型多样,将个人所得税一般反避税条款的法律性质界定为创设性条款,一方面,通过概括、抽象的方式囊括个人所得税特别反避税条款所不能规制的避税安排类型,协调了税收法定原则与税收公平原则的紧张关系;另一方面,通过授权使得税务机关能够及时处理新型避税安排,填补个人所得税法的原有漏洞,实现反避税这一立法目的。目前,我国个人所得税一般反避税法律体系不太完善,授权亦存在税务机关自由裁量权得不到有效约束的可能,但未来可制定具体实施细则以使税务机关征税权力得以限制,这与我国个人所得税一般反避税条款的立法趋势相符合。

(三)我国个人所得税一般反避税条款的立法

我国在立法层面确立反避税条款相对较晚。1991 年《外商投资企业

---

① 参见葛克昌主编:《避税案件与行政法院判决》,翰芦图书出版有限公司 2010 年版,第 105 页。

② 参见葛克昌:《避税调整之宪法界限》,载熊伟主编《税法解释与判例评注(第 4 卷)》,法律出版社 2013 年版,第 69 页。

③ 参见葛克昌:《避税调整之宪法界限》,载熊伟主编《税法解释与判例评注(第 4 卷)》,法律出版社 2013 年版,第 70 页。

④ 参见陈清秀:《税法总论》,法律出版社 2019 年版,第 145 页。

和外国企业所得税法》第一次引入反避税条款。[①] 随后这一规则被 1992 年《税收征收管理法》第 24 条所吸收，历经 3 次修法，条文内容未被修改，但适用对象为“企业或者外国企业在中国境内设立的从事生产、经营的机构、场所”。

2008 年《企业所得税法》第 47 条规定，“企业实施其他不具有合理商业目的的安排而减少其应纳税收入或者所得额的，税务机关有权按照合理方法调整”，确立企业所得税一般反避税条款。作为《企业所得税法》的配套法规，《企业所得税法实施条例》第 120 条对不具有合理商业目的作出解释，“企业所得税法第四十七条所称不具有合理商业目的，是指以减少、免除或者推迟缴纳税款为主要目的。”为提高企业所得税反避税工作的效率和可操作性，国家税务总局颁布了一系列实施细则。国家税务总局《新企业所得税法精神宣传提纲》（国税函〔2008〕159 号）对企业所得税一般反避税条款的立法意图、法律性质及避税安排的认定予以说明。《特别纳税调整实施办法（试行）》（国税发〔2009〕2 号）第十章“一般反避税管理”，对一般反避税调查的启动、认定标准、考虑因素、法律后果、实施程序作出规定，[②]并且增加了企业所得税一般反避税条款的另一判断标准——经济实质标准。一般反避税核心要素的判断标准由《企业所得税法》规定的单一的商业目的标准，变更为商业目的标准和经济实质标准，但究竟二者之间的适用关系为何，是一个要件还是两个要件，为并存要件还是择一要件，不够明确。为了进一步规范一般反避税管理，2014 年国家税务总局《一般反避税管理办法（试行）》从总则、立案、调查、结案、争议处理、附则等六个方面作出详细规定，为税务机关的企业所得税

① 《外商投资企业和外国企业所得税法》第 13 条规定，“外商投资企业或者外国企业在中国境内设立的从事生产、经营的机构、场所与其关联企业之间的业务往来，应当按照独立企业之间的业务往来收取或者支付价款、费用。不按照独立企业之间的业务往来收取或者支付价款、费用，而减少其应纳税的所得额的，税务机关有权进行合理调整。”

② 参见汤洁茵：《〈企业所得税法〉一般反避税条款适用要件的审思与确立——基于国外的经验与借鉴》，载《现代法学》2012 年第 5 期。

反避税工作提供了具体的操作指南。

上述法规及规范性文件适用范围仅限于公司，对于合伙企业、个人独资企业及自然人并不适用。面对合伙企业、个人独资企业及自然人实施的避税安排，税务机关只能运用实质课税原则、类型化观察法或《税收征收管理法》第 35 条①核定征收的相关规定予以处理。在税收行政或司法中运用实质课税原则或类型化观察法，会造成税收法定原则与量能课税原则的紧张对立。就《税收征收管理法》立法目的而言，第 35 条也并非专门的反避税条款，在个人所得税领域的反避税作用微不足道。②，目前，个人所得税已成为纳税人实施避税安排的多发地带，自然人基数大、流动性强、支付手段多元，税务机关的反避税难度不断加大，这对稳定财政收入、保障公平市场竞争环境、维护社会收入分配秩序产生了严重影响。

鉴于此，2018 年《个人所得税法》修正，除了提高个人所得税基本费用减除标准、实行个人所得混合计征外，首次对个人所得税反避税问题予以正面回应，第 8 条第 1 款第 1 项、第 2 项分别规定了个人所得税反避税的转让定价规则、受控外国公司规则，第 3 项则规定了个人所得税一般反避税条款。这意味着我国个人所得税一般反避税条款真正实现了法律化，也标志着我国在个人所得税反避税立法进入一个全新的高度。但遗憾的是，随之修改的《个人所得税法实施条例》未对个人所得税一般反避税条款作出具体、详细的解释和说明，以致税务机关的个人所得税一般反避税调查缺乏实际可操作性，导致此条款面临空洞化、被虚置的困境。

---

① 《税收征收管理法》第 35 条规定，“纳税人有下列情形之一的，税务机关有权核定其应纳税额：(一)依照法律、行政法规的规定可以不设置账簿的；(二)依照法律、行政法规的规定应当设置账簿但未设置的；(三)擅自销毁账簿或者拒不提供纳税资料的；(四)虽设置账簿，但账目混乱或者成本资料、收入凭证、费用凭证残缺不全，难以查账的；(五)发生纳税义务，未按照规定的期限办理纳税申报，经税务机关责令限期申报，逾期仍不申报的；(六)纳税人申报的计税依据明显偏低，又无正当理由的。税务机关核定应纳税额的具体程序和方法由国务院税务主管部门规定。”

② 参见唐绍胜等：《个人所得税避税风险的成因及规制》，载《税务研究》2017 第 11 期。

二、个人所得税一般反避税条款的国外立法例

基于国家征税权与纳税人税收利益之间的矛盾，纳税人为了实现理性经济人所追求的利益最大化，往往采用各种各样方式与手段实施避税安排，以逃避纳税义务的承担，这严重破坏了国家税收的完整性，并且影响纳税人之间税收负担的公平分配。各国针对纳税人的避税安排制定了一般反避税条款，例如美国《国内收入法典》、德国《租税通则》规定适用于国内所有税种的一般反避税条款，[①]英国2013年《财政法》第五部分亦引入适用包括个人所得税等在内多个税种的一般反避税条款。

（一）美国

作为英美法系国家，美国未在成文法中规定个人所得税一般反避税条款，而是各级法院以判例形式将其逐步建立并发展起来。关于个人所得税一般反避税条款的判断标准，美国税务法院、联邦索赔法院、联邦地方法院、联邦巡回上诉法院及联邦最高法院都有卓越的贡献，这充分反映个人所得税一般反避税条款的法律适用中的法官主观能动性。

1. 一般反避税条款的判断标准

在1935年Gregory v.Helvering案中，[②]美国联邦最高法院对利用企业重组实施避税的案件进行审查，并就企业重组所涉及的税法问题予以分析，认为纳税人为减少或免除税收义务而实施的避税安排必须具有合理的商业目的才发生效力，从而推导出一般反避税条款的判断标准——商业目的原则（The Business Purpose Doctrine）。但是，在纳税人的整个避税安排中，合理商业目的占比究竟达到多少比例方可排除避税嫌疑，商业目的原则不能给予明确解释。在1976年Frank Lyon Co v.United States案中，[③]美国联邦最高法院认为，纳税人实施的交易是否构成避税安排，除

---

① 参见余鹏峰：《反避税视角下的〈个人所得税法〉修改》，载《税务研究》2018年第2期。

② Gregory v.Helvering，293 U.S. 465（1935）.

③ Frank Lyon Co v.United States，536F. 2d 746.750（8th Cir. 1976）.

对商业目的进行判断外，还应重点考察交易的经济效果，即经济实质（Economic Substance）。美国税法上确立了“主客观双重检验标准”。

美国国会、联邦最高法院尚未对“商业目的原则”和“经济实质原则”之间关系作出解释说明，导致各级法院在审理案件时发生适用标准的混乱：有些法院认为，经济实质原则作为核心原则，包括税前利润和商业目的两个子原则；有些法院认为经济实质原则和商业目的原则属于并列关系；有些法院认为，纳税人的交易构成避税安排，仅需满足经济实质原则或商业目的原则择一行使。① 历经数十年的法院适用标准混乱及争论，美国国会在 2010 年《医疗保健与教育协调法》将经济实质原则予以成文化，并引入美国《国内收入法典》第 7701（O）条，在立法上确立经济实质原则是一般反避税条款的唯一判断标准。② 但是，对经济实质原则这一判断标准的认定，美国联邦法院要求在尊重、保护交易自由与独立性的前提下，将纯粹因减少税负而获得的税收利益区别开来。具言之，美国联邦法院经过一般反避税系列案件的审理、总结，认为交易同时满足以下两个条件，方可认定为具有经济实质：（1）在客观方面，交易导致纳税人的净经济地位获得显著提高；（2）在主观方面，基于纳税人行为与当时经济情形的考虑，交易是合理、实用且与非税商业目的有关。③

2. 一般反避税条款的举证责任分配

虽然美国《国内收入法典》吸纳了经济实质原则作为一般反避税条款的判断标准，却未就其举证责任分配规则作出特殊规定，故在一般反避税条款适用中，当事人的举证责任分配需遵循一般性规定，而税法案件中的举证责任分配的一般性规定的依据是《国内收入法典》第 7491 节与

① See Jerome B. Libin, Congress Should Address Tax Avoidance Head-on: The Internal Revenue Code Needs A GAAR, *Virginia Tax Review* 30, 2010, pp.345-346.

② 参见熊伟、王宗涛：《反避税的权力限度：以一般反避税条款为例》，载熊伟主编《税法解释与判例评注》（第 4 卷），法律出版社 2013 年版，第 102 页。

③ 参见冯果、谢贵春：《企业并购税收法律问题比较研究——以经济实质原则在企业并购税中的运用为中心》，武汉大学出版社 2015 年版，第 103 页。

《联邦税务法庭诉讼规则》(Rules of Practice and Procedure of the United States Tax Court)第 142 条。

《国内收入法典》第 7491 节证明责任第(a)条规定,“纳税人提供可信证据时的负担转移”。第(1)段作出一般规定,即在任何法院诉讼中,如果纳税人能够提出关于任何与依据副标题 A“所得税”或者副标题 B“遗产与赠与税”应当征收的任何税款确定有关的事实争点的可信证据,那么税务机关须承担与前述问题相关的证明责任。第(2)段对适用第(1)段中争点的条件作出限制规定,(A)纳税人已遵从需证实任何与纳税义务有关的要求;(B)纳税人已保留所要求的记录,并满足税务机关关于证据、信息、文件、会见或接见的合理要求;以及(C)对于合伙、公司或信托,纳税人需符合的其他规定。第(3)段强调如果任何其他法律条文规定了关于争点的特定证明责任,则第(1)段不适用于争点。[①]

《联邦税务法庭诉讼规则》第 142 条对举证责任作出规定,美国税务机关作出的特别纳税调整决定原则上被推定为正确,若纳税人对此有争议,应当提出反证。[②] 此外,该条还规定税务机关承担举证责任的特定情形,如第(b)段规定税务机关应当对任何想要逃避税收的欺诈案件,提出相关清楚明确且具有可信力的证据来举证。[③]

由此可见,美国税务机关运用经济实质原则对纳税人的交易进行审查,如果认为纳税人的交易不具有经济实质而须纳税调整的,应当将纳税调整通知书送达纳税人,此时税务机关的纳税调整决定原则上被推定为正确。但是,纳税人根据《国内收入法典》等相关法律规定配合税务机关的一般反避税调查后,对纳税调整决定不服的,有权向美国税务法院或者联邦索赔法院提起诉讼,税务机关应准备充分的相关事实材料证明其作

① 参见李锐、李坤:《美国国内收入法典——程序和管理》,中国法制出版社 2010 年版,第 687—688 页。

② 参见时建中:《中国税收司法基本问题》,中国税务出版社 2006 年版,第 62 页。

③ 参见黄士洲:《税务诉讼的举证责任》,北京大学出版社 2004 年版,第 119—121 页。

出纳税调整决定的具体行政行为合法，否则将承担举证不能的不利后果。纳税人则需要提出反证，以证明被推定正确的纳税调整决定违法，同时纳税人还须证明其从事的交易活动具有经济实质，并且交易使其经济状况发生了明显改变。美国不重视区分所谓的公法和私法，使之程序法上的行政诉讼与民事诉讼亦不作严格区分，二者因此适用同一诉讼规则和证明责任规则。[①] 申言之，与一般反避税条款相关的税务案件，承担举证责任的当事人在证明标准上通常需要达到民事诉讼的"优势证明标准"。

（二）英国

英国长期以来由于受"法官造法"的影响，加之对个人自由、意思自治及私人财产神圣不可侵犯等法律信条的坚持，以致对一般反避税条款持较为消极的态度。[②] 但是，建立一般反避税条款提议一直存在。2010年，英国政府将此问题提上议程并开始咨询，12 月交由格雷厄姆·阿伦森领导小组展开研究。小组研究报告认为，英国应当建立一个适度的一般反避税条款。在 2012 年预算案中，英国宣布 2013 年《财政法》引入一般反避税条款，并于同年 7 月 13 日正式生效。2013 年《财政法》第五部分除了规定一般反避税条款适用于个人所得税、国民保险税等在内的多个税种外，还规定了避税行为的界定、调整方法、诉讼程序及纳税人权利救济等。为构建更加合理完善的一般反避税条款体系，英国随后颁布《一般反避税条款指南》(General anti-abuse rule guidance)对一般反避税条款予以补充和诠释。[③] 指南从 A、B、C、D、E 等五个不同的部分，详细规定了指南的目的和地位，与一般反避税条款有关的实体内容和程序内容，解释"滥用""税收安排"等具体概念，以及列举各税种适用一般反避税条款的指导性案例。

---

① 参见何家弘、刘品新：《证据法学》(第 3 版)，法律出版社 2008 年版，第 308 页。

② 参见赵国庆、张学斌：《"一般反避税规则"制度构建中应关注的主要问题——基于"一般反避税规则"国际实践的思考》，载熊伟主编《税法解释与判例评注(第 4 卷)》，法律出版社 2013 年版，第 119 页。

③ 《一般反避税条款指南》经不断修订，现最新修订于 2020 年 9 月 11 日生效。

1. 一般反避税条款的判断标准

传统的英国税收司法裁判遵循严格的文义解释,在 IRC v. Duke of Westminster 案中,法官 Tomlin 认为,"每个人都有权利安排自己的事务,以使根据依法缴纳的税款比其他情况少。如果成功地追求到这一结果,那么不论是税务局局长或者其他纳税人,对于该安排有多么地不满或反对,均不能强迫其缴纳增加的税款。"①此案确立了 Westminster 原则,对避税安排的合法性予以承认。

但是,面对世界范围内复杂的避税安排,英国法院审理税务案件开始更多地采用超脱于文义的目的解释方法。② 例如,在 Ramsayv. IRC 案中,法官认为 Ramsay 公司所从事的一系列交易是为抵扣资本利得而故意产生的损失,结合交易的各主要步骤,判断其在实质上既缺乏商业的合理性、也不具有营业的目的性,因此 Ramsay 公司交易产生的损失不能用于抵扣资本收益。换言之,纳税人的某项避税安排若是由多个独立的经济交易构成,尽管每个独立交易在形式上符合法律规定,但就一个有机联系的整体而言,此项避税安排在税收结果上不具有经济实质,须受到一般反避税条款的规制。此案确立的 Ramsay 原则成为英国一般反避税条款的重要判断标准,核心内容在于:(1)突破传统税法的文义解释,使法院在审理反避税案件时,可以立足税法的立法意图,运用目的解释的方法;(2)法院判断纳税人的经济交易行为,应当从一系列交易所构成的整体上来看,注重交易的经济实质而非法律形式。③ 法官运用 Ramsay 原则,自由裁量权得以扩张且适用范围较为宽泛,一定程度上会损害纳税人的权利,因此在 Graven v. White 案中,Ramsay 原则受到限制,如果纳税人的某项避税安排至少存在一个具有商业目的的独立的交易,或者构成该避

---

① Inland Revenue Commissioners v. Duke of Westminster (1936) A.C.1.

② 参见刘剑文等:《财税法成案研究》,北京大学出版社 2012 年版,第 233 页。

③ WT Ramsay Ltd v. Inland Revenue Commissioners (1982) A.C.300.

税安排的一系列独立的交易并非预先经人为设计,则不得适用 Ramsay 原则。[①]

2. 一般反避税条款的举证责任分配

英国一般反避税条款的举证责任分配规定于 2013 年《财政法》第 211 节第(1)条[②]和《一般反避税条款指南》第 E8. 1 条,后者是对前者的重申、整理和补充。

《一般反避税条款指南》第 E8. 1. 1 条规定,与一般税务案件不同,在与一般反避税条款有关的法院或法庭诉讼中,英国税务局需要承担避税安排适用一般反避税条款的举证责任,而不是纳税人证明其避税安排不适用一般反避税条款。具言之,税务局需要证明纳税人的避税安排属于滥用,同时证明对避税安排所作出的纳税调整是公正合理的。所以,英国将被裁判的纳税调整决定合法性争议的举证责任倒置给作为被申请人的税务局,即税务局应当对其作出行政决定的合法性负责。

《一般反避税条款指南》第 E8. 1. 2 条规定,与绝大多数的税务上诉案件(除了一些因处罚而上诉)不同,举证责任由上诉人承担。指南还在第 E8. 1. 3 条对证明标准作出规定,即法院或法庭审理与一般反避税条款有关的所有诉讼,证明标准是民事证据的优势证明标准。

(三)德国

相较于英美法系遵循判例法的传统而言,以德国为代表的大陆法系国家以成文法规定了一般反避税条款,最早可见诸 1919 年《帝国租税通则》。

1. 一般反避税条款的判断标准

一战后的德国处于经济萧条时期,一些不法商人借国难之机发家致

① Graven v. White(1989)A.C.398.

② 2013 年《财政法》第 211 节第(1)条规定,“在法院或法庭针对一般反避税条款的诉讼中,税务局必须证明:(a)存在滥用避税安排的情形;(b)为抵消上述安排所带来的税收利益而作出的调整是公正合理的。”

富,行为因违背有关民法的强制性规定而被认定为无效,但由于当时税法附属于民法,故在税法上亦属无效而无须纳税,这引发德国财政危机且引起诚信纳税人的严重不满。德国为了满足国家财政收入的需要与实现税收负担的公平分配,1919 年《帝国租税通则》第 6 条规定,“纳税义务,不得藉由民法上之形式及其形成可能性之滥用而规避或减少之,如滥用情形,应依相当于该经济事件、经济事实及经济关系之法律状态,课征相同之税捐。”德国立法对实质课税原则的规定,使其成为税务机关判断纳税人的经济交易是否构成规避纳税义务的标准。

实质课税原则可分为经济实质主义和法律实质主义,但由于实质课税原则的核心意旨是通过纳税人的经济交易活动来掌握其所能承受的经济负担能力,所以应税事实认定应从经济观察角度为之,侧重于纳税人经济交易活动的内涵及其真实的具有实质意义的事实关系,而不停留在对经济交易外观的法律形式的把握。简言之,实质课税原则要求税务机关对应税事实的把握应当依据经济实质而非法律形式。一般所称的实质课税原则因此往往是指经济上的实质课税原则,即经济实质主义,是指当满足于私法上法律要件之法律事实(法律形式之实质)与实际现实所产生的经济事实不一致时,对后者应予以税法解释而适用。① 不论经济实质主义抑或法律实质主义,实质课税原则的核心在于“实质”,为了对“实质”有更充分地认识和掌握,德国率先于 1919 年《帝国租税通则》第 4 条②确立经济观察法。1977 年德国《租税通则》第 42 条的“一般反避税条款”也作出规定,即税法不因法律形成可能性之滥用而得以规避,若有滥用法律形成之情事,应当依据与经济历程相当之法律形式,成立租税请

① 参见闫海主编:《课税事实认定的法理建构与制度创新》,辽宁大学出版社 2018 年版,第 19 页。

② 1919 年《帝国租税通则》第 4 条对经济观察法作出规定,“税法之解释,应斟酌其立法目的、经济意义与客观事态之发展。”起草者贝尔(E.Becher)对此条予以注释,“为贯彻税捐之普遍性要求,即不考虑当事人……所选择的法律形式及一切案件的法律包装,应当依据税捐之经济意义来掌握。……事实认定依经济意义,税法解释依经济目的。”

求权。以此条文来阻止纳税人的税收规避行为,以税法的立法目的为指引,且不得脱离经济观察法的运用。1994 年德国《反滥用与技术性修正法》对此进一步规定,规制纳税人的避税安排须同时满足以下 3 个要件:(1)主观上必须存在明确的避税意图;(2)避税安排于外观符合法律形式,但与安排的特定经济目的不一致;(3)不存在能证明安排具有其他正当性的合理商业目的。[①] 北野弘久指出,实质课税原则可能会使税务机关滥用征税权在法理上获得正当化,[②]因此以实质课税原则进行税法解释,应当明确只有纳税人的不诚信是以避税为目的或动机时,方可实施一般反避税调查。

2. 一般反避税条款的举证责任分配

德国是在大陆法系较早将一般反避税条款予以成文化的国家,不仅确立了一般反避税条款的判断标准,还对其举证责任分配予以明文规定。由于一般反避税管理属于行政程序,因此适用一般反避税条款时,举证责任分配亦适用税务行政程序中有关举证责任分配的规定。

在德国,罗森贝客所创立的法律要件分类说,依据民事实体法律规范及其要件事实将民法规范分为权利的形成、障碍或消灭规范,从而建立起举证责任分配的基本规则。具言之,凡是主张权利形成规范的,对权利形成的要件事实承担举证责任;凡是主张权利障碍或消灭规范的,对其要件事实进行举证。法律要件分类说亦可适用于税务行政程序,但由于其对举证责任分配侧重于实体法分类的角度,导致税收征管中的举证责任分配不能完全地适用,因此 Tipke 根据法律要件分类说又构建了税收征管的举证责任分配规则。[③] Tipke 认为,税务征管的举证责任分配规则具体为:(1)税务机关应当对应税事实要件、税负增加以及逃漏税的事实要件

① 参见罗伊·罗哈吉:《国际税收基础》,林海宁、范文祥译,北京大学出版社 2006 年版,第 386 页。

② 参见北野弘久:《税法学原论》(第 4 版),陈刚等译,中国检察出版社 2001 年版,第 93 页。

③ 参见刘善春:《论行政程序举证责任》,载《政法论坛》2009 年第 4 期。

承担客观举证责任;(2)纳税人应当对税负减少或享有税收优惠之事实要件承担客观举证责任。[①] 申言之,以德国为代表的职权主义模式关于客观举证责任仍遵循“谁主张,谁举证”的分配规则,与客观举证责任相关的主观举证责任则更加强调由税务机关承担调查、搜集证据的义务,纳税人承担协助税务机关调查的协力义务,纳税人违反协力义务的,可以根据违反义务的程度减轻税务机关相应的尽力调查义务。[②]

2008 年德国《租税通则》修订,新增第 42 条第 2 款规定,当纳税人选择了一项不相当之法律形成,且该项法律形成相对于纳税义务人或第三人选择相当之法律形成而言,可获得法律规定预期之外的税收利益,则构成对法律形成的滥用。但是,纳税义务人能够有证据证明其所选择的法律形成具有投资、理财或避免去世后家族分财产等其他非税法原因,并且在整个法律关系中具有重要的作用,则不受此限制。[③] 由此可见,新增条文主要解决避税行为的概念模糊性,也明确了一般反避税条款的举证责任分配。具言之,判断纳税人的避税安排是否构成滥用法律形成,须依次遵循三步骤:第一步,纳税人实施的避税安排与经济实质不相当;第二步,安排可使得纳税人获得法律规定预期未给予、通过常规交易所没有的税收利益;第三步,若某具体个案具备第一步和第二步的情形,税务机关可先推定纳税人的避税安排存在对法律形成的滥用,对于该安排具有非税法之外的原因则由纳税人负举证责任。[④] 总之,修订后的《租税通则》将构成法律形成滥用的避税安排的主观避税意图的举证责任转移给纳税人。

---

① 参见刘善春:《论行政程序举证责任》,载《政法论坛》2009 年第 4 期。

② 所谓客观举证责任,是指当案件之系争事实处于真伪不明状态时,主张该事实的一方需要承担举证不利的后果,其实质属于“谁主张,谁举证”模式。参见任超:《我国一般反避税举证责任规则的构建》,载《兰州学刊》2017 年第 1 期。

③ 参见黄士洲:《一般反避税立法实践的比较研究——日本与德国等税法相关规定与实例为主线》,载《交大法学》2015 年第 1 期。

④ 参见迪特·尔比尔克:《德国税法教科书》(第 13 版),徐妍译,北京大学出版社 2018 年版,第 108—109 页。

在证明标准方面，德国联邦行政法院等以判例形式确定了行政案件的一般证明标准——“几近于真实之确信”。[①] 当然，这并不是唯一的证明标准，德国联邦行政法院会根据案件的具体情况而有所调整，诸如难民、庇护或纳粹补偿案件中，法院会基于“事务典型的证明困境”而对证明标准予以适当降低。

三、个人所得税一般反避税条款的判断标准

（一）主客观判断标准的协调

从世界各国立法、司法实践来看，个人所得税一般反避税条款的判断标准主要包括合理商业目的原则和经济实质原则，两者在一定程度上具有逻辑上的相关性或关联性。具言之，判断一项避税安排是否具有合理商业目的，一定程度上依赖于纳税人当时交易的思想状态和交易意图，而这种形成于主观上的思想状态和交易意图显然不能被直接判定，需要对纳税人交易的思想意图所依托的外在的客观交易行为予以评价，也即从交易的实质上来判断避税安排。合理商业目的原则和经济实质原则因此成为个人所得税一般反避税条款的主观判断标准和客观判断标准。

合理商业目的原则和经济实质原则作为个人所得税一般反避税条款在主客观方面的判断标准，两者究竟是独立的两个标准，还是存在包容关系的一个标准？在美国，《国内收入法典》明确规定经济实质原则是个人所得税一般反避税条款的唯一认定标准，美国联邦法院经对司法判例的总结，商业目的原则作为主观方面的一个要件来判断一项避税安排是否具有经济实质。在英国，司法判例中所形成的界定合理商业目的 Ramsay 原则，强调运用税法的目的解释方法，从交易的整体上来考察纳税人避税安排的实质而非形式。在德国，实质课税原则作为个人所得税一般反避

① “几近于真实之确信”是指在行政案件中，其事实关系的成立与否，不需要良知的绝对确信，只需达到高度的或然性，经一般理性人均不怀疑的程度即可。参见刘善春：《论行政程序举证责任》，载《政法论坛》2009 年第 4 期。

税条款的判断标准，最早可追溯到1919年《帝国租税通则》，之后《租税通则》《反滥用与技术性修正法》均有相关规定，其中《反滥用与技术性修正法》规定，合理商业目的原则是认定避税安排是否具有经济实质的3个要件之一。总之，不论美国、英国抑或德国，合理商业目的原则和经济实质原则之间的关系属于存有包容关系的单一标准。此外，美国、德国明确将经济实质原则作为个人所得税一般反避税条款的判断标准，英国尽管确立了Ramsay原则，但其核心要义要求具体个案的判断中注重考察避税安排的经济实质。因此，美国、英国和德国在个人所得税一般反避税条款的判断标准上虽有差异，但总体上保持一致。

目前，我国已分别在企业所得税领域和个人所得税领域确立一般反避税条款，对于打击各种类型的避税安排，保证财政收入的稳定和保障社会分配的公平，具有极其重要的作用。根据《个人所得税法》第8条第1款第3项、《企业所得税法》第47条规定，个人所得税一般反避税条款与企业所得税一般反避税条款的判断标准均采用了"合理商业目的"标准，这一判断标准的"同一化"也为起草者所承认。① 在立法模式上，《个人所得税法》第8条第1款第3项规定是对《企业所得税法》第47条规定的完全平移。这是因为在个人所得税的长期实践中，以合伙企业为主的商事主体纳税人为了减少税收负担，常常利用合伙企业在国内与避税地之间搭建复杂的架构，且不受企业所得税一般反避税条款的规制，所以平移"合理商业目的"标准为个人所得税一般反避税条款的判断标准，以实现对此类避税行为的调整。但是，于量能课税原则对个人所得税纳税人的保护程度要高于企业所得税纳税人。若是忽略两税种之间存在的差异，在个人所得税一般反避税条款的判断标准上机械采用企业所得税一般反

---

① 财政部主要负责人在《个人所得税法修正案（草案）》说明中指出，为了堵塞税收漏洞，维护国家税收权益，草案参照企业所得税法有关反避税规定。参见《关于〈中华人民共和国个人所得税法修正案（草案）〉的说明》，载中国人大网：http://www.npc.gov.cn/zgrdw/npc/xinwen/2018-08/31/content_2060176.htm。

避税条款的“合理商业目的”,标准并不科学。

(二)“合理商业目的”的判断标准

作为针对不同类型的民商事行为予以二次评价的“事后法”,税法存在不同的评价模式,相对于企业所得税单纯针对商事行为进行评价而言,个人所得税评价的对象不仅包括以营利为目的的商事行为,例如合伙企业为获取利润而从事的经济交易行为,还包括与营利目的无关的民事行为,例如自然人纳税人之间的抚养、赡养等。① 简言之,个人所得税应当对民商事行为予以评价,个人所得税一般反避税条款所指向的对象亦应包括民商事行为:若是仅针对商事行为,纳税人可能会利用民事领域的税法漏洞实施大量的避税安排,以致反避税立法起到“鼓励”的暗示消极作用;若是仅针对民事行为,又会遗漏个人所得税反避税立法重点规制的商事行为。由于《个人所得税法》第8条第1款第3项规定的“合理商业目的”标准,系参照《企业所得税法》第47条以商业性为该标准的判断前提,导致个人所得税一般反避税条款适用对象的范围将会缩小。

1.“合理”的判断

根据《个人所得税法》第8条第1款第3项规定,纳税人从事的交易安排若不受个人所得税一般反避税条款的调整,需要具有“商业目的”,且目的应是“合理”的。在当前错综复杂的市场经济环境下,“合理”的判断较为困难。税务机关是适用个人所得税一般反避税条款的主体,但税务工作人员并非分析市场经济活动的专家,对于纳税人在市场经济环境下基于对商业机会的嗅觉和判断所从事的交易安排,在完成后对其目的评价是否“合理”,这对纳税人实属不公。况且,“合理”作为一个不确定性的抽象概念,我国税法也未给出具体解释。

在实践中,税务机关判断某一交易安排是否具有商业目的“合理性”,通常从交易发生时的宏观市场环境、行业惯例及微观经营策略等方

---

① 参见欧阳天健:《个人所得税一般反避税规则研究》,载《法律科学》(西北政法大学学报)2020年第5期。

面进行。[①] 这适用于合伙企业、个人独资企业等从事商事行为的商主体，但个人所得税一般反避税条款的调整对象，除商事行为之外，还有自然人纳税人之间的抚养、赡养等民事行为，税务机关对这些民事行为的合理性判断是目前难以解决的问题之一。

2.“商业目的”的判断

商业目的是对纳税人从事交易安排的一种主观上思想状态的判断，在反避税实践中一直存在不少困扰。通常而言，判断主观思想状态的商业目的，须将其依托的客观交易结果作为评价载体。换言之，税务机关应当根据纳税人从事交易安排的外部表征行为对商业目的进行判定，诸如交易结果是否存在获利的可能性、纳税人在交易中是否真正投入资金、构成整体交易的各交易步骤是否真正发生、交易所涉主体是否是独立存在且在交易前后尚未从事非法交易活动等等。[②]

就国外反避税的经验而言，商业目的审查，“引致纳税人投入资本的原因是不是仅仅出于税收考虑，或者是不是还含有非税动机或者合法的盈利动机”。[③] 纳税人作为理性经济人，不论交易主体是企业抑或自然人，其从事的交易必将能否盈利纳入首要考量因素，因此纳税人从事的交易以实现利润最大化为目的的，可被认定为具有商业目的。但是，商业目的并非仅有实现利润，对实现利润以外的其诸如风险管理、企业经营架构的调整、股价增值等他商业利益，亦可被认定为具有商业目的。简言之，对商业目的的判定，仍含有商业性或经营性的属性，这显然无法评价与经营性质无关的民事行为。

总之，面对自然人纳税人在日常生活中所存在的避税现象，尤其《个

① 参见汤洁茵：《〈企业所得税法〉一般反避税条款适用要件的审思与确立——基于国外的经验与借鉴》，载《现代法学》2012 第 5 期。

② 参见汤洁茵：《〈企业所得税法〉一般反避税条款适用要件的审思与确立——基于国外的经验与借鉴》，载《现代法学》2012 第 5 期。

③ 参见王宗涛、陈涛：《试析我国避税认定标准与方法》，载《国际税收》2014 年第 6 期。

人所得税法》第 6 条第 4 款所增加的教育、大病医疗、住房、赡养老人等 6 个专项附加扣除项目，尽管行为属于纯民事行为，未涉及经济交易等任何商业目的因素，但不排除纳税人通过虚构此类专项附加扣除项目来增加支出，以达到逃避或减轻税收负担的目的。因此，在反避税实践中对于涉及专项附加扣除项目等民事行为，税务机关难以运用"合理商业目的"标准加以判断和评价，个人所得税一般反避税条款设立的目的无法顺利实现。《个人所得税法实施条例（征求意见稿）》第 27 条"不具有合理商业目的"解释为以减少、免除或者推迟缴纳税款为主要目的，但在正式文本中被删除。目前，个人所得税一般反避税条款的核心标准仅有《个人所得税法》第 8 条第 1 款第 3 项确立的"合理商业目的"，并且欠缺对"合理商业目的"的解释细则。"合理商业目的"标准作为探求纳税人从事交易安排的主观判断标准，本身存有侵犯纳税人合法税收权利之嫌，加之评价范围不能完全涵盖个人所得税一般反避税条款的所有民商事行为，已不能满足税务机关反避税工作的要求。为了使"合理商业目的"这一判断标准在个人所得税一般反避税条款得以有效地适用，我国应当对"商业目的"作文义解释之外的扩充性目的解释，这与其他国家将商业目的的内涵从"商业性或经营性目的"延展至任何"非税目的"相印证。申言之，未来对交易安排是否具有商业目的的判断，须转换为对非税收利益目的的判断，如此可囊括个人所得税一般反避税条款中不以盈利为目的的民事行为。我国税法应对非税收利益加以判定，明确非税收利益在整个交易安排中的占比标准，税务机关方可明晰纳税人从事的交易安排是否应受个人所得税一般反避税条款的调整。

（三）"显著的非税收利益"的判断标准

"税收利益"在税法语境中属于中性词汇。[①] 纳税人获取不当税收利益的手段是利用税法漏洞或滥用法律形成自由可能性，采取与经济实质

① 参见欧阳天健：《个人所得税一般反避税规则研究》，载《法律科学》（西北政法大学学报）2020 年第 5 期。

或者经济效果不相当的法律形式，对税收要件进行重构，在客观结果上造成国家利益的损害。换言之，若是纳税人从事的经济交易活动滥用了税法漏洞或法律形成自由，且在形式上符合避税安排认定的其他要件，但纳税人出于对税法的认识错误或税收筹划失败等原因并未获得不当税收利益，反而增加其税收负担的，税务机关不可对此予以个人所得税一般反避税条款的调整，纳税人亦不可推翻自己的交易行为而请求税务机关退还多缴纳的税款。值得注意的是，“不当税收利益”不等于“非税收利益”，“非税收利益”并不意味着纳税人从事的交易不能包括任何税收利益。

对非税收利益的判定可以从以下角度考虑：(1)从交易目的角度。作为理性经济人，纳税人做出交易决定即可预知在未来获得非税收利益的可能性很大，税务机关据此获得的证据不能为非税收利益提供直接证明，只能依据客观事实推断交易目的。(2)从交易过程角度。交易过程本身并不能独立证明非税收利益的存在与否，但纳税人可以提供相关证据证明其在交易过程中付出足够多的努力，以此作为辅助证据来证明一系列交易可以产生非税收利益。(3)从交易结果角度。税务机关根据获得的证据可直接判断纳税人的交易所产生的非税收利益，但交易结果不仅包括盈利，还包括亏损，而亏损的交易结果并不能证明纳税人做出交易决定，交易即不具有产生非税收利益的可能性。总之，由于交易过程本身不能独立证明交易是否产生非税收利益，仅依据交易结果又会给纳税人带来不确定性，所以税务机关判断纳税人的交易是否产生非税收利益，应当将与交易目的有关的证据、推论作为首要考虑因素，在特殊情况下，基于交易目的的推论可以被推翻。

在个人所得税一般反避税条款实践中，根据现有证据，若能够证明纳税人的交易可以产生非税收利益，且非税收利益具有显著性，则纳税人的交易因具备经济实质而不会被税务机关进行特别纳税调整。关于对显著的非税收利益的认定，我国可以借鉴美国经验，即需要同时满足两要件：(1)相对于税收利益而言，非税收利益是重大的；(2)交易可能产生的税前收益率高于无风险的投资收益率。换言之,纳税人的交易只产生非税收利益,并不意味着该交易具有经济实质,仍须同时满足上述要件,方可免受税务机关的特别纳税调整。

四、个人所得税一般反避税条款的举证责任

(一)举证责任分配

举证责任分配是证据制度的核心问题,受到高度重视。举证责任分配围绕“证据由谁提出”,在当事人之间进行举证责任的合理配置,以实现对程序公平正义的追求,平衡国家征税权和纳税人的税收利益。

《个人所得税法》第 8 条第 1 款第 3 项规定对个人所得税一般反避税条款仅作出原则性规定,其证明责任存在立法空白,以致税务机关个人所得税反避税工作缺乏执行依据,往往引用企业所得税一般反避税条款之证明责任的相关规定。《特别纳税调整实施办法(试行)》《一般反避税管理办法(试行)》均对企业所得税一般反避税条款的证明责任作出规定,相较于前者,后者的规定更为细化,但也存在不明晰之处。《特别纳税调整实施办法(试行)》第 95 条、《一般反避税管理办法(试行)》第 10 条规定,税务机关启动一般反避税调查,应当向被调查企业送达《税务检查通知书》,被调查企业应自收到《税务检查通知书》之日起 60 日内提供相关资料。《特别纳税调整实施办法(试行)》第 95、96 条与《一般反避税管理办法(试行)》第 11 条第 1 款皆规定了企业提供资料的义务,但前者明确强调被调查企业需要证明其实施的安排具有合理商业目的,若被调查企业不能对其安排具有合理商业目的提供相关的资料予以证明,需要承担举证不利的法律后果;后者对此没有明确,仅规定被调查企业提供资料。

根据《一般反避税管理办法(试行)》第 12 条的规定,被调查企业拒绝提供资料的,税务机关可依据《税收征收管理法》第 35 条予以核定。换言之,面对税务机关的反避税调查,被调查企业应当提供必要的

协力义务,[①]若积极配合税务机关的检查、准备相关的会计账簿、凭证管理与交易资料的,税务机关调查相关避税安排事实的义务更大;反之,若拒绝或者不认真履行协力义务的,则税务机关调查的避税安排义务将有所减少,甚至可进行核定征收。葛克昌指出,纳税人履行协力义务与税务机关依职权调查义务并不矛盾,纳税人履行协力义务越少,税务机关依职权调查的义务亦随之降低其证明程度,最终在证据法上会对纳税人产生推计征税等不利后果,二者之间是相互作用之替代关系。[②]

法谚云,“举证责任之所在,败诉之所在”。在个人所得税一般反避税条款的适用中,举证责任分配的确定成为一个影响案件未来走向的至关重要的程序法问题。个人所得税一般反避税条款在税务实践中因缺乏独立的证明责任规定而完全适用企业所得税一般反避税条款的相关规定,尤其纳税人须承担“合理商业目的”的举证责任,这无疑增加了纳税人的举证负担。因此,我国应当在以下 3 个阶段构建个人所得税一般反避税条款的举证责任分配制度。

1. 立案通知阶段

立案通知阶段,即税务机关启动个人所得税一般反避税条款的调查程序阶段,尽管也会涉及税务调查内容,但作为触动纳税人提供资料义务的前置程序,以及为与实际调查阶段有所区分,因此启动反避税调查程序的这一阶段可被称之为“立案通知阶段”。

在立案通知阶段,税务机关认为纳税人从事的交易安排具有避税嫌疑的,应当搜集相关证据予以证明,这与德国“谁主张,谁举证”的客观举证责任相一致,即税务机关需要为自己提出的主张提供证据,以证明自己的怀疑具有合理性。英国《一般反避税条款指南》第 E3. 4. 1 条规定,如

① 协力义务,是指纳税人负有依据税法规定诚实申报义务与提供相关课税资料配合税务检查的义务。参见叶姗:《应税事实依据经济实质认定之稽征规则——基于我国台湾地区“税捐稽征规定”第 12 条之 1 的研究》,载《法学家》2010 年第 1 期。

② 参见葛克昌:《藉税捐简化以达量能平等负担——核实、实价与推计课税之宪法基础》,载《交大法学》2014 年第 1 期。

果税务机关根据2013年《财政法》第209节第(1)条规定认为,纳税人存在滥用避税安排的情况,将通过向纳税人发出临时反制通知以抵消由此安排所产生的税收利益,此时临时反制通知必须载明:(1)明确可能需要调整的避税安排及其获取税收利益的内容;(2)纳税人从避税安排中获取税收利益属于滥用的原因;(3)税务机关将采取的特别纳税调整;(4)纳税人的上诉权等。我国可以借鉴英国反避税实践经验,对税务机关向纳税人送达的《税务检查通知书》内容加以规定,要求税务机关在《税务检查通知书》中明确载明其怀疑的合理理由,以检验税务机关是否履行立案通知阶段的举证责任义务,也确保纳税人提供资料等协力义务履行具有针对性。

2. 实际调查阶段

税务机关完成立案通知阶段的初步举证责任后,进入实际调查阶段。此阶段的举证责任分配主要由两部分构成。

税务机关要求纳税人履行协力义务。协力义务不仅要求纳税人承担作为义务,根据税务机关的要求提供相关的会计账簿、凭证管理与交易资料等用以解释说明所从事的交易安排具有合理商业目的,还要求纳税人负有容忍义务,积极配合税务机关的正当稽查行为。所谓"提供资料的协力义务"并不等同于"提供资料以证明的义务",两者乃是不同性质的义务。"提供资料的协力义务"意味着:(1)纳税人按照税务机关要求已提供用以说明合理商业目的的相关资料,税务机关负有尽力继续调查的义务不会被免除;(2)纳税人按照税务机关要求未提供相关资料或者提供的相关资料不完整的,但纳税人对此有合理理由,税务机关亦不可随意进行核定,应当继续调查以获取更多的相关证据;(3)纳税人拒绝按照税务机关要求提供相关资料或者提供资料虚假、伪造、不完整的,税务机关即可认定纳税人构成对协力义务的违反,并根据纳税人违反协力义务的程度而适当减轻其负有的调查义务。若纳税人严重违反协力义务的,税务机关可直接进行核定,但严禁税务机关因纳税人拒绝履行协力义务进而推定纳税人的经济交易活动为避税安排并实施特别纳税调整。① “提供资料以证明的义务”意味着税务机关无须承担尽力调查义务，纳税人按照税务机关的要求提供相关资料用以证明其所从事的交易安排具有合理商业目的，若因举证不力导致事实不清的，纳税人需承担最终的不利后果。

税务机关在纳税人履行协力义务后，根据其先前调查的证据和纳税人提供的相关资料，对其所做出的特别纳税调整决定承担举证责任。

3. 异议救济阶段

上述两个阶段后，纳税人如果对税务机关经调查、收集证据所作出的特别纳税调整决定有异议，认为税务机关的决定有误，即进入异议救济阶段。在此阶段，根据“谁主张，谁举证”的客观举证责任模式，纳税人作为提出主张的异议人，无疑应当承担举证责任。

（二）证明标准

适用个人所得税一般反避税条款需要对税收要件进行事实认定，事实认定作为一个程序法上的问题，涉及举证责任分配与证明标准。② 依据证据法通说，证明标准包括以下3类：（1）排除一切合理怀疑证明标准。此标准作为最大程度的盖然性证明标准，一般适用于刑事诉讼，要求不存在合理怀疑，从而形成内心确信。（2）盖然性占优势证明标准。此标准是盖然性要求较低的证明标准，一般适用于民事诉讼，通常证明力超过50%即可。（3）高度盖然性证明标准。此标准处于排除一切合理怀疑证明标准和盖然性占优势证明标准之间，证明力需要达到80%左右，一般适用于行政诉讼。③ 与一般行政行为不同，个人所得税一般反避税条款的举证责任分配具有特殊性，故其证明标准也有所区别，美国、英国和

① 参见欧阳天健：《比较法视阈下的一般反避税规则再造》，载《法律科学》（西北政法大学学报）2018年第1期。

② 参见魏德士：《法理学》，丁晓春、吴越译，法律出版社2005年版，第290页。

③ 参见陈卫东、谢佑平主编：《证据法学》（第2版），复旦大学出版社2016年版，第227页。

德国的个人所得税一般反避税条款规定明确,美国和英国一般采用“优势证明标准”,而德国则采用“几近于真实之确信”的证明标准。

我国的个人所得税一般反避税条款证明标准应当倾向于介于高度盖然性证明标准与盖然性占优势证明标准之间。同时,个人所得税一般反避税条款在三个阶段的举证责任分配不同,证明标准也应当有所不同:(1)在立案通知阶段,税务机关认为纳税人的交易安排存有避税嫌疑而承担的初步举证责任,因仅提供证据证明其怀疑的合理性,故这一阶段的证明标准仅须达到略微高于盖然性占优势的证明标准即可;(2)在实际调查阶段,因税务机关根据所有资料证据作出的特别纳税调整决定对纳税人的经济利益产生实质影响,故这一阶段的证明标准需要达到接近于高度盖然性证明标准;(3)在异议救济阶段,纳税人作为个人所得税一般反避税条款中弱势的一方,以保护纳税人权利而言,纳税人承担的举证责任达到盖然性占优势的证明标准即可。

五、个人所得税一般反避税条款的约束机制

针对纳税人实施的避税安排,税务机关启动个人所得税一般反避税调查,并依法对其予以特别纳税调整。目前,我国关于税务机关从启动调查到实施特别纳税调整的个人所得税一般反避税条款适用程序缺乏相应的规则,这不利于个人所得税一般反避税条款真正落地,难以发挥反避税保障税收收入的功能,也激发税务机关和纳税人之间的矛盾。我国构建个人所得税一般反避税条款的适用程序,可以借鉴企业所得税一般反避税条款较为成熟的经验,从建立约束机制等方面着手,以使税务机关一般反避税的自由裁量权得到有效约束。

(一)预约裁定

纳税人面对个人所得税一般反避税条款的最大问题是不确定性,[①]

① 参见王宗涛:《税法一般反避税条款的合宪性审查及改进》,载《中外法学》2018 年第 3 期。

这种不确定性造成纳税人信赖利益受到损害。我国个人所得税层面亟待引入预约裁定，主要包括以下原因：（1）2018年《个人所得税法》修正后，“仍然有部分个人所得税特殊课征规则散见于规范性文件中，亟待再度通过修改法律予以认可”。[①] 同时，2019年财政部、国家税务总局《关于个人取得有关收入适用个人所得税应税所得项目的公告》对个人所得税的“偶然所得”予以扩张解释，造成纳税人的税法困惑。总之，个人所得税规则的不确定或不清晰可能造成纳税人误触个人所得税一般反避税条款。（2）受个人所得税调整的民事行为具有范围广泛且变化较大的特征，面对税法的不周延性，需要纳税人和税务机关就具体个案展开事先沟通。

我国应当建立税务机关和纳税人的事先型预约裁定制度：（1）明确预约裁定的适用对象。为了提高税务机关的工作效率，个人所得税一般反避税条款建立的预约裁定应当侧重于纳税人的商事行为，对于纳税人的民事行为可以通过窗口指导等方式进行事先的沟通交流。[②] （2）明确预约裁定的适用范围和具体规则。为了强化税务机关内部监控制约机制，规范税收个案批复工作，国家税务总局印发了《税收个案批复工作规程（试行）》，可以据此对预约裁定的适用范围和具体规则予以明确，还可以引入默认规则。[③] （3）明确预约裁定的效力。为了保护纳税人的信赖利益，预约裁定的效力仅限于提出请求的纳税人，并针对纳税人所提出的个案。若是预约裁定被后续的行政或司法程序所推翻，作出预约裁定的税务机关应当对纳税人的信赖利益予以补偿。

---

① 参见叶姗：《合伙企业课征所得税规则之创制》，载《华东政法大学学报》2019年第1期。

② 参见欧阳天健：《个人所得税一般反避税规则研究》，载《法律科学》（西北政法大学学报）2020年第5期。

③ 默认规则是指负有履行义务的主体面对相对人的请求需要在限定的期限内完成义务履行，超过期限未履行的，视为其同意相对人请求的一项法律制度。参见翁武耀：《反避税预先裁决程序若干基本问题——基于意大利经验的分析》，载熊伟主编《税法解释与判例评注》（第4卷），法律出版社2013年版，第221页。

（二）专家会审

建立行政权力约束机制，可从外部引入专家会审制度，例如英国设立一般反避税条款咨询小组。在我国，专家会审最早出现在 2012 年国家税务总局《特别纳税调整重大案件会审工作规程（试行）》，规程在立案、调查、结案等不同环节建立专家会审制度，以更好地限制税务机关在企业所得税一般反避税管理过程中的税收征管权。在个人所得税一般反避税条款中，为了提高税务机关处理避税安排的专业性，尤其防止税务机关滥用对纳税人的涉税民事案件认定权，有必要引入专家会审制度，明确专家会审的适用范围，制定专家会审成员的选任、会审小组的组成、会审意见的形成等程序性规则。① 但是，为了使专家会审能够真正发挥其应有的作用，不因受税务机关控制而流于形式，应当保证专家会审具有外部性和独立性。

（三）听证制度

目前，在我国企业所得税、个人所得税的反避税工作中，税务机关认定纳税人从事的交易活动存在避税嫌疑及其后续的处理过程并不透明，缺乏相应的听证程序。《行政许可法》第 4 章第 4 节、《行政处罚法》第 5 章第 3 节、《治安管理处罚法》第 98 条等均对听证制度作出具体规定，要求涉及当事人或者社会公共利益的重大事项，在行政决定作出之前依申请或依职权启动听证程序。一旦税务机关做出特别纳税调整决定，对纳税人的经济利益会产生重大影响，因此在一般反避税管理中也应引入听证制度，确保税务机关、纳税人能够对涉税安排的案件事实、处理结果、适用相关税法规定等进行充分的辩论，这不仅是协商式行政的具体体现，而且对于公平合理地解决涉税争议、限制税务机关的自由裁量权具有积极意义。

---

① 参见熊伟、王宗涛：《反避税的权力限度：以一般反避税条款为例》，载熊伟主编《税法解释与判例评注》（第四卷），法律出版社 2013 年版，第 116 页。

（四）层报制度

《特别纳税调整实施办法（试行）》第97条规定，一般反避税调查及调整须层报国家税务总局批准，第2条还指出，本办法适用于税务机关对企业所得税一般反避税条款等特别纳税调整事项的管理。换言之，层报制度尚不适用于个人所得税一般反避税条款。目前，税务机关在税务实践引用该规定处理个人所得税一般反避税案件缺乏依据，也难以有效约束税务机关的自由裁量权。为了实现特别纳税调整的权威性和统一性，防止各级税务机关自由裁量权的肆意扩张，个人所得税一般反避税条款在适用程序上亦须以层报制度为强有力的支撑。

国家税务总局可以结合个人所得税一般反避税条款的特点，通过颁布内部具体反避税工作的操作流程，对各级税务机关个人所得税一般反避税案件的层报程序、层报处理等详细地作出规定。这一方面有利于强化国家税务总局对地方各级税务机关适用个人所得税一般反避税条款实施特别纳税调整的审查和监督，以达到有效约束税务机关自由裁量权的目的；另一方面也有利于维护税法的权威性，保护纳税人的合法利益。

（五）类型化与案例指导

反避税案件所具有的特殊性，决定了税务机关难以适用统一的认定标准去处理不同的交易形式与应税事实的涉税案件，这导致税务机关的自由裁量权难以受到有效约束，有必要引入类型化观察法，①即先依据交易形式与应税事实的不同，将反避税案件分成不同类型，然后针对不同类型的涉税案件分别制定明确的具体适用情形、适用标准及法律效果，这为税务机关规制和调整纳税人从事的交易安排提供了具体细化的规范指引。例如，《特别纳税调整实施办法（试行）》第92条，将企业所得税一般反避税条款的涉税案件分别类型化为滥用税收优惠、滥用税收协定、滥用公司组织形式、利用避税港避税等。因此，税务行政机关在个人所得税一

---

① 参见熊伟、王宗涛：《反避税的权力限度：以一般反避税条款为例》，载熊伟主编《税法解释与判例评注》（第4卷），法律出版社2013年版，第116页。

般反避税条款适用实践中积累一定经验后，将个人所得税的反避税案件类型化，以促使对于同一类型的涉税案件适用同一的适用标准和认定思路，这是落实反避税公平征税的必然要求，也是有效约束税务机关滥用自由裁量权的途径之一。

此外，我国今后还可以设立反避税典型案例指导制度，以实现个人所得税一般反避税条款的统一适用。国家税务总局通过整理个人所得税一般反避税条款适用中具有代表性的反避税案件，并以编撰成案例汇编或者规范性文件的方式向各级税务机关以及社会公众公布，这不仅对于税务机关处理相同类型涉税案件具有很大的参考意义，对于纳税人从事的交易活动是否受个人所得税一般反避税条款的规制而言，也具有一定预见可能性。

六、个人所得税一般反避税条款的衔接机制

我国已在所得税领域分别设立了特别反避税条款和一般反避税条款，尤其企业所得税一般反避税条款已建立起由《企业所得税法》第 47 条、《企业所得税实施条例》第 120 条、《特别纳税调整实施办法（试行）》《一般反避税管理办法（试行）》等构成的法律体系。但是，在个人所得税一般反避税条款的立法起步较晚，现有规定较为原则，具体实施细则的缺失导致个人所得税一般反避税条款在实践中面临诸多问题。当前最为重要的问题是，一般反避税条款均在各自领域发挥反避税功能，若避税安排同时涉及企业、自然人，可能出现个人所得税一般反避税条款与个人所得税特别反避税条款、企业所得税一般反避税条款等适用上不衔接的问题。个人所得税一般反避税条款与其他反避税条款一旦缺乏衔接，纳税人会利用法律漏洞实施避税安排以逃避或减轻税收负担，这不仅严重侵蚀一国税基，造成财政收入减少，亦会对其他纳税人的税收利益产生影响，破坏社会公平的收入分配秩序，不利于市场经济的充分竞争和健康发展。

（一）与个人所得税特别反避税条款的衔接

《个人所得税法》第 8 条第 1 款规定了个人所得税的特别反避税条款和一般反避税条款。相较于原则化和抽象化的个人所得税一般反避税条款而言，个人所得税特别反避税条款立法较为具体、明确。

纳税人从事的交易安排若是同时符合个人所得税的特别反避税条款和一般反避税条款的适用要件，一般而言，两者之间符合特别法与一般法的关系，根据特别法优于一般法的法理，税务机关应优先适用具有确定性的个人所得税特别反避税条款予以特别纳税调整，以实现和保障纳税人的信赖利益。① 但是，纳税人从事的交易安排若在定性上属于特别反避税条款所列示的类型，在定量上却未达到特别反避税的启动标准，税务机关能否适用个人所得税一般反避税条款则存在争议，②形成了平行关系理论和兜底关系理论两种观点：平行关系理论认为，若一项交易安排经税务机关判断不符合个人所得税特别反避税条款适用要件的，不能再继续适用一般反避税条款进行特别纳税调整，应当作出不予调整决定，③此观点也被形象比喻成诉讼上的“既判力”；④兜底关系理论则是当前的主流观点，认为个人所得税一般反避税条款具有补充个人所得税特别反避税条款不足的作用，⑤税务机关若不能适用个人所得税特别反避税条款对纳税人的交易安排予以规制，可继续适用一般反避税条款。根据《个人所得税法》第 8 条第 1 款第 1 项、第 2 项规定，我国个人所得税特别反避税条款包括转让定价规则、受控外国公司规则。换言之，若一项交易安排既不符合转让定价规则亦不符合受控外国公司规则，作为兜

① 参见张颖：《从拉姆齐原则看“合理商业目的”——对新企业所得税法相关反避税条款的探讨》，载《首席财务官》2007 年第 9 期。

② 参见侯卓：《个人所得税反避税规则的制度逻辑及其适用》，载《武汉大学学报》（哲学社会科学版），2021 年第 6 期。

③ 参见王宗涛：《一般反避税条款研究》，法律出版社 2016 年版，第 74 页。

④ 参见李俊明：《论一般反避税条款适用的合理界限》，载《国际税收》2013 年第 10 期。

⑤ 参见李俊明：《论一般反避税条款适用的合理界限》，载《国际税收》2013 年第 10 期。

底性质的补充性条款,税务机关可适用一般反避税条款予以特别纳税调整。

但是,在个人所得税特别反避税条款和一般反避税条款之间,只存在"单向流动",会导致个人所得税一般反避税条款的运用较为被动。为了改变始终处于被动状态的个人所得税一般反避税条款,实现二者之间的"双向互通互融",可以及时将个人所得税一般反避税条款适用中较为成熟的反避税事项,通过制定办法等形式纳入到个人所得税特别反避税条款,从而建立起个人所得税一般反避税条款与特别反避税条款的良好衔接。

(二)与企业所得税一般反避税条款的衔接

企业所得税和个人所得税同属于所得税的范畴,两者在某些方面存在一定的相似性,在实践中也常常出现同时涉及企业和自然人的避税案件,我国理论界和实务界也普遍认为个人所得税一般反避税条款缺失的具体实施细则可以适用企业所得税一般反避税条款的有关规定,[①]但这一共识尚须在法律层面上明确两者的衔接关系,以落实税收法定原则。

2015年《关于非居民企业间接转让财产企业所得税若干问题的公告》,旨在规范和加强非居民企业间接转让中国居民企业股权等财产的企业所得税管理,其具体、细化的规定有效解决了非居民企业的涉税问题。对于同样在自然人层面出现的类似问题,我国也应当出台相应的管理制度来进一步规范和加强非居民个人间接转让中国境内财产(包含企业股权)的个人所得税管理。我国应当制定相关规则以建立个人所得税与企业所得税一般反避税条款之间的有效衔接,进而从企业和自然人两个层面共同解决交易安排的涉税问题。[②]

---

① 参见朱大旗、范瑶:《新〈个人所得税法〉反避税条款研究》,载《学习与探索》2020年第1期。

② 参见孔丹阳:《个人所得税反避税规则的比较与借鉴》,载《国际税收》2019年第6期。

第二节　弃籍税

一、弃籍税概述

（一）弃籍税的概念

弃籍税源自于美国，是指对放弃国籍或永久居住权的公民或居民，在全球范围内的全部财产之收益和收入在弃籍时所征收的一种所得税，[①]又称“退籍税”“退出税”“资产转移税”“移民税”“移居税”等。[②] 因为是对放弃既有国籍或永久居住许可者（包括企业和个人）的税制安排，所以称之为弃籍税最为贴切。[③]

《个人所得税法》第 13 条第 5 款规定，“纳税人因移居境外注销中国户籍的，应当在注销中国户籍前办理税款清算”，此乃离境清税规定。离境清税仅要求纳税人因移居境外注销中国户籍之前，办理税款清算，是对已实现的收入征税，并不要求对应计但未实现的所得或收益进行征税。弃籍税与之不同，不仅要求纳税人就其终止居民身份之日已实现的所得和收益缴纳税款，还应包括应计但未实现的所得或收益。

（二）我国弃籍税征收的意义

我国已经成为第三大国际移民来源国，居住于中国以外的移民人数高达 1070 万，移民大多是一些高净值人士，这导致资产大规模外流，不利于我国社会稳定和经济发展。保罗·萨缪尔森（Paul A. Samuelson）指出，“税收制度实践中主要决定权属于国家政府，政府通过政策实施获取居民所拥有的、利于国家发展的资源转化为公共资源促进国家建设。实

---

① 刘继虎：《论个人所得税制语境下我国弃籍税制度的构建》，载《湖南大学学报》（社会科学版）2019 年第 3 期。

② 参见饶立新、黄浩荣：《关于“弃籍税”的几点思考》，载《税务研究》2017 年第 11 期。

③ 参见饶立新、黄浩荣：《关于“弃籍税”的几点思考》，载《税务研究》2017 年第 11 期。

际上税收实践获取的财富资源只是一种辅助工具,将货币作为媒介工具通过它可以将那些实际的资源由私人品转化为公共品”。① 个人所得税承载着调节收入分配、筹集财政收入的功能,我国目前对于通过各种手段转移资产的高净值人士的税款征收不力,有必要构建弃籍税,抑制资产外逃,以保障我国税收主权。

1. 严厉打击逃避税

我国纳税人、代扣代缴义务人的纳税意识还存在不足,纳税人逃避税行为严重,导致国家税收的大量流失,尤其是高净值人士将资产通过移民移居等方式转移到他国,以逃避对未实现所得的税收征管。鉴于此,我国应当针对部分高净值人士逃避税行为加大税收征管力度。移民为违法犯罪行为提供脱逃责任之路:逃避税收缴纳的纳税人可以通过移民的方式规避税务机关追责;一些经济犯罪分子直接将犯罪所得通过各种形式转移到国外;一些贪污腐败的群体将自己的非正常收入转入其他国家。这些逃避承担责任的移民行为,不仅直接带走社会财富,还破坏了社会正义,造成了恶劣的影响。为了通过改变居民身份而逃避税收的移民行为,不仅造成社会不公,还直接导致税基流失,损害国家的税收主权。例如,纳税人移民到税率水平较低的国家后,再以资本转让方式来降低税款的缴纳,这会使本属于国内的税收资源因纳税人的移民行为而旁落其他国家,因此有必要引入弃籍税。

2. 增加财政收入

税法是以财政收入为目的的财政性规范,并根据量能课税原则发挥公平功能。在弃籍税的历史发展过程中,财政收入目的是极为重要的因素。各国出现财政问题,通常会加强税收征收的开源管理,弃籍税为各国应对财政压力作出了独特的贡献。例如,1966 年美国在正处于财政赤字之际构建弃籍税;2008 年次贷危机引发经济大萧条,许多国家产生严重

① 参见保罗·萨缪尔森:《经济学》(第十九版),商务印书馆 2012 年版,第 769 页。

财政赤字的问题,法国、英国、西班牙等纷纷扩大弃籍税征收范围。弃籍税本身具有独特性,我国顺应“包容性增长”这一世界性财政发展趋势,应尽早将弃籍税纳入个人所得税改革方案,促进我国税制向更稳定的方向发展。弃籍税不仅可以堵塞所得税的征管漏洞,还能够“倒逼”纳税人按时足额缴纳税款。①

3. 完善税收征管制度

党的十八届三中全会指出,“财政制度是国家治理的重要保障,规范科学的财税制度体系是实现国家治理体系和治理能力现代化的必然要求。对于全面建设小康社会、维护市场经济稳定发展、促进社会公平正义、实现国家长治久安的基础保障”。《出境入境管理法》没有对弃籍或离境人员的财产是否需要进行清算做出要求。《税收征收管理法》《个人所得税法》虽然规定离境清税,但仅限于出境前未按照规定结清的应纳税款、滞纳金或者提供纳税担保的情况,且未规定具体的离境税收征管措施,而弃籍税的引入可以弥补不足。

二、弃籍税的国外立法例

(一)美国

美国最早设立弃籍税制度。1966 年《外国投资者税法》规定,税务机关如实掌握弃籍者的纳税信息,若弃籍者具有逃避税收的动向,在未来的 10 年内,弃籍者仍须按照美国公民纳税标准依法纳税,这是弃籍税的制度初创阶段。1995 年,针对越来越多富人出于避税而放弃国籍移民他国的行为,美国加强弃籍税、遗产税等税收立法,1996 年《健康保险携带和责任法》规定弃籍税纳税人的客观认定标准。2004 年《就业机会创造法》更加详细地规定弃籍税相关条款,明确认定弃籍税纳税人、增加替代税制、修改纳税申报制度等。2008 年《英雄收入补助及减免税收法》最突出

---

① 参见樊丽明等:《富豪移民、资产转移与中国退籍税制度设计》,载《财政研究》2016 年第 12 期。

的成就是,采取“视同销售”税收拟制对弃籍税再次修改,实现有效的税收规制方式。①

美国弃籍税的美国籍纳税人包括美国公民和长期居民,对符合以下情形之一的纳税人征收弃籍税:(1)在弃籍之前的5年内,平均年应纳税所得额达到或高于每年根据通货膨胀率调整设定标准;(2)纳税人在弃籍当天的所有净资产达到200万美元以上;(3)在弃籍之前的5年内有记录显示,纳税人未按照美国联邦税法规定依法纳税。弃籍税征收为纳税人在放弃国籍或者长期居民身份的前一日,将其拥有的资产按“视同销售”以市场价值计算收益,扣除负债、免征额后的资产,按照所得税中规定的累进税率(10%—39.6%)缴纳个人所得税,弃籍税免征额为600000美元。美国对弃籍税适用递延纳税,弃籍税纳税人可以申请对弃籍时未实现的潜在收益,递延到真正进行交易时再纳税,但递延纳税只能针对不同情况的单项资产分别申请,不可以申请全部应纳税所得,并且需要对递延纳税额征收相应利息及提供担保。发生居民纳税人死亡等特殊情况,递延纳税期间视为已到期。

几经修订后,美国形成比较完善的弃籍税,不仅征管高效,还有利于打击避税行为,追回流失国外的税源。

(二)法国

20世纪90年代,欧洲国家开始设立弃籍税制度。随着经济社会发展,各国对弃籍税进行扩大征收范围、增加税收条款、加大税收力度等改革,完善弃籍税制度。目前,在欧盟27个成员国中,奥地利、比利时、丹麦、芬兰、法国、德国、爱尔兰、意大利、卢森堡、荷兰、葡萄牙、西班牙和瑞典等13个国家已经建立弃籍税。法国对高收入人群以高税率征收个人所得税,这是造成纳税人弃籍转移资产的原因之一,其弃籍税在欧盟成员国中较具特色。1999年1月1日,法国开始施行弃籍税,2005年因认为

① 参见钱玉波:《世界主要国家退出税比较研究及启示》,载《海派经济学》2017年第4期。

不符合欧盟的要求而宣告暂时废除。2008 年国际金融危机发生后，各国加大对弃籍税的推行，2013 年法国修改完善弃籍税并予以实施，弃籍税也被认为是各成员国税收管辖权的合理例外。① 欧盟成员国的弃籍税注重平衡税收主权和自由限制，适用比例原则对弃籍税进行协调。法国是欧盟国家中唯一同时对法人和自然人征收弃籍税的国家，此外对于变更居民身份至非欧盟成员国的要求更加严格。

法国弃籍税的合格纳税人是指，在放弃法国长期居民身份之前，居民自然人拥有的净资产达到 80 万以上欧元或者居民企业持有 50%以上股权，并且纳税人在弃籍前 10 年中的 6 年具有法国居民纳税人身份。当符合规定的纳税人放弃长期居民身份，对其商业金融资产的未实现收益征税。法国弃籍税规定递延纳税制度，在纳税人变更为另一个欧盟国家的税收居民身份时，提交报告后即可自动适用递延纳税，但变更非欧盟成员国的税收居民身份时，则须提供担保或者指定税务代理人后申报递延纳税，并向税务机关提交潜在收益报告。

（三）加拿大

1996 年 10 月 1 日，加拿大设立类似于弃籍税的离开税。依据加拿大的离开税制度，纳税人放弃加拿大长期居民身份，必须在离境前的最后一年内申报，其离开时所拥有的全部资产应纳税所得额达到 25000 加元以上，其中日常生活的个人使用财产价值达到 10000 加元以上，对纳税人的全部资产以视同市场公允价值处置为基础，按照个人所得税税率 17—29%进行征收。

加拿大征收离开税可以予以递延纳税，纳税人可以选择延期付款，但须提供可接受有价证券作担保且不须计算利息。此外，加拿大与美国两国经济交往密切，制定了双边税收协定，有关弃籍税的征税问题两国按照税收协定的特殊条款进行。

① 参见季洁：《投资移民热潮下的弃籍税制度研究》，载《南方金融》2020 年第 1 期。

（四）日本

国际金融危机爆发后，日本加快了税制改革的步伐，2015 年引入弃籍税，并于 2015 年 7 月 1 日开始施行。

为防止纳税人以多种方式逃避缴纳税款，日本弃籍税征收范围较为广泛，不仅对居民纳税人变更居民身份征税，还对居民纳税人将资产转移给非居民纳税人，以及居民纳税人通过遗嘱、遗赠的方式将资产转移非居民纳税人征收弃籍税。

日本弃籍税的合格纳税人为，在放弃长期居民身份出国时拥有的净资产达到 1 亿日元以上（包括有价证券或其他符合纳税条件的合格资产）的纳税人。日本采用“视同销售”规则，对资产的市场公允价值计算收益后扣除负债，按征税对象的不同而适用不同的税率征收，股票等有价证券税率为 15.315%，综合所得采用累进税率，最高税率为 45%。在日本，纳税人离开时起的 5 年内或依申请延长至 10 年内进行递延纳税申报备案，计算相应利息并提供有效担保。

三、弃籍税的实体规则

2018 年修正《个人所得税》增加离境清税，但离境清税仅要求纳税人因移居境外注销中国户籍之前，办理税款清算，是对已实现的收入征税，并不要求对应计但未实现的所得或收益进行征税。面对高净值人士的大量移民，我国应引入弃籍税，对弃籍者应计但未实现的所得或收益予以征税。我国弃籍税应当以补充所得税为原则，从属于个人所得税，而不是独立的税种。

（一）弃籍税的纳税人

借鉴各国税收立法经验，并结合我国的基本国情，弃籍税纳税人应当为我国的居民纳税人，而不以国籍为认定标准。《个人所得税法》规定的纳税人包括居民纳税人和非居民纳税人，区分标准为住所标准和居住时间标准，但以居住时间标准对居民身份的认定具有不稳定性，若是频繁变更居民身份，多次征收弃籍税可能导致重复征税。法国弃籍税规定纳税人在弃籍前10年中的6年具有法国居民纳税人身份，我国可予以借鉴。弃籍税具有“从富而征”的征税目的，美国、法国、加拿大、日本各国均设定资产标准，我国也应当对净资产达到600万以上的纳税人征收弃籍税。

（二）弃籍税的征税客体

弃籍税的征税对象为弃籍者在全球范围内所有财产的收益，原则上可以按《个人所得税法》所列税目而设定，但弃籍税建立初期，为避免涉及过多税目，我国可以将征税客体限于税务机关较易掌握的资产。

（三）弃籍税的税率

弃籍税从属于个人所得税，弃籍税的税率直接适用个人所得税税目相应的税率。一般而言，各国税率并非一成不变，往往会随着经济社会的发展进行指数化调整，以防止因经济波动造成税收收入的流失或使纳税人承担过重的税收负担，为使个人所得税更加符合量能课税原则，我国个人所得税的税率也应朝这个方向发展。

四、弃籍税的征收管理

（一）弃籍税的纳税期限

我国弃籍税对中国居民纳税人征收，当弃籍者变更居民纳税人身份时发生纳税义务。纳税义务发生时间并不等同于税款缴纳的时间：一旦纳税人存在逃避税行为，例如纳税人在变更居民纳税人身份前转移资产的，应当对纳税人转移的资产立即进行征收，但纳税人依法提出递延纳税申请的，应当按照递延纳税期限进行弃籍税征收。

美国、法国、加拿大、日本等国家均适用规定递延纳税，一般期限在10—15年左右。我国弃籍税也应设立递延纳税期限，弃籍税建立初期可以为不超过5年递延纳税，纳税人还可在5年期限最后一年到期之前申请再延长10年，但应为未实现的收益税款缴纳利息并提供相应担保。

（二）弃籍税的征管措施

我国尚须建立与弃籍税相配套的税收程序：(1)个人资产登记和价值评估。对居民纳税人的个人资产进行登记监管，为开征弃籍税提供良好的税源条件，并完善价值评估制度，合理评估个人国内外资产的价值。(2)涉税信息共享。弃籍税征管需要各部门之间建立个人资产信息网络共享平台，核实纳税人身份并对其申报资产予以准确审查，税务机关对符合条件的纳税人出具完税凭证，由其提交国籍管理机关办理弃籍手续。(3)应弃籍者要求提供专业税务服务。税务机关应当帮助高净值人士，详细分析当前的潜在税务及合规风险，帮助其及时进行调整和更正。(4)惩戒追责。税务机关对拒绝申报的纳税人进行主动征收，对隐瞒真实资产、少报、漏报等采取追溯征收，①并且严厉惩处，将不良记录纳入个人信息登记系统。

第三节　最低税负制

个人所得税作为我国收入分配的重要调节工具，其税负的公正分配可以缩小高收入者与中低收入者税后可支配收入的差距，有效发挥收入再分配作用，助力共同富裕目标的实现。解决高收入者税负较低的问题是个人所得税良法善治的关键，我国高收入者个人所得税税负较低的原因除了征管不到位，更重要的是个人所得税制度本身不合理，个人所得税公正性建设需要税制优化与征管改革双管齐下。我国个人所得税制引入最低税负制，以法治划定公正底线，在不影响税收优惠政策发挥激励功能的同时，又能保证量能课税原则的适度实现。

---

① 参见钱玉波：《世界主要国家退出税比较研究及启示》，载《海派经济学》2017 年第 4 期。

一、个人所得税优惠政策的被滥用

何谓高收入者,税法上并无明确界定,乃是一个相对性概念。毋庸置疑,我国高收入群体正不断壮大。随着高收入群体规模的逐年扩大,我国个人所得税的收入结构并未发生明显改变。近年来,我国个人所得税收入仍以工资薪金等劳动性所得为主,例如 2019 年综合所得个人所得税收入占比约为 64%。① 调查显示,工资薪金仅是高收入者财富来源的极小一部分,对实体企业和金融的投资才是高收入者财富积累的主要来源。②但是,高收入者纳税贡献明显不足,以致我国个人所得税的最大税源仍为工薪阶层。反观美国,有关数据显示,2019 年"调整后总收入"10 万美元及以上的纳税人仅占全部纳税人的 19. 9%,却贡献了个人所得税收入的 83. 55%。③

除税收征管机制不健全外,税收优惠政策泛滥特别是被高收入者滥用是我国高收入者税负较低的重要原因。不公正的税收制度是产生不平等的重要引擎,若是税法中充斥着特殊利益的减免,逃避税现象自然会激增。④ 给予特定纳税人或所得类型的税收优惠政策承载着一定价值追求,或执行社会政策,或促进经济社会发展,⑤但若被高收入者滥用,以已有条件或创造条件满足适用要求,导致税收优惠利益集中于少数纳税人,则造成税收优惠政策价值追求的失焦。

---

① 参见《中国税务年鉴》编委会:《中国税务年鉴(2020)》,中国税务出版社 2020 年版,第 473 页。

② 参见《中国私人银行发展报告(2020)》,载中国银行协会 http://zgyhy. com. cn/upload/1606814124705.pdf。

③ See U.S. Government Accountability Office,"FINANCIAL AUDIT IRS's FY 2021 and FY 2020 Financial Statement",https://www.gao.gov/assets/gao-22-104649.pdf.

④ 参见伊曼纽尔·赛斯、加布里埃尔·祖克曼:《不公正的胜利:富人如何逃税? 如何让富人纳税?》,薛贵译,中信出版社 2021 年版,第 46 页。

⑤ 参见刘继虎:《税收优惠条款的解释原则:以我国〈企业所得税法〉相关条款的解释为例》,载《政法论坛》2008 年第 5 期。

（一）针对特定纳税人的个人所得税优惠政策

我国针对特定纳税人的个人所得税优惠政策可分为以下类型：(1)基于改善社会福利、促进就业等目的的税收优惠政策，例如给予受灾人员、弱势群体、军转人员等税收优惠政策；(2)给予外籍个人、外交人员等特殊身份群体的税收优惠政策；(3)针对专家人才，主要覆盖企业经营管理人才、专业技术人才和高技能人才等人才的税收优惠政策，在后两类人群中，高收入者相对集中。

近年来，各地争夺人才的现象较为激烈，税收优惠政策成为各地吸引专家人才的重要工具。相关个人所得税优惠政策形式纷繁、力度空前，也引发公众对个人所得税公正性的关注。目前，专家人才的全国性个人所得税优惠政策较少，地域性的税收优惠政策较多：前者如《个人所得税法》第 4 条第 1 款第 1 项对省级、部委、军以上单位以及外国组织、国际组织颁发的科学、教育、技术、文化、卫生、体育、环境保护等方面的奖金予以免征个人所得税；后者如财政部、国家税务总局《关于海南自由贸易港高端紧缺人才个人所得税政策的通知》（财税〔2020〕32 号）规定，“对在海南自由贸易港工作的高端人才和紧缺人才，其个人所得税实际税负超过 15%的部分，予以免征”。

基于合法性考量，地方政府较少出台个人所得税直接性优惠政策，而往往采取税后补贴，诸如“按应纳税额给予补贴或奖励”和“所得税税负差额补贴政策”等间接方式。[①] 例如，中共合肥市委办公室、合肥市人民政府办公室《关于进一步吸引优秀人才支持重点产业发展的若干政策（试行）》（合办〔2020〕18 号）对在当地缴纳个人所得税的重点产业企业高层次人才，前三年按实缴个人所得税地方留成部分等额补贴，之后两年减半补贴；又如，为增强粤港澳大湾区珠三角九市相较于境外（含港澳台）的税负吸引力，广东省、深圳市对在粤港澳大湾区工作的境外高端紧

① 参见姚子健：《自贸区个人所得税优惠政策的不足与优化》，载《税收经济研究》2020 年第 6 期。

缺人才,按内地与香港个人所得税税负差额给予补贴。财政部、国家税务总局《关于粤港澳大湾区个人所得税优惠政策的通知》(财税〔2019〕31号)则进一步明确,此项补贴予以免税。通过某项或多项叠加的税收优惠政策,高收入者实际承担的税负与之收入状况、财产状况明显不匹配,形式合法但实质不合理,产生高收入者低税负现象。

(二)针对特定所得类型的个人所得税优惠政策

高收入者可分为高工资薪金者和收入多元的高收入者:前者以专家人才为代表;后者的收入高且实际税负低的问题往往更为严重,加之我国个人所得税制保留分类计征,根据不同所得类型而设置差异化税率和税收优惠,高收入者可以借助所得类型转换来实现逃避税。

调查显示,我国城镇居民的经营资本性收入和财产性收入之和占比已超60%,[①]近年来因股权投资转让而出现不少"造富神话"。为培育并发展资本市场,许多资本性所得得以享受低税甚至免税待遇,个人所得税制度因而带有明显的工薪税痕迹,并呈现"富人优惠型"特征。[②] 以股票的取得、持有和转让的全链条为例,在取得股票上,个人取得的股份制企业用资本公积金转增的股本数额不征收个人所得税;[③]在持有股票上,个人从公开发行和转让市场取得的上市公司股票,持股期限超过1年的,股息红利所得免征个人所得税;[④]在转让股票上,个人转让境内上市公司股票(限售股除外)所得、[⑤]转让新三板挂牌公司非原始股取得的所得[⑥]等

---

① 参见吕冰洋等:《中国居民资本要素收入有多少?》,载《统计研究》2020年第4期。

② 参见崔志坤、经庭如:《税收政策多重目标的公平抑或背离:剖解"富人优惠型"》,载《改革》2010年第11期。

③ 国家税务总局《关于股份制企业转增股本和派发红股征免个人所得税的通知》(国税发〔1997〕198号)。

④ 财政部、国家税务总局、证监会《关于上市公司股息红利差别化个人所得税政策有关问题的通知》(财税〔2015〕101号)。

⑤ 财政部、国家税务总局《关于个人转让股票所得继续暂免征收个人所得税的通知》(财税〔1998〕61号)。

⑥ 财政部、国家税务总局、证监会《关于个人转让全国中小企业股份转让系统挂牌公司股票有关个人所得税政策的通知》(财税〔2018〕137号)。

免征个人所得税。此外，我国对于公债利息、储蓄存款利息、基金投资等所得均暂免征收个人所得税，而这些所得通常由高收入者的金融投资所取得。资本性所得的税负较低，纳税人为规避税负较高的劳动所得而趋向于税负较低的资本性所得，但工薪阶层难以将自己的劳动收入转变为资本收入，高收入者相对而言更有机会付诸实践，上市公司高管拒绝高薪而采股权激励计划即为例证。

值得关注的是，随着高收入者的财富积累，其权力也在不断增长，其中包括为自身利益而影响公共决策的能力，税收优惠政策制定与调整因而体现高收入者的利益诉求，这会进一步加剧税负分配不公的问题。[①]

二、捍卫公正底线的最低税负制

高收入者滥用个人所得税优惠政策而仅承担较低的实际税负，偏离量能课税原则，引发公众对个人所得税公正性的质疑。“社会制度应当这样设计，以便事情无论变得怎样，作为结果的分配都是正义的。为了达到此目的，我们有必要把社会和经济过程限制在适当的政治、立法制度的范围内”。[②] 我国可以引入最低税负制，在保留税收优惠政策的前提下，确保高收入者承担一定比例实际税负，实现量能课税原则的回归。

（一）作为个人所得税法基本原则的量能课税原则

纳税人负税能力作为税负分配公正与否的衡量标准被广泛接受。依据量能课税原则，税收负担的归属及轻重程度应以纳税人的负税能力为尺度，而不以国家所提供的权利保障及公共服务的成本为准。[③] 我国税法虽暂未明文规定“量能课税原则”，但量能课税原则被公认为我国税法尤其是《个人所得税法》的一项基本原则。[④] 一般而言，所得是表征纳税

① 参见王玮：《税收优惠的公共治理：制度框架与我国的选择》，载《当代财经》2017 年第 10 期。

② 约翰·罗尔斯：《正义论》，何怀宏等译，中国社会科学出版社 2009 年版，第 216 页。

③ 参见叶姗：《个人所得税量能课征的法律构造》，《北大法律评论》2019 年第 1 期。

④ 参见许多奇：《论税法量能平等负担原则》，《中国法学》2013 年第 5 期。

人负税能力的主要指标之一，应税所得越多的，其负税能力越强，应当依据个人所得税法承担相对较高的个人所得税税负。高收入者低税负之所以饱受诟病，是因为高收入者实际承担的税负与其真实的负税能力不成比例，使公众感到税法实际非依所得分配税收负担。

（二）作为激励措施的个人所得税税收优惠政策

税收优惠政策是以税负分配上的差别待遇，利用纳税人趋利避害的心理影响纳税人的行为。由于税收优惠政策具有较突出的正向激励功能，作为一项政策工具被国家广泛适用于实现特定政策目的，诸如促进投资增长和产业集聚等。以高层次人才的个人所得税优惠政策为例，税收优惠政策对于聚拢人才、增强创新能力、促进科技成果转化等产生不容小觑的作用。[①] 针对特定纳税人的地域性个人所得税优惠政策能够形成强大的人才吸引力，海南 2018 年至 2020 年共引进人才 23.3 万人，同口径增长 675%，[②]部分印证自贸港个人所得税优惠政策的强大激励作用。税收优惠政策灵活快捷，短期效果立竿见影，但难免缺乏慎重、长远的考虑，难以体现更为广泛的利益。[③] 税收优惠政策泛滥造成较多的税收套利空间，势必冲击量能课税原则指导下的个人所得税税负分配秩序。

（三）平衡量能课税与税收优惠政策的最低税负制

税收优惠政策具有激励功能，一旦实施又产生自我维护机制，受益者必然希望税收优惠政策得以存续，因此税收优惠政策的清理、修正将是一个成本与阻力巨大的旷日持久过程。2014 年 11 月，《国务院关于清理规范税收等优惠政策的通知》试图对泛滥的税收优惠予以专项清理，但半

---

① 参见张学诞、赵卓娅：《关于高层次人才的个人所得税政策研究》，载《财政科学》2019 年第 5 期。

② 参见《国新办举行海南自由贸易港政策制度建立进展情况发布会图文实录》，载《国务院新闻办公室》：http://www.scio.gov.cn/xwfbh/xwbfbh/wqfbh/44687/45259/wz45261/Document/1701923/1701923.htm。

③ 参见邢会强：《政策增长与法律空洞化：以经济法为例的观察》，载《法制与社会发展》2012 年第 3 期。

年后《国务院关于税收等优惠政策相关事项的通知》决定另行部署后再进行。但是,个人所得税优惠政策的泛滥和滥用已经造成税负分配不公的结果,追求结果公正和实质正义价值的量能课税原则应当在个人所得税法中得到彰显,对享受优惠政策的纳税人设定最低税负成为平衡量能课税与税收优惠的最优选择。推行最低税负制有助于遏制地域性税收优惠的泛滥势头,源头上减小税负分配不公发生的可能性。全国性和地域性税收优惠均是最低税负制的治理对象,将地域性税收优惠额计入应税所得,会显著弱化其实施效用,进而避免地方政府以个人所得税税收优惠政策展开恶性竞争。个人所得税引入最低税负制,并未否认税收优惠政策的存在价值,而是划定公正底线,从而改善税负分配不公,有助于我国个人所得税法向公正目标的迈进。

三、最低税负制的国外立法与实践

最低税负制是所得税法发展的一项制度创新,旨在确保利用税负国别差异、税收优惠等承担较低甚至零税负的高收入者或高利润企业缴纳最基本税额。为遏制高收入者滥用税收优惠的逃避税行为,美国于 1969 年在一般个人所得税之外单独征收附加性最低税(Add-on Minimum Tax),对个人享受税收优惠项目所得超过 3 万美元以上的部分按 10%的税率征收附加税款。[①] 1979 年,美国创建替代性最低税负制(Alternative Minimum Tax),与附加性最低税负制并行不悖,直至 1983 年最终废除附加性最低税负制。1986 年美国《税收改革法》将最低税负制引入企业所得税,这种税负制也被一些国家或地区效仿。

美国替代性最低税在一般个人所得税之外单独征收,其以一般个人所得税的应税所得为基础,加回部分税前扣除与税收优惠等项目形成替代性最低税的应税所得,再减去法定免税额形成税基,继而乘以法定最低

① 参见刘鹏:《高收入阶层的有效调控:最低替代税的国际实践与中国方案》,载《经济体制改革》2022 年第 2 期。

税率,扣除最低税负外国税收抵免额后即为替代性最低税的应纳税额。若替代性最低税的应纳税额小于一般个人所得税的应纳税额,则按一般个人所得税缴纳税款;与之相反,则缴纳替代性最低税的税款。替代性最低税由纳税人自主申报缴纳,纳税申报表一经提交,美国国内收入局可通过计算机系统实施交叉信息比对,审核报税信息。[①] 为便利纳税人申报纳税,美国国内收入局提供全套的纳税申报表和相关填写说明,并提供多形式的纳税咨询服务。美国替代性最低税具有以下两个特点:(1)当应税所得不超过特定金额时,[②]可以减去法定免税额,免税额会因报税身份的不同而有所差异,[③]且逐年调整;(2)为加强个人所得税负的累进性,替代性最低税的税率为26%、28%两档超额累进税率。

四、个人所得税最低税负制的本土化构造

个人所得税的最低税负制是保留个人所得税优惠政策的前提下迈向量能课税的公正底线设计,我国应借鉴域外有益经验,结合我国个人所得税混合计征模式特点,建立符合我国国情的个人所得税最低税负制。

(一)应税所得

最低税应税所得由个人所得税的应税所得额加回部分税前扣除和税收优惠额形成。美国的个人所得税较少或不采用分类计征模式,以个人综合所得额为基础而形成最低税应税所得,能够较为真实地反映纳税人负税能力。我国个人所得税制实行混合计征模式,综合所得涵盖的范围有限,所以不能简单模仿他国的做法。为更好发挥量能课税的制度效能,我国应当在综合所得与经营所得年度汇算清缴时以各自所得额时加回税

---

① 参见马珺:《面向自然人课税的思考——以美国国内收入局个人所得税征管为例》,载《国际税收》2017年第2期。

② 美国个人所得税申报表6251显示,2021年单身或户主为523600美元,夫妻共同或符合条件的丧偶者为1047200美元,夫妻单独为523600美元。

③ 美国个人所得税申报表6251显示,2021年单身或户主为73600美元,夫妻共同或符合条件的丧偶者为114600美元,夫妻单独为57300美元。

前扣除和税收优惠分别计算最低税，对采用按月或按次源泉扣缴方式计征个人所得税的利息、股息及红利所得等其他类型所得，可在每月或每次计算应纳税所得额时加回税收优惠来计算相应的最低税，并依高者缴纳。为维护国家税收权益、实现税负公平分配，依据《个人所得税法实施条例》第20条规定，居民个人从中国境内外取得的综合所得、经营所得应当分别合并申报，因此居民纳税人的境外所得计入最低税应税所得应无争议；非居民个人若在我国境内取得所得也应计算并缴纳最低税，例如在每月或每次计算个税的同时以各自所得额加回税收优惠来计算相应的最低税，但具体应当以税收协定方式加以明确。

关于应加回的税前扣除和税收优惠项目，域外立法存在较大差异：有的是将高额境外来源所得、人寿保险给付及年金保险给付、私募证券投资、信托基金受益凭证的交易所得、非现金部分的捐赠扣除额和基本税额制度施行后的免税额和扣除额等加回；有的则多集中于资本性所得的税收优惠项目。我国应将针对特定纳税人的税收优惠以及针对资本性所得等特定所得类型的税收优惠①加回最低税应税所得：(1)针对特定纳税人的税收优惠以及针对资本性所得等特定所得类型的税收优惠正是高收入者逃避税的重要凭借，也是最低税负制的主要治理对象；(2)税收优惠所带来的激励不足以完全弥补给量能课税原则造成的损害，因为个人促进经济社会整体发展的作用相对有限；②(3)按劳分配是我国分配正义的主要衡量尺度，税收优惠政策利好资本性所得，却极少适用于劳动所得，不利于“劳动创造财富”的落实。与美国等不同的是，我国在直接性优惠政策外还有大量税后补贴等间接性优惠政策存在，为尽可能真实地反映纳

① 在实践中，一种特殊的税收优惠形式是“不并入当年综合所得，全额单独适用综合所得税率表，计算纳税”，参见财政部、税务总局《关于个人所得税法修改后有关优惠政策衔接问题的通知》(财税〔2018〕164号)。此类税收优惠应按其实际优惠税额加回一般个人所得税的综合所得中确定最低税应税所得。

② 参见郭昌盛：《我国个人所得税税收优惠法律制度设计初探》，载《税务与经济》2018年第2期。

税人的负税能力,税后补贴等也应计入最低税的应税所得。

(二)免税额

个人所得税最低税负制旨在让滥用税收优惠、偏离量能课税的高收入者缴纳基本税额的税款,为避免最低税负制演变为大众税而提高征管成本,应当设置较高的免税额,域外经验表明免税额的确定主要考量因超过免税额而须申报的纳税人数量以及高收入者的认定惯例。美国替代性最低税的免税额呈逐年提高趋势,2017 年《减税和就业法案》的增幅尤甚,以致覆盖人群骤减至数十万,约占申报人总数的 0.1%,但预计 2026 年法案影响消失后覆盖人群可能重回 3%左右,①申言之,个人所得税最低税负制的免税额可以比照年收入额前 0.1%至前 3%的纳税人收入额予以确定。因为我国实行个人所得税混合计征模式,免税额的设置不能执行单一标准,应为综合所得、经营所得及其他类型所得的最低税计算分别设置免税额。值得注意的是,在 2012 年《纳税人救济法》颁布前,美国替代性最低税的免税额均不考量通货膨胀因素,因而出现收入数值变大但实质所得未曾提高的现象,美国国会每年不得不回应通货膨胀而对免税额予以调整,徒增制度运行成本,亦让纳税人缺乏纳税的预期。对此,我国可以借鉴个人所得税免税额随物价指数调整的做法,根据通货膨胀因素动态调整免税额。

(三)最低税率

最低税率是一种妥协的结果,一国虽然基于税收主权可以自主确定国内税率,但应当考虑国际税收环境以及高收入者群体的国内政治压力。最低税率过高,不仅丧失全球税收竞争力,也易遭遇较大的阻力;最低税率过低,则无法发挥制度效果,应当设置折中的合理最低税率。美国、加拿大、韩国等国的最低税率约为个人所得税最高边际税率的 50%以上。

---

① See Tax Policy Center,"Characteristics of Alternative Minimum Tax (AMT) Payers, 2017, 2019, 2025 - 2026", https://www.taxpolicycenter.org/model-estimates/baseline-alternative-minimum-tax-amt-tables-march-2020/t20-0124-characteristics-0., september 16, 2022.

我国实行个人所得税混合计征模式，综合所得的最高边际税率为45%，经营所得的最高边际税率为35%，其他类型的所得则为20%，若是参考域外经验最低税率至少应为22.5%。但是，鉴于税收环境已成为人才跨国流动的重要影响因素，最低税率应当与我国在改革开放前沿地区所执行的15%实际税负率保持一致，既不会产生制度间的相互冲突，又为以后税收优惠的出台明确公正底线，避免地方政府无序的税收逐底竞争。同时，为避免税制过于复杂，最低税率可考虑单一比例税率，而无须采用累进税率形式。

参 考 文 献

【著作】

1. 财政部税收制度国际比较课题组编著:《德国税制》,中国财政经济出版社 2004 年版。

2. 陈国宏:《人力资源管理》,北京理工大学出版社 2018 年版。

3. 陈敏:《税法总论》,新学林出版有限公司 2019 年版。

4. 邹龙:《经理股票期权理论与实践》,陕西人民出版社 2005 年版。

5. 陈清秀:《税法各论》,法律出版社 2016 年版。

6. 陈清秀:《税法总论》,法律出版社 2019 年版。

7. 陈少英:《税法基本理论专题研究》,北京大学出版社 2009 年版。

8. 陈卫东、谢佑平主编:《证据法学》(第 2 版),复旦大学出版社 2016 年版。

9. 程民选:《信用的经济学分析》,中国社会科学出版社 2010 年版。

10. 邓伟志主编:《社会学辞典》,上海辞书出版社 2009 年版。

11. 冯果、谢贵春:《企业并购税收法律问题比较研究——以经济实质原则在企业并购税中的运用为中心》,武汉大学出版社 2015 年版。

12. 葛克昌:《税法基本问题——财政宪法篇》,元照出版公司 2005 年版。

13. 葛克昌:《所得税与宪法》,北京大学出版社 2004 年版。

14. 葛克昌主编:《避税案件与行政法院判决》,翰芦图书出版有限公司2010年版。

15. 国家税务总局主编:《中华民国工商税收史纲》,中国财政经济出版社2001年版。

16. 郝龙航等主编:《资本个税》,中国财政经济出版社2020年版。

17. 何泽华:《人力资源管理法律实操全流程演练》(实战案例版),中国铁道出版社2018年版。

18. 胡怡建等编著:《个人所得税税制国际比较》,中国税务出版社2017年版。

19. 黄俊杰:《税捐正义》,北京大学出版社2004年版。

20. 黄士洲:《税务诉讼的举证责任》,北京大学出版社2004年版。

21. 黄天华:《中国税收制度史》,中国财政经济出版社2009年版。

22. 江苏省苏州工业园区地方税务局编著:《个人所得税征管国际比较》,中国税务出版社2017年版。

23. 李锐、李坤:《美国国内收入法典——程序和管理》,中国法制出版社2010年版。

24. 林德木:《企业重组所得税制度研究》,中国税务出版社2016年版。

25. 刘剑文等:《财税法总论》,北京大学出版社2016年版。

26. 刘剑文等:《财税法成案研究》,北京大学出版社2012年版。

27. 刘剑文、熊伟:《财政税收法》(第8版),法律出版社2019年版。

28. 刘剑文、熊伟:《税法基础理论》,北京大学出版社2004年版。

29. 刘剑文主编:《改革开放40年与中国财税法发展》,法律出版社2018年版。

30. 刘剑文主编:《税收征管法》,武汉大学出版社2003年版。

31. 刘力钢、谢名一:《西方经典管理理论》,辽宁人民出版2013年版。

32. 龙卫球:《民法总论》,中国法制出版社2001年版。

33. 聂佃忠、李庆梅:《负所得税的国外借鉴及中国低保的重构》,人民出版社 2009 年版。

34. 聂皖生:《股票期权计划:理论、方案与实务》,上海交通大学出版社 2007 年版。

35. 施正文:《税法要论》,中国税务出版社 2007 年版。

36. 时建中:《中国税收司法基本问题》,中国税务出版社 2006 年版。

37. 史际春、邓峰:《经济法总论》(第 2 版),法律出版社 2008 年版。

38. 唐阳琴:《个人所得税合规实务》,法律出版社 2021 年版。

39. 汤洁茵:《个人所得税改革中纳税人权利的实现与保障》,法律出版社 2022 年版。

40. 涂云新:《经济、社会、文化权利论纲》,中国法制出版社 2020 年版。

41. 王宗涛:《一般反避税条款研究》,法律出版社 2016 年版。

42. 熊伟:《法治、财税与国家治理》,法律出版社 2015 年版。

43. 闫海主编:《课税事实认定的法理构建与制度创新》,辽宁大学出版社 2018 年版。

44. 杨斌:《治税的效率与公平——宏观税收管理理论与方法的研究》,经济科学出版社 1999 年版。

45. 杨华、陈晓升:《上市公司股权激励理论、法规与实务》,中国经济出版社 2009 年版。

46. 叶金育:《税法整体化研究:一个法际整合的视角》,北京大学出版社 2016 年版。

47. 叶青编著:《德国财政税收制度研究》,中国劳动社会保障出版社 2000 年版,第 115 页。

48. 叶守光:《中国企业避税问题风险控制与管理实务》,中国税务出版社 2012 年版。

49. 叶旭全:《股票期权制理论与实务指南》,企业管理出版社 2000

年版。

50. 俞敏:《税收规避法律规制研究》,复旦大学出版社 2012 年版。

51. 张春燕:《并购交易所得税法律制度研究——基于对利益持续原则的考量》,法律出版社 2015 年版。

52. 张守文:《财富分割利器:税法的困境与挑战》,广州出版社 2000 年版。

53. 张守文:《财税法疏议》,北京大学出版社 2005 年版。

54. 张守文等:《公平分配的财税法促进与保障》,北京大学出版社 2017 年版。

55. 张巍:《中国需要现代化的个人所得税——观英德美法个人所得税》,浙江工商大学出版社 2015 年版。

56. 郑幼锋:《美国联邦所得税变迁研究》,中国财政经济出版社 2006 年版。

57. 周育民:《晚清财政与社会变迁》,上海人民出版社 2000 年版。

58. 朱孔武:《征税权、纳税人权利与代议政治》,中国政法大学出版社 2017 年版。

59. 朱偰:《所得税发达史》,商务印书馆 2020 年版。

60. 迪特·尔比尔克:《德国税法教科书》(第 13 版),徐妍译,北京大学出版社 2018 年版。

61. 卡尔·拉伦茨:《法学方法论》,陈爱娥译,商务印书馆 2003 年版。

62. 魏德士:《法理学》,丁晓春、吴越译,法律出版社 2005 年版。

63. 伊曼纽尔·赛斯、加布里埃尔·祖克曼:《不公正的胜利:富人如何逃税?如何让富人纳税?》,薛贵译,中信出版社 2021 年版。

64. 亚里士多德:《政治学》,吴寿彭译,商务印书馆 1965 年版。

65. V.图若尼主编:《税法的起草与设计(第二卷)》,国家税务总局政策法规司译,中国税务出版社 2004 年版。

66. 阿马蒂亚·森:《贫困与饥荒》,王宇、王文玉译,商务印书馆 2001 年版。

67. 理查德·A. 波斯纳:《法律的经济分析》,蒋兆康译,中国大百科全书出版社 1997 年版。

68. 罗伊·罗哈吉:《国际税收基础》,林海宁、范文祥译,北京大学出版社 2006 年版。

69. 米尔顿·弗里德曼:《资本主义与自由》,张瑞玉译,商务印书馆 2004 年版。

70. 斯蒂芬·芒泽:《财产理论》,彭诚信译,北京大学出版社 2006 年版。

71. 汤姆·托里:《员工股票期权获利策略》,张新译,电子工业出版社 2009 年版。

72. 维克多·瑟仁伊:《比较税法》,丁一译,北京大学出版社 2006 年版,第 16 页。

73. 休·奥尔特、布莱恩·阿诺德:《比较所得税法——结构性分析》(第 3 版),丁一、崔威译,北京大学出版社 2013 年版。

74. 约翰·罗尔斯:《正义论》,何怀宏、何包钢、廖申白译,中国社会科学出版社 2009 年版。

75. 北野弘久:《税法学原论》(第 4 版),陈刚、杨建广译,中国检察出版社 2001 年版。

76. 高山宪之:《信赖与安心的养老金改革》,张启新等译,上海人民出版社 2012 年版。

77. 金子宏:《日本税法》,战宪斌、郑林根译,法律出版社 2004 年版。

78. 山田太门:《财政学的本质》,宋健敏译,上海财经大学出版社 2020 年版。

79. 神野直彦:《体制改革的政治经济学》,王美平译,社会科学文献出版社 2013 年版。

80. 安东尼·吉登斯:《第三条道路及其批评》,孙相东译,中共中央党校出版社 2002 年版。

81. 锡得里克·桑福德主编:《成功税制改革的经验与问题(第 2 卷)——税制改革的关键问题》,邓力平主译,中国人民大学出版社 2001 年版。

82. 亚当·斯密:《国民财富的性质和原因的研究(下卷)》,郭大力、王亚南译,商务印书馆 1974 年版。

83. Goode R B, The individual income tax, Studies of Government Finance, The Brookings Institution, 1964.

84. Gregg P, Johnson P, Reed H., Entering work and the British tax and benefit system, IFS Report, 1999.

85. J. Martin Burke, and Michael K. Friel, Taxation of Individual Income (12th edition), Carolina Academic Press, 2018.

86. Jürgen G. Backhaus, Navies and State Formation: The Schumpeter Hypothesis Revisited and Reflected, Münster, LIT Verlag press, 2012.

87. Richard B. Freeman, Seeking a Premier Economy: The Economic Effects of British Economic Reforms, 1980-2000, University of Chicago Press, 2004.

88. Willis J, The Mitigation of the Tax Penalty on Fluctuating or Irregular Incomes, Canadian Tax Foundation, 1951.

【论文】

89. 白凯、符国群:《"家"的观念:概念、视角与分析维度》,载《思想战线》2013 年第 1 期。

90. 白晓峰:《商业养老保险税法制度国际比较与借鉴》,载《国际税收》2014 年第 12 期。

91. 曾繁英:《股票期权税收政策:缺失与完善》,载《税务研究》2007 年第 4 期。

92. 陈敏:《租税稽征程序之协力义务》,载《政大法学评论》1988 年第 1 期。

93. 陈清秀:《税捐稽征程序》,载《植根法学杂志》1996 年第 6 期。

94. 陈清秀:《自动报缴免罚制度的比较研究》,载《财经法学》2019 年第 2 期。

95. 陈少英、赵菁:《非货币性资产出资所得税纳税期限探究》,载《会计之友》2019 年第 5 期。

96. 陈司谨、吴拥军:《纳税人自查修正行为法律责任研究》,载《税务与经济》2015 年第 5 期。

97. 陈炜:《英国个人所得税征收模式的实践经验与启示》,载《涉外税务》2013 年第 1 期。

98. 陈卫东:《澳大利亚附加福利税对我国的启示》,载《税务研究》2007 年第 6 期。

99. 陈友伦:《关于经济实质标准在税收领域应用的思考》,载《国际税收》2022 年第 6 期。

100. 陈治:《基于生存权保障的〈个人所得税法〉改革及完善》,载《武汉大学学报》(哲学社会科学版)2016 年第 3 期。

101. 丛中笑:《和谐征纳的法理求索及现实观照》,载《法学评论》2006 年第 6 期。

102. 崔军、朱志钢:《构建橄榄型收入分配格局与个人所得税改革》,载《税务研究》2011 年第 9 期。

103. 崔志坤、经庭如:《税收政策多重目标的公平抑或背离:剖解“富人优惠型”》,载《改革》2010 年第 11 期。

104. 邓大松、何晖:《社会保障风险及其防范的几点理论认识》,载《求实》2011 年第 4 期。

105. 邓力平、李林木:《对税收赦免问题的几点看法》,载《税务研究》2004 年第 1 期。

106. 丁阳:《我国个税递延型养老保险试点问题分析》,载《保险理论与实践》2017 年第 9 期。

107. 董为众:《美国个人所得税年度汇算清缴简介》,载《国际税收》2020 年第 3 期。

108. 段晓红、李羿锦:《非货币性资产投资所得税规则反思——以所得构成要件为分析工具》,载《财会月刊》2019 年第 17 期。

109. 樊丽明等:《富豪移民、资产转移与中国退籍税制度设计》,载《财政研究》2016 年第 12 期。

110. 冯铁拴:《回归住房权保障:重塑"首套住房贷款利息"扣除标准》,载《现代经济探讨》2019 年第 7 期。

111. 冯振宁等:《健康扶贫背景下残疾人基本医疗保险与疾病负担分析》,载《公共卫生与预防医学》2021 第 1 期。

112. 高芳英:《美国所得税的起源与有关宪法修正案的创立》,载《史林》1999 年第 3 期。

113. 高金平:《对赌协议或有对价之所得税探析》,载《中国注册会计师》2018 年第 10 期。

114. 高金平:《股权激励个人所得税政策解析》,载《注册税务师》2017 年第 2 期。

115. 葛克昌:《避税调整之宪法界限》,载熊伟主编《税法解释与判例评注(第 4 卷)》,法律出版社 2013 年版。

116. 葛克昌:《藉税捐简化以达量能平等负担——核实、实价与推计课税之宪法基础》,载《交大法学》2014 年第 1 期。

117. 葛克昌:《量能原则与所得税法》,载《中原财经法学》1996 年第 1 期。

118. 葛克昌:《脱法避税与法律补充》,载刘剑文主编《财税法论丛》

（第 10 卷），法律出版社 2009 年版。

119. 葛伟军：《论股权捐赠的法律规制》，载《清华法学》2014 年第 2 期。

120. 郭昌盛：《我国个人所得税税收优惠法律制度设计初探》，载《税务与经济》2018 年第 2 期。

121. 何代欣：《个人所得税分类与综合改革研究：法国税制借鉴》，载《地方财政研究》2013 年第 8 期。

122. 何锦前：《个人所得税法分配功能的二元结构》，载《华东政法大学学报》2019 年第 1 期。

123. 侯卓：《二元目标下的个人所得税法制度演进》，载《华中科技大学学报》（社会科学版）2020 年第 3 期。

124. 侯卓：《个人所得税反避税规则的制度逻辑及其适用》，载《武汉大学学报》（哲学社会科学版），2021 年第 6 期。

125. 侯卓：《论税法分配功能的二元结构》，载《法学》2018 年第 1 期。

126. 胡朝阳：《社会失信行为的法律规制——基于外部性内在化的法经济学分析》，载《法商研究》2012 年第 6 期。

127. 胡元聪、闫晴：《低收入家庭税法保障的中国方案：理论证成、制度检视及优化路径》，载《中央财经大学学报》2018 年第 10 期。

128. 胡元聪、闫晴：《纳税信用修复制度的理论解析与优化路径》，载《现代法学》2018 年第 1 期。

129. 斛泉：《立法院通过所得税条例案经过》，载《东方杂志》1936 年第 15 期。

130. 黄朝晓：《个人所得税赡养老人专项附加扣除制度建议》，载《税务研究》2018 年第 11 期。

131. 黄凤羽、刘维彬：《个人非货币性资产捐赠的税收政策——美国借鉴与中国实践》，载《税务研究》2017 年第 10 期。

132. 黄惠卿、唐婧妮：《个人所得税赡养老人专项附加扣除相关问题研究》,载《经济研究参考》2018 年第 65 期。

133. 黄士洲、简银莹:《综所税会计制度相关实务问题研究——以所得变动与执行业务所得为对象》,载《会计师季刊》2016 年第 9 期。

134. 黄士洲:《一般反避税立法实践的比较研究——以我国台湾地区、日本与德国税法相关规定与实例为主线》,载《交大法学》2015 年第 1 期。

135. 黄士洲:《征纳协同主义下税捐调查协力义务的交互影响关系——兼论制造费用超耗剔除的规定与实务》,载《月旦法学杂志》2005 年第 2 期。

136. 黄媛媛、陈荣卓:《美国 EITC 反贫困的特点、效应及经验》,载《当代世界社会主义问题》2018 年第 3 期。

137. 季洁:《投资移民热潮下的弃籍税制度研究》,载《南方金融》2020 年第 1 期。

138. 贾茵:《失信联合惩戒制度的法理分析与合宪性建议》,载《行政法学研究》2020 年第 3 期。

139. 江西省财政厅课题组:《促进财政收入可持续增长研究——以江西省为例》,载《经济研究参考》2015 年第 70 期。

140. 蒋贵凰、宋迎昌:《中国城市贫困状况分析及反贫困对策》,载《现代城市研究》2011 年第 10 期。

141. 蒋震:《从经济社会转型进程看个人所得税改革》,载《河北大学学报》(哲学社会科学版)2019 年第 1 期。

142. 金俭、梁鸿飞:《公民住房权:国际视野与中国语境》,载《法治研究》2020 年第 1 期。

143. 金荣学等:《中美高等教育捐赠税收制度比较》,载《教育研究》2013 年第 7 期。

144. 柯格钟:《论所得税法之所得分类》,载《月旦法学教室》2007 年第 9 期。

145. 孔丹阳:《个人所得税反避税规则的比较与借鉴》,载《国际税收》2019 年第 6 期。

146. 匡浩宇:《论税收遵从度对我国税收征管工作的启示》,载《当代经济》2018 年第 8 期。

147. 李华、蔡倩:《个人所得税教育费用扣除的经验与借鉴》,载《财政科学》2020 年第 1 期。

148. 李华:《家庭还是个人:论我国个人所得税纳税单位选择》,载《财政研究》2011 年第 2 期。

149. 李辉:《企业重组个人所得税政策:理论审视与改革完善》,载《税务研究》2017 年第 4 期。

150. 李俊明:《论一般反避税条款适用的合理界限》,载《国际税收》2013 年第 10 期。

151. 李林君:《家庭规模和结构的标准化设计——个人所得税按家庭课征的突破口》,载《税务研究》2016 年第 11 期。

152. 李乔彧:《个人所得认定治理路径的转型》,载《行政法学研究》2020 年第 1 期。

153. 李庆梅等:《用负所得税重构中国低保制度的难点研究》,载《甘肃理论学刊》2009 年第 3 期。

154. 李烁:《论失信联合惩戒的合法性及其补强——以〈对失信被执行人实施联合惩戒的合作备忘录〉为样本的分析》,载《中国法律评论》2021 年第 1 期。

155. 李宛霖等:《我国中老年慢性病患者自评健康状况及影响因素研究——基于个人—家庭—社会视角》,载《现代预防医学》2021 年第 5 期。

156. 李宛姝、马蔡琛:《企业所得税与个人所得税的衔接路径——基于法人拟制说与法人实在说的考察》,载《税务研究》2018 年第 12 期。

157. 李炜光、陈辰:《以家庭为单位征收个人所得税的制度设计问题——基于三种所得税征收模式的讨论》,载《南方经济》2014 年第 8 期。

158. 李勇等:《基于公平视角下进一步完善个人所得税费用扣除研究》,载《财政监督》2019 年第 5 期。

159. 李悦:《自然人纳税信用管理的法治构造》,载《征信》2019 年第 10 期。

160. 梁季:《美国联邦个人所得税:分析、借鉴与思考》,载《河北大学学报》(哲学社会科学版)2019 年第 1 期。

161. 梁俊娇、葛淑芸:《论构建我国纳税信用体系》,载《中央财经大学学报》2006 年第 2 期。

162. 梁俊娇、张毅生:《美国个人所得税的申报、征收和稽核制度》,载《中国税务》2002 年第 1 期。

163. 梁若莲:《我国实施税收自愿披露项目正当其时》,载《国际税收》2016 年第 8 期。

164. 梁尧:《行政法视域下的信用惩戒若干基本理论问题——兼论我国〈行政处罚法〉增设“信用惩戒条款”的可行性》,载《征信》2021 第 4 期。

165. 林嘉:《公平可持续的社会保险制度研究》,载《武汉大学学报》(哲学社会科学版)2017 年第 4 期。

166. 林琳:《个人所得税法改革创新性研究——基于附加福利课税立法体系的构建》,载《海峡法学》2015 年第 4 期。

167. 林义、周娅娜:《德国里斯特养老保险计划及其对我国的启示》,载《社会保障研究》2016 年第 6 期。

168. 林义、周娅娜:《德国里斯特养老保险计划及其对我国的启示》,载《社会保障研究》2016 年第 6 期。

169. 刘芳:《论完善股权激励的个人所得税政策》,载《财会月刊》2012 年第 25 期。

170. 刘厚兵:《公益性捐赠支出税前扣除有关规定》,载《注册税务师》2011 年第 4 期。

171. 刘继虎:《论个人所得税制语境下我国弃籍税制度的构建》,载《湖南大学学报》(社会科学版)2019 年第 3 期。

172. 刘继虎:《税收优惠条款的解释原则:以我国〈企业所得税法〉相关条款的解释为例》,载《政法论坛》2008 年第 5 期。

173. 刘剑文、丁一:《避税之法理新探(上)》,载《涉外税务》2003 年第 8 期。

174. 刘剑文:《财税法功能的定位及其当代变迁》,载《中国法学》2015 年第 4 期。

175. 刘剑文:《个税改革的法治成果与优化路径》,载《现代法学》2019 年第 2 期。

176. 刘剑文:《收入分配改革与财税法制创新》,载《中国法学》2011 年第 5 期。

177. 刘丽、夏宏伟:《股权激励税收政策研析》,载《税务研究》2015 年第 10 期。

178. 刘丽等:《部分 OECD 成员国非货币资产投资个人所得税立法实践及借鉴》,载《国际税收》2016 年第 8 期。

179. 刘连泰:《"劫富济贫"抑或"有缺陷的正义"——美国的联邦累进所得税之争考》,载《华东政法大学学报》2010 年第 2 期。

180. 刘鹏:《高收入阶层的有效调控:最低替代税的国际实践与中国方案》,载《经济体制改革》2022 年第 2 期。

181. 刘善春:《论行政程序举证责任》,载《政法论坛》2009 年第 4 期。

182. 刘尚希:《按家庭征个人所得税会更公平吗?——兼论我国个人所得税改革的方向》,载《涉外税务》2012 年第 10 期。

183. 刘松林:《发达国家个人所得税征管经验及借鉴》,载《经济参考研究》2016 年第 64 期。

184. 刘哲:《美国股票期权企业所得税政策分析》,载《涉外税务》

2009 年第 7 期。

185. 吕冰洋、刘潘、赵厉、张经纬:《中国居民资本要素收入有多少?》,载《统计研究》2020 年第 4 期。

186. 马国强:《纳税人行为方式研究》,载《涉外税务》2000 年第 4 期。

187. 马珺:《个人所得税税前扣除的基本逻辑:中美比较分析》,载《国际税收》2019 年第 9 期。

188. 马珺:《面向自然人课税的思考——以美国国内收入局个人所得税征管为例》,载《国际税收》2017 年第 2 期。

189. 马念谊:《泰国个人所得税扣除制度及启示》,载《税务研究》2019 年第 3 期。

190. 马小朋:《个案视角下并购重组中个人所得税政策改进初探》,载《税务研究》2020 年第 7 期。

191. 马旭东:《有限识别力、"助推"式设计与个人所得税税基研究》,载《财经论丛》2019 年第 6 期。

192. 聂淼:《以经济能力为核心价值的税收构成要件论》,载《税务研究》2020 年第 12 期。

193. 欧阳天健:《比较法视阈下的一般反避税规则再造》,载《法律科学》(西北政法大学学报)2018 年第 1 期。

194. 欧阳天健:《个人所得及其课税规则的类型化研究》,载《青海社会科学》2021 年第 6 期。

195. 欧阳天健:《个人所得税一般反避税规则研究》,载《法律科学》(西北政法大学学报)2020 年第 5 期。

196. 潘泽强:《完善我国纳税信用法律制度研究》,载《经济研究参考》2018 年第 29 期。

197. 彭海艳:《我国个人所得税再分配效应及累进性的实证分析》,载《财贸经济》2011 年第 3 期。

198. 彭华民、黄叶青:《福利多元主义:福利提供从国家到多元部门的转型》，载《南开学报》(哲学社会科学版)2006 年第 6 期。

199. 齐传钧:《美国个人退休账户的发展历程与现状分析》，载《辽宁大学学报》(哲学社会科学版)2018 年第 3 期。

200. 齐传钧:《自愿性个人养老金能填补公共养老金缺口吗？——从理论到实践的反思》，载《保险研究》2020 年第 8 期。

201. 钱玉波:《世界主要国家退出税比较研究及启示》，载《海派经济学》2017 年第 4 期。

202. 饶立新、黄浩荣:《关于“弃籍税”的几点思考》，载《税务研究》2017 年第 11 期。

203. 任超:《我国一般反避税举证责任规则的构建》，载《兰州学刊》2017 年第 1 期。

204. 邵全权、郝天琪:《健康风险、医疗保险与消费》，载《保险研究》2020 年第 12 期。

205. 佘倩影:《改革开放四十年〈个人所得税法〉背后的公平观念变迁——法律逻辑与公平逻辑的契合性视角》，载《中国政法大学学报》2019 年第 6 期。

206. 沈毅龙:《论失信的行政联合惩戒及其法律控制》，载《法学家》2019 第 4 期。

207. 盛常艳等:《我国个人所得税专项附加扣除制度探讨》，载《税务研究》2018 年第 11 期。

208. 施文泼:《新一轮税制改革个人所得税征管机制构建研究》，载《地方财政研究》2017 年第 6 期。

209. 施正文:《“应税所得”的法律建构与所得税法现代化》，载《中国法学》2021 年第 6 期。

210. 施正文:《论我国个人所得税法改革的功能定位与模式选择》，载《政法论丛》2012 年第 2 期。

211. 石勇:《日本个人所得税费用扣除制度对我国的启示》，载张守文主编《经济法研究》第 1 期,北京大学出版社 2013 年版。

212. 宋宝香、孙文婷:《商业保险机构参与医疗保障体系的模式比较研究——以城乡居民大病保险为例》,载《中国卫生管理研究》2016 年第 1 期。

213. 苏春红、杜明哲:《个税递延型商业养老保险税收政策效应评估与优化》,载《河北大学学报》(哲学社会科学版)2020 年第 1 期。

214. 孙利、张志忠:《非货币性资产投资所得税政策的困惑及对策》,载《税务研究》2016 年第 6 期。

215. 孙玉琦、侯明:《英德两国养老保险制度变迁分析与启示》,载《新金融》2015 年第 12 期。

216. 孙哲:《从税收信用属性谈中国和谐税收信用体系构建》,载《大连海事大学学报》(社会科学版)2011 年第 5 期。

217. 汤洁茵:《〈企业所得税法〉一般反避税条款适用要件的审思与确立——基于国外的经验与借鉴》,载《现代法学》2012 第 5 期。

218. 汤洁茵:《基于人力资本投资的股票期权课税制度改革》,载《甘肃政法学院学报》2010 年第 6 期。

219. 汤洁茵:《纳税人基本权利的保障与实现机制:以个人所得税为核心》,载《中国法律评论》2018 年第 6 期。

220. 唐绍胜等:《个人所得税避税风险的成因及规制》,载《税务研究》2017 第 11 期。

221. 滕祥志:《税法的交易定性理论》,载《法学家》2012 年第 1 期。

222. 田蓉、秦正:《我国股权捐赠模式之法律探索》,载《苏州大学学报》(哲学社会科学版)2012 年第 6 期。

223. 王利娜、郭宏:《资产收购与股权收购税务处理相关问题探析》,载《涉外税务》2011 年第 5 期。

224. 王倩等:《加拿大注册退休储蓄计划对提高中国养老保障水平的启示》,载《世界农业》2016 年第 10 期。

225. 王强、黄河愿:《ESOP 对企业全员激励作用——员工持股计划(ESOP)实现企业完善的股权激励》,南海出版公司 2004 年版。

226. 王冉冉、程钰敬:《个人所得税大病医疗专项附加扣除的国际经验借鉴及制度优化》,载《税务研究》2021 年第 3 期。

227. 王瑞雪:《论行政评级及其法律控制》,载《法商研究》2018 年第 3 期。

228. 王玮:《税收优惠的公共治理:制度框架与我国的选择》,载《当代财经》2017 年第 10 期。

229. 王锡锌、黄智杰:《论失信约束制度的法治约束》,载《中国法律评论》2021 年第 1 期。

230. 王新红:《员工持股法律问题研究》,载《时代法学》2003 年第 2 期。

231. 王逸:《公司所得税与个人所得税一体化选择》,载《税收征纳》2006 年第 6 期。

232. 王翌秋、李航:《税收递延型养老保险:国际比较与借鉴》,载《上海金融》2016 年第 5 期。

233. 王宗涛、陈涛:《试析我国避税认定标准与方法》,载《国际税收》2014 年第 6 期。

234. 王宗涛:《税法一般反避税条款的合宪性审查及改进》,载《中外法学》2018 年第 3 期。

235. 卫桂玲:《英国个人所得税制度的特点、作用和借鉴》,载《理论月刊》2016 年第 7 期。

236. 魏瑄:《个人所得税制度对商业养老保险的影响——以欧洲寿险市场为例》,载《中国保险》2013 年第 11 期。

237. 魏志梅:《企业所得税与个人所得税一体化的国际比较与借鉴》,载《税务研究》2006 年第 9 期。

238. 吴旭东、孙哲:《我国个人所得税费用扣除的再思考》,载《财经问题研究》2012 年第 1 期。

239. 吴旭东等:《个人所得税专项附加扣除研究》,载《财经问题研究》2019 年第 2 期。

240. 吴义龙:《法律中的社会时间——以土地承包经营期限为例》,载《南京大学法律评论》2018 年第 2 期。

241. 谢鸿飞:《论民法典法人性质的定位:法律历史社会学与法教义学分析》,载《中外法学》2015 年第 6 期。

242. 辛连珠等:《完善改进股权激励企业所得税政策》,载《中国税务》2016 年第 12 期。

243. 辛连珠:《非货币性资产投资税收问题分析》,载《中国税务》2016 年第 3 期。

244. 邢会强:《个人所得的分类规制与综合规制》,载《华东政法大学学报》2019 年第 1 期。

245. 邢会强:《政策增长与法律空洞化:以经济法为例的观察》,载《法制与社会发展》2012 年第 3 期。

246. 熊伟、王宗涛:《反避税的权力限度:以一般反避税条款为例》,载熊伟主编《税法解释与判例评注》(第 4 卷),法律出版社 2013 年版。

247. 徐强胜:《企业形态法定主义研究》,载《法制与社会发展》2010 第 1 期。

248. 徐智华、苏炜杰:《我国税延养老保险制度中的国家责任及实现路径研究》,载《河北法学》2020 年第 11 期。

249. 许多奇:《论税法量能平等负担原则》,载《中国法学》2013 年第 5 期。

250. 许多奇:《美国联邦个人所得税制度之历史嬗变、基本特征及其借鉴》,载《东方法学》2017 年第 6 期。

251. 闫海、冯硕:《纳税人信息保护和涉税信息管理的冲突与协调——以〈个人信息保护法〉为视角》,载《税务研究》2022 年第 4 期。

252. 闫海、于骁骁:《纳税申报的法理基础与制度构建》,载《西部财会》2012 年第 1 期。

253. 闫海:《个人所得税扣除的人权逻辑》,载《西南政法大学学报》2006 年第 1 期。

254. 闫海:《论纳税人信息权、税务信息管理权及其平衡术》,载《中国政法大学学报》2019 年第 6 期。

255. 闫海:《论我国个人所得税制的建设与改革》,载《三峡大学学报》(人文社会科学版)2008 年第 3 期。

256. 闫海:《绳结与利剑:实质课税原则的事实解释功能论》,载《法学家》2013 年第 3 期。

257. 闫海:《税收事实认定的困境及出路》,《税务研究》2010 年第 3 期。

258. 闫海:《谈溯及征税的几种表现》,载《涉外税务》2004 年第 7 期。

259. 闫海:《推定征税的权义结构分析》,载《税务与经济》2007 年第 2 期。

260. 闫晴:《纳税信用动态调整的税制困境与理想构造》,载熊伟主编:《税法解释与判例评注》(第 8 卷),法律出版社 2017 年版。

261. 严丹良、韩彦峰:《公平视角下以家庭为单位的个人所得税改革思考》,载《财会研究》2012 年第 2 期。

262. 杨立雄、郝玉玲:《城镇残疾人就业:“问题”的转移与政策隐喻》,载《西北大学学报》(哲学社会科学版)2019 年第 4 期。

263. 姚子健:《自贸区个人所得税优惠政策的不足与优化》,载《税收经济研究》2020 年第 6 期。

264. 叶美萍:《各国纳税服务工作的经验与思考》,载《现代经济探讨》2012 年第 2 期。

265. 叶姗:《个人所得税量能课征的法律建构》,《北大法律评论》2019 年第 1 期。

266. 叶姗:《个人所得税纳税义务的法律构造》,载《中国法学》2020年第1期。

267. 叶姗:《合伙企业课征所得税规则之创制》,载《华东政法大学学报》2019年第1期。

268. 叶姗:《应税事实依据经济实质认定之稽征规则》,载《法学家》2010年第1期。

269. 殷贵梅:《对我国个人税收递延型养老保险的研究》,载《国际金融》2019年第1期。

270. 银红武:《境外上市外资股股权激励法律冲突问题研究》,载《湖南商学院学报》2011年第3期。

271. 于秀伟、侯迎春:《"生育友好型"个人所得税制度的构建——基于德国的经验》,载《税务与经济》2018年第4期。

272. 于莹:《美国401k计划法律构造研究——兼论对中国养老金入市的启示》,载《社会科学战线》2013年第9期。

273. 余鹏峰:《反避税视角下的〈个人所得税法〉修改》,载《税务研究》2018年第2期。

274. 俞杰:《个人所得税课税单位的选择与评析》,载《税务研究》2015年第2期。

275. 袁璨:《民国所得税法律制度研究——以税法公平原则为视角》,中国人民大学出版社2018年版。

276. 袁中美、郭金龙:《私营养老金计划税收优惠模式比较及国际经验借鉴》,载《税务与经济》2018年第6期。

277. 张春燕:《美国联邦所得税体系中的收入实现原则研究》,载漆多俊主编:《经济法论丛》第1期,法律出版社2018年版。

278. 张凯迪:《个人所得税教育专项扣除的国际经验借鉴与比较》,载《财政科学》2018年第12期。

279. 张佩钰:《我国股票期权激励制度的法律问题研究》,载《法学杂志》2012 年第 2 期。

280. 张守文、刘怡:《赡养老人支出扣除研究》,载《国际税收》2018 年第 11 期。

281. 张守文:《收益的可税性》,载《法学评论》2001 年第 6 期。

282. 张鑫、孙立娟:《个税递延型商业养老保险购买意愿影响研究——来自中国职工养老储备指数调查数据》,载《江西财经大学学报》2020 年第 2 期。

283. 张学诞、赵卓娅:《关于高层次人才的个人所得税政策研究》,载《财政科学》2019 年第 5 期。

284. 张耀文、张路乔:《日本个人所得税自行纳税申报制度特色与借鉴》,载《财政科学》2019 年第 6 期。

285. 张怡、杨颖:《论税法的惩罚性规则》,载《西南政法大学学报》2013 年第 2 期。

286. 章君:《对个人税收递延型商业养老保险政策的解析》,载《注册税务师》2019 年第 5 期。

287. 赵国庆、张学斌:《"一般反避税规则"制度构建中应关注的主要问题——基于"一般反避税规则"国际实践的思考》,载熊伟主编《税法解释与判例评注》(第 4 卷),法律出版社 2013 年版。

288. 赵海益、史玉峰:《我国个人公益性捐赠所得税优惠政策研究》,载《税务研究》2017 年第 10 期。

289. 赵晋琳、叶香丽:《股票期权激励税收政策的国际经验及启示》,载《涉外税务》2009 年第 4 期。

290. 郑秉文、吴孝芹:《中国养老金税式支出测算及其结果评估》,载《中国人口科学》2020 年第 1 期。

291. 郑春荣:《个人所得税纳税单位选择:基于婚姻中性的视角》,载《社会科学家》2008 年第 2 期。

292. 周兰翔:《我国企业重组税收制度的缺陷与完善——以企业所

得税和个人所得税协同为视角》,载《求索》2015 年第 1 期。

293. 周仁俊、高开娟:《大股东控制权对股权激励效果的影响》,载《会计研究》2012 年第 5 期。

294. 周晓光:《企业重组中的递延纳税与反避税》,载《税务研究》2015 年第 4 期。

295. 周游:《注税行业之发展模式与立法框架——以〈税收征收管理法修正案〉(征求意见稿)第九十条展开》,载《注册税务师》2014 年第 3 期。

296. 朱大旗、范瑶:《新〈个人所得税法〉反避税条款研究》,载《学习与探索》2020 年第 1 期。

297. 朱为群、陶瑞翠:《中国个人所得税的公平分析》,载《经济与管理评论》2015 年第 6 期。

298. Adam Wagstaff and Eddy Van Doorslaer,"What Makes the Personal Income Tax Progressive? A Comparative Analysis for Fifteen OECD Countries"8 International Taxand Public Finance(2001).

299. Allingham,M. G & Sandmo,"A Income Tax Evasion:A Theoretical Analysis",Journal of Public Economics 1,1972.

300. B. J. L.,Jr.,"Fluctuating Income and the Revenue Act of 1964", Virginia Law Review 50,1964.

301. Blundell,Richard,and Hilary W. Hoynes,"Has ' in-work ' benefit reform helped the labor market?",NBER Chapters,2004.

302. Dilnot A,"The Taxation of Private Pensions",General Information 4, 1993.

303. Dominika Langenmayr. "Voluntary disclosure of evaded taxes-Increasing revenue, or increasing incentives to evade?" Journal of Public Economics 151,2017.

304. J. R. E. Parker,"Taxation of Fluctuating Incomes in Canada",

Canadian Tax Journal 13,1965.

305. Jerome B.Libin,Congress Should Address Tax Avoidance Head-on：The Internal Revenue Code Needs A GAAR,Virginia Tax Review 30,2010.

306. Kragen,Adrian A.,and Jacques M. Adler,"Taxation of Individuals with Fluctuating Incomes",California Law Review 31,1960.

307. Reuven S. Avi-Yonah,"The Three Goals of Taxation",60(1) Tax Law Review 1-28(2006).

308. Richard Schmalbeck,"Income Averaging after Twenty Years：A Failed Experiment in Horizontal Equity",Duke Law Journal 509,1984.

309. Steven A. Bank. Federalizing the Tax-Free Merger,"Toward an End to the Anachronistic Reliance on State Corporation Laws",North Carolina Law Review 77,1999.

310. Wilhelm Pfähler,"Red distributive Effect of Income Taxation：Decomposing Tax Base and Tax Rates Effects" 42(2) Bulletin of Economic Research(1990).

本书写作分工

导论	闫　海　冯　硕
第一章第一节一	闫　海　徐晨凯
第一章第一节二	闫　海　徐晨凯
第一章第一节三	闫　海　刘　洁
第一章第一节四	闫　海　丁健鸽
第一章第一节五	闫　海　兰　天
第一章第二节	冯　硕　刘　洋
第一章第三节	闫　海　冯　硕
第一章第四节	闫　海　冯　硕
第二章第一节	王　月　李秋慧
第二章第二节	王　月　王姝霏
第二章第三节	王　月　郭丽红
第三章第一节	冯　硕　许玲玲
第三章第二节	冯　硕　朴美琪
第三章第三节	冯　硕　臧福钰
第四章第一节	赵　菁　展　飞
第四章第二节	闫　海　吴　楠
第四章第三节	闫　海　杨宇昊
第五章第一节	谌礼娇　张华琴
第五章第二节	谌礼娇　张　也
第五章第三节	闫　海　肖　虎
校稿	张楠楠　贾承昊　赵　菁　冯　硕
统稿	闫　海　赵　菁　冯　硕

责任编辑：茅友生
封面设计：胡欣欣

图书在版编目(CIP)数据

个人所得税的良法善治论/闫海 等 著. —北京：人民出版社，2023.5
ISBN 978 - 7 - 01 - 025413 - 5

Ⅰ. ①个…　Ⅱ. ①闫…　Ⅲ. ①个人所得税-税法-研究-中国
Ⅳ. ①D922. 222. 4

中国国家版本馆 CIP 数据核字(2023)第 022546 号

个人所得税的良法善治论
GEREN SUODESHUI DE LIANGFA SHANZHI LUN

闫海 等　著

人民出版社 出版发行
(100706　北京市东城区隆福寺街 99 号)

环球东方(北京)印务有限公司印刷　新华书店经销

2023 年 5 月第 1 版　2023 年 5 月北京第 1 次印刷
开本：710 毫米×1000 毫米 1/16　印张：19. 75
字数：298 千字　印数：0,001-5,000 册

ISBN 978 - 7 - 01 - 025413 - 5　定价：98.00 元

邮购地址 100706　北京市东城区隆福寺街 99 号
人民东方图书销售中心　电话 (010)65250042　65289539